A New History of
Modern Western Philosophy(Ⅱ)

현대 철학사(Ⅱ)

러셀처럼 행복하고 비트겐슈타인처럼 침묵하기

고 수 현

동문사

머리말

이 책은 철학사에서 근대 계몽주의의 양대 사상인 경험론과 합리론을 절충하고 통합하여 비판적 관념론을 정립한 칸트의 사상을 이어받아 절대적 관념론을 완성했던 헤겔의 시대를 지나 독일 유물론과 프랑스와 영국 중심의 실증주의가 대두된 20세기 전반부터 20세기 중반에 이르는 〈현대철학사(Ⅱ)〉에 해당한다.

현대 철학사 중에서도 헤겔(Georg Wilhelm Friedrich Hegel, 1770~1831) 사후 형성된 유럽대륙의 현대사상인 '독일유물론'을 시작점으로 제2차 세계대전즈음까지 사상계를 주도했던 '실존주의'까지는 저자의 또 다른 저서 『현대철학사 (Ⅰ): 니체처럼 긍정하고 카뮈처럼 반항하기』에서 이미 다루었다.

그러므로 이 책(현대 철학사 Ⅱ)에서는 〈현대 철학사〉 중에서도 20세기 전반 이후에 영·미 중심으로 대두된 분석철학과 실용주의를 다루고자 한다. 이 시기는 서양철학이 유럽 대륙을 중심으로 일어난 대륙철학과 영국과 미국이 중심이 된 영미철학이라는 커다란 두 흐름으로 나뉘게 되는 시기이기도 하다. 보통 영미철학은 분석철학이라고도 하는데, 독일의 고틀로프 프레게(Friedrich Ludwig Gottlob Frege, 1848~1925)에 의해서 기초가 마련되었지만 영국의 버트런드 러셀과 루트비히 비트겐슈타인 등이 발전시켰다. 아울러 비슷한 시기에 미국에서는 찰스 퍼스(Charles Sanders Peirce: 1839~1914) 의해서 정립되기 시작한 실용주의(프래그머티즘)가 윌리엄 제임스와 존 듀이 등에 의해서 발전이 되면서 영미철학의 한 축을 이루게 된다.

그리고 20세기 중반 이후에 프랑스를 중심으로 한 유럽대륙에서부터 대두되어 21세기까지 이행되고 있는 대륙철학으로서의 구조주의(Structuralism, 構造主義)와 포스트구조주의(Post-Structuralism)는 현대 철학사(Ⅲ)에서 다루고자 한다. 따라서 현대 철학사(Ⅱ)와 현대 철학사(Ⅲ)는 최 근접한(contemporary) 현대 철학사에 해당한다.

여기에서 21세기에 최 근접한 현대 철학사라고 하는 것은 19세기 말엽에 태동하여 제1차 세계대전과 제2차 세계대전이 일어났던 20세기 전반까지 확산되었던 모더니즘(Modernism)의 시대와 그 출발점을 같이 한다. 모더니즘의 단어적 의미는 현대이지만 근대라는 용어로도 혼용이 되며, 그 특징은 합리성과 인간이성을 중시하며 과학지상주의를 가지고 세계의 체계화(구조화)와 총체성을 지향하는 낙관주의를 의미한다. 그러나 1914년부터 1918년까지 오스트리아-헝가리제국과 독일제국에 의해 제1차 세계대전이 발발하고, 그 혼란 속에서 러시아제국에서는 1917년의 10월 혁명으로 레닌의 추종자들로 구성된 볼셰비키(Bolshevik)가 정권을 획득하게 되는 등의 비관주의적 상황이 전개된다.

아울러 제1차 세계대전에서 전쟁 물자보급으로 큰 경제적 이득을 봤던 미국에서는 채권국으로서 남아도는 자금으로 산업시설을 늘려 왔지만 국가개입을 최소화하는 자유방임주의적 체제에서 대량생산된 상품들을 구매하는 능력이 미국 내에서나 유럽에서도 부족하게 되자 경제대공황으로 이어지는 비관적 상황을 겪게 된다. 이에 미국은 프랭클린 D. 루스벨트 행정부가 1933년부터 1939년까지 추진한 뉴딜(New Deal)정책과 함께 라틴 아메리카 시장을 개척하여 '달러 블록(Doller Block)'을 형성함으로써 소비가 증가하면서 공황을 극복하게 된다.

그리고 영국과 프랑스도 자국과 식민지를 하나로 연결하는 '파운드 블록(Pound Block)'과 '프랑 블록(Franc Block)'을 형성하여 공황에 대처하게 된다. 하지만 자본주의 발달이 늦고 식민지가 적었던 독일 · 이탈리아 · 일본 · 에스파냐 등은 사정이 달랐다. 이들 국가는 공황 상태에서 벗어나기 위해 극단적인 민족주의를 내세운 강력한 제국주의 · 파시즘(전체주의) 정권이 등장하여 자국 중심의 경제권을 확대하기 위해 대외팽창을 추진하게 되었던 것이다.

그중에서도 독일은 제1차 세계대전의 패전국으로서 베르사유조약에 의한 막대한 전쟁배상금을 갚아야 하는 실정에서 설상가상으로 경제대공황까지 겹치게 된다. 이러한 불안한 상황에서 등장한 나치당의 히틀러는 1933년에 독일제국의 총리가 되어 제1차 세계대전 이후 빼앗긴 영토를 회복한다는 명분으로 주변국을 합병해 나간다. 그 과정에서 1938년에 오스트리아와 체코슬로바키아를 병합하고 1939년 9월 1일에는 소련과의 상호불가침조약의 묵인 하에 폴란드를 침공하여 제2차 세계대전을 일으키게 된다. 그 결과 1939년에는 독일 · 이탈리아 · 일본의 추축국과 프랑스 · 영국 · 미국 · 소련 · 중국의 연합국 간의 제2차 세계대전이 발발하게 되어 1945년 9월 2일까지 총 6년간 이어지게 된 것이다.

이처럼 20세기 전반 이후의 현대인들은 제1차 세계대전(1914~1918)과 제2차 세계대전(1939~1945)을 겪으면서 제국주의 · 파시즘(전체주의) 국가들이 자본주의와 사회주의 국가에 패전하는 정치경제적 변화를 경험하게 된다. 그리고 사상적으로는 독일과 프랑스를 중심으로 발전했던 현상학적 실존주의 사상이 불안한 시대적 상황과 함께 밀려나고, 미국과 영국 중심의 실용주의와 분석철학이 헤게모니(hegemony)를 쥐게 되는 사상적 전환이 일어나게 되는 시대에 접어들게 되었다고 볼 수 있다.

그러나 정치적으로 본다면 20세기 전반에는 자본주의 체제를 상징하는 미국과 사회주의 체제를 상징하는 소비에트연방 중심으로 냉전질서체제에 접어들었지만 미국을 중심으로 한 자본주의 체제는 공해문제, 인간소외 문제들이 드러나는 자본주의의 실패국면이 노출된 시기였다. 그리고 구소련을 중심으로 한 사회주의체제도 계획경제체제의 한계와 경제위기 요인 등으로 1991년에 연방이 해체되면서 붕괴하게 되는 시기이기도 하다.

이제 이러한 맥락에서 〈현대 철학사(Ⅱ)〉에 해당하는 이 책에서 다룬 주요 내용을 보면, 전체를 2편으로 구분하고, 총 5장으로 배치하였으며, 그 세부적인 구성 체계와 그 내용을 보면 다음에서와 같다.

제1편에서는 〈20세기 전반 이후의 분석철학〉이라는 소제목을 두고, 3개

장(제1장, 제2장, 제3장)을 두었다.

세부적으로는 제1장에서는 근대 수리철학과 분석철학의 기초를 마련한 독일의 고틀로프 프레게의 사상과 프레게에게 영향을 받아 버트런드 러셀과 함께 초기 분석철학을 창안하여 이후 후일 일상언어 분석철학을 유럽 대륙과 영미제국으로 확산시킨 조지 에드워드 무어의 언어적 분석철학을 다루었다. 주요내용에서는 프레게의 기호논리적 분석철학, 무어의 언어적 분석철학을 그들의 생애사와 함께 다루었다.

제2장에서는 조지 무어와 함께 영국의 옥스퍼드와 케임브리지 계통의 분석철학의 창시자로 불리는 버트런드 러셀의 수리논리적 분석철학을 다루었다. 주요내용에서는 러셀의 수리적 분석철학과 논리적 분석철학을 주로 다룬 후에 후기 저술에서 드러나는 인류평화와 행복철학을 생애사와 함께 다루었다. 이 책의 부제의 하나로 '러셀처럼 행복하기'로 설정한 이유도 여기에 있다.

제3장에서는 프레게와 러셀 등으로부터 영향을 받아 실제적인 분석철학을 완성하는 역할을 한 루트비히 비트겐슈타인의 사상과 철학을 다루었다. 이러한 비트겐슈타인의 역할은 분석철학이 언어분석의 방법이나 기호논리의 활용이 불가결하다고 믿는 이들이 학파를 이루게 된 시기와도 맞물린다. 그리고 프레게와 러셀로부터 영향을 받아 빈대학과 프라하대학을 거쳐 시카고대학에서 활동한 카르납의 논리실증주의적 언어분석철학을 그의 생애사와 함께 다루었다.

제2편에서는 분석철학보다는 다소 빠른 시기에 대두된 실용주의를 〈20세기 전반 이후의 실용주의〉라는 소제목을 두고, 2개 장(제4장, 제5장)을 배치하였다.

세부적으로 보면, 제4장에서는 철학사에서 독일 관념론을 비롯한 유럽 대륙 중심의 철학에 예속되어 있었던 미국이 오늘날의 지성계를 이끌 수 있도록 한 단 하나의 사상인 프래그머티즘이 어떻게 탄생하고 발전하게 되었는가를 다루게 된다. 주요 내용에서는 메타피지컬 클럽(Metaphysical Club)을 매개로 실용주의를 창안하고 정립했던 찰스 샌더스 퍼스와 윌리엄 제임스를 중심으로 그들의 생애사와 함께 저서를 중심으로 사상사를 다루었다.

제5장에서는 퍼스, 제임스와 함께 3대 실용주의 철학자로 분류되는 존 듀이의 실용주의적 도구주의를 그의 생애사와 함께 다루었다. 듀이는 실용주의의 이론이나 사상 등을 문제 해결의 도구로 생각하였기 때문에 그의 사상은 '도구주의(Instrumentalism)라고도 불리는 특징이 있다. 아울러 초기에 분석철학자에 속했으나 후기에 신실용주의 체계를 구축한 리처드 로티의 신실용주의 체계도 그의 생애사와 함께 다루었다.

그러므로 이 책은 저자가 시대별로 전체 일곱 권 시리즈(고대/중세, 근세 전기, 근세 후기, 근대, 현대 Ⅰ, 현대 Ⅱ, 현대 Ⅲ)로 기획하여 발간하고 있는 서양철학사에서 현대 철학사 부문에 배치한 두 번째 권에 해당한다. 따라서 독자들이 총 7권의 서양철학사를 연계하여 읽게 되면 서양철학사 전체를 맥락적으로 이해할 수 있다는 점을 강조하고자 한다.

특히 최근의 대학 환경에서는 취업이나 자기계발적인 분야의 전공이나 교과목이 주류를 이루고, 철학사를 비롯한 인문학 교과목이 부수적 위치로 밀리고 있다는 점에서는 저자가 심혈을 기울여 발간하는 전체 7권의 시리즈는 인문학적 학습욕구를 충족시켜줄 수 있을 것으로 본다. 뿐만 아니라 복잡한 현대생활 속에서 불확실한 정보의 오류 속에서 살아가는 성인기의 현대인들도 흔들리지 않는 지혜(소피아, Sophia)를 갖추기 위해서는 '철학하기'를 통하여 인생관이나 가치관, 세계관을 정립할 필요가 있다는 점에서는 이 책의 유용성은 크다.

모쪼록 이 책을 접하는 독자 여러분은 '**러셀처럼 행복하고 비트겐슈타인처럼 침묵하기**'라는 '철학하기(필로소페인, philosophein)'를 통하여 21세기를 활기차게 살아가는 삶의 에너지원(Energy source of life)을 갖출 수 있기를 간절히 기원한다.

2021년 12월

고 수 현

차 례

Part

01

20세기 전반 이후의 분석철학

프롤로그
분석철학의 흐름

서양철학사에서 20세기 전반 이후는 제2차 세계대전 종료를 전후하여 유럽대륙의 현상학과 실존주의 흐름이 퇴색하고, 영국과 미국 중심의 영미철학으로 볼 수 있는 실용주의와 분석철학이 풍미하는 흐름을 나타낸다. 하지만 실용주의나 분석철학이 이들 유럽대륙철학보다 시기적으로 뒤늦게 사상계에 출현한 것은 아니다. 이들 영미철학 역시 지나치게 현학적이고 폐쇄적인 지식체계를 유지하고 있던 19세기 독일 관념론 철학에 대한 반발이 확산되는 가운데 존 스튜어트 밀 등의 영국 경험론 전통에서 주장하는 상식적 직관을 중시하여 실용주의와 분석철학이 생겨났기 때문이다.

실용주의와 분석철학이 창시된 시기를 보면 서로 비슷한 시기인 1870년대 후반에 저작들이 출간되었다. 실용주의는 퍼스가 〈형이상학 클럽(메타피지컬 클럽)〉의 토론회에서 발표한 것으로 보이는 〈신념의 확정(The Fixation of Belief)〉(1877)이 고전이고, 분석철학은 독일 예나대학의 프레게가 출간한 『개념 표기법』(1879), 『산수의 기초』(1884), 『산수의 근본법칙 Ⅰ』(1893), 『산수의 근본법칙 Ⅱ』(1903) 등이 시초로 볼 수 있기 때문이다. 다만, 실제적으로 분석철학을 구체화시킨 것은 영국 케임브리지대학의 무어와 러셀이었다는 점에서는 분석철학을 영미철학의 범주로 분류하고 있는 실정이다. 분석철학이 프레게에게 창시되고 오스트리아-헝가리제국의 비트겐슈타인에 의해 완성이 되었지만 흔히 러셀(Russell)과 무어(Moore)의 영국철학으로 지칭하고 있는 것도 같은 맥락에서이다.

따라서 제1편에서 다루고자 하는 현대 철학은 19세기 후반에 출현하여 20세기 전반 이후에 미국과 영국을 중심으로 확산된 실용주의와 분석철학의 사상적 맥락이다. 하지만 분석철학의 사상적 조류가 실용주의와 별도의 길을 가며 세계관으로 작동한 것으로 볼 수는 없다. 특히 20세기 초반의 현상학이 그렇듯 분석철학은 하나의 세계관으로서의 사상적 위치보다는 연구방법과 상관되어 발전했기 때문에 실용주의와 분석철학은 서로 혼선이 되기도 하고 철학자들도 중간지점이나 연결점에서 그들의 연구들을 이어간 경우가 많기 때문이다.

우선 실용주의는 자체적으로 추구하는 이데올로기적 지향점이 없다고 볼 수 있다. 이 말은 실용주의는 이데올로기가 아니라 철학적 방법론에 가깝다는 의미이며, 분석철학의 경우에도 마찬가지이기 때문에 상당수의 철학자들이 그 중간적 지점에서 사상을 전개하거나 연구하는 경향을 보였던 것이다. 이는 현상학과 실존주의가 각기 다른 지향점을 가지고 있지만 실제로는 '현상학적 실존주의'의 모습으로 발전했다는 점과도 유사하다.

다만, 무어의 경우는 러셀이 수학이나 형식논리학으로 분석철학을 접근한 것과는 달리 철학을 하나의 과학으로 변형시킬 필요가 없다고 생각하고 당시의 신관념론을 비판하는 것에 중점을 두었다는 점에서는 러셀이나 비트겐슈타인의 방법론적 분석철학보다는 세계관적 분석철학에 보다 가깝다고 할 수 있다.

여기에서는 이러한 사상적 흐름을 고려하고, 철학자들이 그들의 저작에서 전개하고 있는 특징적인 사상 체계에 따라 요약하여 정리함으로써 제1장에서 제3장까지 전개되는 20세기 전반 이후의 분석철학의 흐름을 개괄하고자 한다.

우선 실용주의와 함께 영미철학의 또 다른 주축인 분석철학(分析哲學, Analytic philosophy)의 전개과정을 개괄적으로 서술해보면 다음에서와 같이 영국의 무어와 독일의 프레게로부터 창안이 되고, 러셀과 비트겐슈타인에 의해서 확산이 되었다고 볼 수 있다.

19세기 후반에 이르러 독일 철학자 고틀로프 프레게(Gottlob Frege, 1848~1925)는 논리학의 원조로 볼 수 있는 아리스토텔레스의 저서 『기관(*Organon*, 오르가논)』에서 내적 추론을 거쳐 타인에게 논리적으로 설명하기 위해서는 외적 추리를 연역법(deduction)에 의할 것을 주장한 '논리학적 인식론'에서 벗어나고자 하는 시도를 하게 된다. 일반적인 원리나 규칙으로부터 개별적인 원리를 이끌어 내는 '사유(인식)의 법칙'의 아리스토텔레스 방식의 논리학은 플라톤의 이데아론과 큰 차이가 없다고 보고, 적어도 논리학은 사유와 관련된 역할을 할 수 있다는 결론을 제시한 것이다.

다시 말하면, 사유와 관련된 역할은 기호논리학(symbolic logic), 즉 수리논리학(mathematical logic)에서 찾을 수 있다고 프레게는 주장하였다. 그는 기호논리학 혹은 수리논리학은 명제(proposition)의 참과 거짓, 명제의 인과관계 등을 기호 연산을 사용하여 명료화하는 것으로 산수(산술)의 진리를 통해서 논리적 진리를 환원하려고 하였으며, 언어도 논리적 분석을 통하여 철학적인 문제해결(인식)에 도달할 수 있다고 본 것이다. 이러한 주장으로 고틀로프 프레게는 철학연구에 있어서 수리적 기호논리학의 활용이나 언어분석의 방법을 사용하는 것이 불가결하다고 믿는 분석철학에서 창시자적 위치에 서게 된다.

그러나 분석철학이 독일계 철학자들에 의해 시작된 것에 비하여 그 발전과정을 보면 앵글로 색슨계 학문의 중심지인 영국의 케임브리지대학 철학자인 버트런드 러셀(Bertrand Russell, 1872~ 1970)과 조지 에드워드 무어(G. E. Moore, 1873~1953)가 그 시작점에서 역할을 하고 있다. 다만, 분석철학사에서 러셀을 무어보다 먼저 거론하는 것은 무어가 러셀로부터 영향을 받아 본격적인 철학적 통로로 접어들게 되었다는 점에 있다.

그러나 발표된 저작물을 기준으로 본다면 러셀보다 무어가 시초에 가깝다. 그 이유는 러셀은 케임브리지대학에서 가장 규모가 큰 단과대학인 트리니티 칼리지(Trinity College)에서 1895년부터 연구원으로 있었지만 4년 뒤인

1898년에 연구원으로 들어간 무어는 1903년에 〈관념론의 반박〉이라는 논문을 잡지에 발표하여 신실재론(new realism) 연구에 선두역할을 했던 것이다. 무어와 러셀이 이처럼 신실재론을 제기하면서 초기 분석철학을 개창하게 된 계기는 당시 영국에서는 케임브리지대학의 브래들리(F. H. Bradley, 1846~1924)를 중심으로 한 신관념론(new idealism) 혹은 영국 관념론(British idealism)이 전개되면서 관념적 헤겔 사상을 추종했던 학자들이 많았던 점을 비판하기 위한 것이었다.

그리고 러셀이 1912년에 출간한 『철학의 문제들(*The Problems of Philosophy*, 철학이란 무엇인가)』은 1914년에 출간한 『외적 세계에 대한 우리의 지식(*Our Knowledge of the External World*)』과 함께 직접경험(immediate experience)에 의한 직접지(direct awareness)의 인식을 강조한 저술에 속한다. 러셀이 주장하는 바에 따르면 "직접적으로 경험한다."는 것은 인간이 어떤 것(대상)을 경험으로서 직접 얻는 지식(Knowledge of experience of something), 즉 무매개적으로 인식하는 것이며 직접적으로 알아차림(direct awareness)으로써 그것이 참이냐 거짓이냐의 진리논쟁이 수반되지 않는다.

하지만 러셀이 그의 인생 후반기부터 철학 연구보다는 사회학, 정치이데올로기에 대한 비평가로 전환하면서부터는 그의 제자 격인 루드비히 비트겐슈타인(Ludwig Wittgenstein, 1889~1951)에 의해서 분석철학의 변화가 일어난다. 비트겐슈타인은 당시 오스트리아-헝가리제국의 부유한 가문 출신의 공학도로서 초기에는 독일의 프레게로부터 수학적 기초에 의한 기호논리학에 영향을 받게 된다. 따라서 1911년 여름에 독일의 프레게를 찾아가서 수리논리학(mathematical logic)을 접했으며, 그의 추천으로 영국으로 건너가서 1911년 가을부터 러셀과 무어에게서 교육(수강)을 받게 되면서 분석철학을 체계화시키게 된 것이다.

그 결과 비트겐슈타인은 1921년에 『논리철학 논고』를 독일어로 발간했는데, 이 책에서 보인 그의 사상은 초기에 모리츠 슐리크(Moritz Schlick, 1882~1936)가 주도하여 설립하여 만든 비엔나 학파의 주요 구성원이었다가 후일에 미국에서 활동한 독일 태생의 논리실증주의 철학자인 루돌프 카르납(Rudolf Carnap, 1891~1970) 등이 이끈 '논리실증주의(Logical positivism) 학파'에 영향을 미치게 된다. 실제로 미국에서는 존 듀이에서 최고조에 달했던 실용주의가 나치 정권을 피해 미국으로 이민 온 카르납 등의 논리실증주의자들에 의해 비주류로 전락하게 되는 계기를 맞게 된다. 즉 주류철학이 논리실증주의가 차지하게 되는 과정에서 실용주의는 비주류철학의 위치로 밀리게 된 것이다.

카르납은 오스트리아 제1공화국 시기(1919~1934)에 과학자, 철학자, 수학자들로 구성된 비엔나 서클의 선언문(manifesto of the Circle)을 1929년에 작성하는데도 참여했을 정도로 가장 뛰어난 인물로 평가받는다. 그는 논리실증주의 철학자로서 검증 불가능한 형이상학적 질문은 배제하고 주로 논리학과 수학의 기초에 관한 연구를 하여 논리 실증적 분석철학을 발전시켰던 것이다. 논리 실증적 분석철학에 있어서 언어란 매우 중요한 요소가 되는데, 그 중에도 언어학적 용어의 의미에 관한 탐구를 하는 의미론이 핵심을 차지한다.

카르납은 의미 있는 표현들이란 지시체와 의미를 가진 것이라는 프레게(Frege)의 견해를 발전시켜서 의미론을 논리학의 모든 분야에서 가장 중요한 영역으로 간주해야 한다고 밝히고 있다. 이는 또 다른 측면에서 비트겐슈타인의 초기 철학인 논리 실증주의적 방법에 큰 영향을 받았다고 볼 수 있다. 카르납 등은 언어학적 용어에서 경험적으로, 논리적으로 검증 가능한 진술들만을 의미가 있다고 보았기 때문에 일종의 형이상학적인 진술들, 신의 존재가능성, 영혼불멸설, 윤회설 등은 무의미하다는 맥락에서 일종의 '침묵'해야 할 대상으로 간주하였던 것이다. 이러한 카르납의 사상은 영어권의 분석철학을 계승한 미국의 대표적인 학자였던 윌라드 콰인(Willard Quine, 1908~2000)에게도 영향을 미쳤다.

그리고 비트겐슈타인이 사망했던 1951년경부터 논리실증주의는 비판을 받기 시작하면서 비트겐슈타인이 그의 사후에 발간된 『철학적 탐구』(1953)에서는 논리 실증주의적 관점에서 벗어나 일상언어(ordinary language)의 분석을 통하여 철학적 논의를 하는 일상언어적 분석철학으로 전환하게 된다.

이는 길버트 라일 등이 주도한 옥스퍼드 학파라고 불리는 일상언어 학파와도 상호 영향을 미치며 1960년대까지 번성하게 된다. 이렇게 볼 때 분석철학은 실용주의와 유사하게 세계관을 지향하는 것보다는 언어와 기호에 대해 논리적으로 분석하는 논리실증주의와 일상언어 학파로 발전이 되었음을 알 수 있다.

그러나 분석철학의 이러한 발전적 흐름도 영미 분석철학계의 대표 주자였던 리처드 로티(Richard Rorty, 1931~2007)나 힐러리 퍼트남(Hilary Whitehall Putnam, 1926~2016)의 시기에 이르러서는 또다시 비판을 받게 되면서 일종의 후기 분석철학에 접어들게 된다. 특히 로티는 미국철학회 학회장 재임기인 1979년에 프린스턴대학 출판부에서 출간한 『철학과 자연의 거울*(Philosophy and the Mirror of Nature)*』에서 진리 탐구로서의 분석철학의 종언을 선언하며 전 세계 지성계에 논란을 일으켰다. 즉 지식을 자연의 거울로 보는 생각이 분석철학을 비롯한 서양철학 전반에 잠재되어 있는 전통이라는 점을 비판한 것이다.

아울러 1989년 케임브리지대학 출판부에서 출간한 『우연성, 아이러니, 연대성*(Contingency, Irony, and Solidarity)*』에서는 인간존재의 우연성을 이야기하며, 언어도 자아도 공동체도 발견되어야 할 본질 같은 것은 없다는 아이러니한 역사적 산물로서의 스스로를 만들어 가야 한다는 주장을 한다. 이는 로티와 퍼트남이 초기에는 비트겐슈타인이나 콰인 등의 분석철학을 주류철학으로서 받아들였지만 로티가 미네소타대학 출판부에서 발간한 『실용주의의 결과*(Consequences of Pragmatism)*』(1982) 이후에는 점차 신실용주의(네오프래그머티즘)이고 불리는 실용주의의 새로운 형태를 지지하는 전환과 전회를 보였다는 점을 의미한다.

Chapter

1 프레게 / 무어의 분석철학

제1절 고틀로프 프레게의 생애배경과 기호논리적 분석철학

1. 분석철학의 개념과 전개과정

1) 분석철학의 개념

고틀로프 프레게(Friedrich Ludwig Gottlob Frege, 1848~1925)를 창시자[1])로 하는 분석철학(Analytic philosophy, 分析哲学)은 용어적으로 '분석'이라는 용어와 '철학'이라는 용어가 합성된 개념이지만 품사적으로 보면 형용사인 'analytic(분석적)'이 명사인 'philosophy(철학)' 수식하여 '분석적인 철학'으로 개념화할 수 있다. 따라서 분석철학은 근대의 경험론(경험주의)이나 합리론(합리주의), 현대의 실증주의, 실존주의와 같은 철학의 용어처럼 특정한 세계관이나 인생관을 기

1) 분석철학의 시작을 세상에 알린 것은 영국의 무어와 러셀이 헤겔의 영향을 받은 영국의 신관념론자 브래들리의 헤겔 류 관념론을 비판한 것이었다고 볼 수 있는데, 이는 프레게가 수학적 언어의 명료화를 위해서 기호논리학을 제시한 업적에 힘입은 것이었다.

초로 고정된 이념(ideology, 인식)을 내세우는 학파와는 다르다. 분석철학은 철학하는 방법이 논리적이고 언어적인 초점에 맞추는 경향을 가진 학파를 포괄적으로 지칭하는 말이기 때문이다. 이는 대표적인 현대의 유럽대륙철학인 실존주의나 현상학과는 대조적인데, 유럽대륙철학이 철학자 중심적인 데 비하여 분석철학을 비롯한 실용주의 등의 현대 영미철학이 취하고 있는 일반적인 경향은 문제 중심의 철학이라는 점이다.

이 말은 유럽대륙철학이 철학자의 사유를 이해하는 데 중심을 두고 있는 반면에 분석철학의 경우에는 주어진 철학적 문제들을 해결하고자 시도하기 때문에 제시된 논증들을 비판하는 데 초점을 둔다는 의미이다. 분석철학이 철학 연구에 있어서 언어의 분석적 방법이나 논리를 기호화·형식화하는 기호논리의 활용이 불가결하다고 믿는 것도 같은 맥락에서 이해할 수 있다.

다시 말하면 고대의 플라톤 이후 근대의 데카르트를 거치면서 서양철학에서는 "나는 무엇을 알 수 있는가?"라는 질문에 대한 지식의 이론, 즉 '인식론'이 철학의 주된 영역을 차지해왔기 때문에 인생관이나 세계관을 기준으로 특정한 이데올로기(인식)로 발전해 왔다. 이러한 인식론(이데올로기)은 대부분 인간의 정신(심리)과 관련되어 있기 때문에 '주관적인 사유(관념)'에 따라 규정이 된다.

이에 비하여 분석철학에서 취하는 분석적 경향의 철학방법은 정해진(고정된) '사유의 법칙'이 아니라 사유를 분석적 방법으로 하여 객관적인 진리를 파악하려고 하는 '객관적인 사유관계'에 있다. 그러므로 분석철학은 철학(philosophy)이 '지혜(sophia)'를 '사랑하는(philo)' 의미로 정의되어온 고대 그리스 시대부터의 인식에는 근본적으로 벗어나지 않지만 관념(이념)적 인식론에는 반대하는 입장인 것이다.

물론 고대철학에서도 아리스토텔레스는 소크라테스의 주지주의(intellectualism)나 플라톤의 주지주의적인 이데아론(idea)[2]에서 벗어나 논리학에 기초한

---

2) 플라톤은 대화편 중의 한 권인 『파이돈』에서 영혼 불멸에 대한 생각을 펼치는 과정에서 이데아 이론의 단초를 마련하고 『파르메니데스』를 거쳐 『국가론』에서 스승인 소크라테스의 영향에서 어느 정도 벗어나 이상세계가 있다는 관점의 독자적인 이데아론이라는 학설을 제창했다.

인식론을 학문적으로 정립하고자 하였다. 하지만, 19세기 후반에 활동한 프레게는 이러한 아리스토텔레스의 논리학적 인식마저도 비판하게 되는 것이다. 이러한 맥락에서 19세기 후반까지지도 인식(이데올로기)의 큰 변화는 정체되어 있었다고 볼 수 있다는 점에서 분석철학은 인생관이나 세계관을 대변하는 현대적 사조로서는 한계나 차이가 있는 것은 분명하지만 하나의 철학적 사조로서의 위치적 의미가 있는 것이다.

다시 말하면, 영국의 러셀과 무어가 수학의 기초를 산술에서 찾으려고 시도하면서 수학적 언어의 명료화를 위해서 기호논리학을 제시한 독일의 프레게의 업적에 기초하여 분석철학적 운동을 전개한 것을 시초로 분석철학은 경험적(과학적)이고 논리적인 언어분석 기조를 공통적으로 추구하면서 20세기 과학사회의 주류사상으로서의 위치에 서게 된 것이다.

따라서 분석철학은 과학적 명제의 분석을 중시한다는 이유에서 '과학철학'으로 명칭하거나 논리적인 언어분석을 강조한다는 이유로 '언어철학'으로 불리는 경우도 있다. 하지만 분석철학은 어디까지나 철학의 한 학파로 분류될 수 있는 것이지 철학의 한 '분과'에 속하는 '언어철학(philosophy of language)'이나 '과학철학(philosophy of science)'의 의미와는 구분이 필요하다.

다만 분석철학이 언어적 철학(linguistic philosophy)이나 과학적 철학(scientific philosophy)의 성격을 가지고 있다는 점은 분명하다. 그렇다고 분석철학이 말 그대로 과학적이고 언어적인 분석만을 추구하는 것으로만 단정할 수는 없다. 그 이유는 초기의 분석철학을 대변했던 논리실증주의자들인 루돌프 카르납(Rudolf Carnap)이나 찰스 모리스(Charles Morris)[3] 등이 프랑스의 파리, 덴마크의 코펜하겐, 영국의 케임브리지, 미국의 보스턴 등에서 '통일과학에 관한 국제회의'를 연차적으로 개최한 경우를 보더라도 알 수 있다. 이는 분석철학이 그 발전과정에서 '분석'뿐만 아니라 통일적인 '종합(Synthese)'을 추구하

3) 카르납이 비엔나 서클(학파)에 관여한 것은 비엔나 학파의 창시자인 모리츠 슐리크가 비엔나대학의 강사로 초청한 것에서 시작되어 1931년 프라하의 German대학에서 자연철학 교수직에 있으면서 이 모임에 자주 참석한 것에 있다. 그리고 나치 정권을 피하여 1935년에 미국으로 이주하여 1936년에 시카고대학 교수로 임용된 후에는 찰스 모리스의 도움으로 터전을 잡게 된다.

고 있다는 점을 말해주기 때문이다.

2) 분석철학의 현상학과의 관계

현상학에 이어서 분석철학은 20세기의 강단철학의 주류철학으로 자리 잡았고, 포스트모더니즘이나 포스트구조주의가 대두된 이후에도 큰 변화가 없이 그 세력을 유지하고 있다. 이 시기에 활동한 철학자들을 보면, 현상학자로는 독일의 후설과 하이데거, 프랑스의 사르트르와 메를로-퐁티가 대표적인 인물이다. 분석철학자로는 영국의 무어와 러셀에서 출발하여 비트겐슈타인, 그리고 유럽을 거쳐서 미국에서 활동한 프라하대학 교수 출신 카르납과 카르납으로부터 철학을 공부하고 하버드대학 철학교수를 지낸 콰인(Willard Van Orman Quine)이 대표적인 인물이다. 그만큼 이 두 가지의 철학적 조류는 각기 다른 철학자들의 주장과 견해에 따라 서로 비교되지만 시대적으로는 관계성이 많은 것도 특징이다.

독일의 에드문트 후설(Edmund Husserl, 1859~1938)의 사상에 기초하는 현상학(Phänomenologie)은 철학적 인식(앎)을 과학적 앎과 달리 경험을 근원적인 차원인 '현상' 그 자체에서 파악하려고 시도한다. 현상학에서 말하는 '현상'은 의식에 포착된 대상으로서의 현상이라는 점에서 곧 경험이라고 할 수 있다. 이는 선입관과 편견이 없는 상태로 대상(현상)에 진입하여 의미를 파악하려는 자세인데, 이처럼 순수한 의식을 획득하기 위한 방법을 현상학에서는 '에포케(epoche)'[4], 즉 '현상학적 판단 중지'라고 칭한다.

따라서 후설은 현상을 도외시하고 경험적 존재가 실재한다는 전제를 무조건 받아들이려고 하는 과학이 소박한 학문에 불과하다는 견해를 보인다. 그 이유로 경험적 존재는 특정한 시공간 속에서만 일어나는 개별성에 의존하는 한계가 있다는 점을 든다. 이 말은 같은 사물이나 현상이라도 시공간을 달리하면 다른 인식(앎)이 될 수밖에 없다는 주장이 된다.

이에 비하여 분석철학은 현상학이 존재의 근원적 인식(앎)을 추구하고자

---

4) 일부 현상학자들은 '에포케'를 성급하게 의미를 말하지 않고 대상을 괄호에 묶어두는 일명 '괄호치기'로 설명하기도 한다.

시도하는 것과 달리 주로 언어를 대상으로 그 '개념'을 철학적 분석의 대상으로 삼는다. 사람들은 모두 언어를 매개로 자신의 인식(지식)을 표현하는 존재이기 때문에 언어의 사용과 그 의미에 초점을 두고 분석하고자 시도하는 것이다. 만약 인간에게 언어가 없다면 눈앞에 보이는 현상이나 사물을 개념화하여 이해할 수 없게 된다는 점에서 분석철학은 언어표현이 이루어지는 관계를 중시한다고 볼 수 있다.

이러한 맥락에서 초기 분석철학을 이끌었던 시기의 비트겐슈타인(Ludwig Wittgenstein, 1889~1951)은 『논리철학 논고』(1921)에서 언어의 의미가 어디에서 오는지에 대하여 명제가 원자적 사실과 일 대 일(1 : 1)로 대응한다는 '그림이론(picture theory)'을 명쾌하게 제시하였던 것이다. 즉 명제가 세계의 구성요소인 대상과 사태에 대응되는 그림이라고 본 것이다. 비트겐슈타인이 『논리철학 논고』에서 "말로 표현할 수 없는 것에 대해서는 침묵해야 한다."는 문장과 함께 "철학의 모든 문제는 이것으로 해결되었다."라는 점을 선언하고 일정 기간 철학활동을 하지 않았던 것도 같은 이유였다고 볼 수 있다.

다시 말하면 분석철학자들은 인간이 언어를 제대로 사용하고 있는지, 그렇지 못한지에 대하여 철학적 문제로 삼은 것이다. 따라서 분석철학의 논리실증주의 학파는 한 명제의 유의미성은 논리적 언어의 검증가능성에 있다는 관점을 보인다. 그러나 이러한 논리실증주의 학파는 인간이 현실적으로 사용하고 있는 일상언어를 등한시하고 이상적(인공적) 언어관점을 추구함으로써 분석철학의 또 다른 학파인 일상언어 학파에 의해 비판을 받게 된다.

이에 비트겐슈타인도 언어가 세계를 반영하는 그림이라고 언급하면서 논리적 언어로 표현할 수 없는 것에 대해서는 침묵해야 한다고 호기롭게 단언했던 초기의 사상에서 그 스스로 선회(비판)하게 된다. 그가 오스트리아에서 케임브리지대학으로 복귀하여 후기 연구 저작인 『철학적 탐구(*Philosophische Untersuchungen*)』(1953)에서 언어의 유희적(놀이적) 사용에서 그 의미를 찾으려는 언어게임 개념을 도입한 것도 이를 방증하는 것이다. 하지만 분석철학자들의 전체적인 철학적 문제는 여전히 언어의 논리적 검증가능성에 기초한 과학적 인식(앎)에 있다고 볼 수 있다.

3) 분석철학의 전개과정

19세기 후반에 이르러 독일 철학자 고틀로프 프레게(Gottlob Frege, 1848~1925)는 논리학의 원조로 볼 수 있는 아리스토텔레스의 저서 『기관(*Organon*, 오르가논)』에서 내적 추론을 거쳐 타인에게 논리적으로 설명하기 위해서는 외적 추리를 연역법(deduction)에 의할 것을 주장한 '논리학적 인식론'에서 벗어나고자 하는 시도를 하게 된다. 즉 일반적인 원리나 규칙으로부터 개별적인 원리를 이끌어 내는 '사유(인식)의 법칙'인 아리스토텔레스 방식의 논리학은 플라톤의 주지주의적인 이데아론과 큰 차이가 없다고 보고, 적어도 논리학은 사유와 관련된 역할을 할 수 있다는 결론을 제시한 것이다.

그리고 그 역할은 기호논리학(symbolic logic), 즉 수리논리학(mathematical logic)에서 찾을 수 있다고 프레게는 주장하였다. 기호논리학 혹은 수리논리학은 명제(proposition)의 참과 거짓, 명제의 인과관계 등을 기호 연산을 사용하여 명료화하는 것으로 프레게는 산수(산술)의 진리를 통해서 논리적 진리를 환원하려고 하였으며, 언어도 논리적 분석을 통하여 철학적인 문제해결(인식)에 도달할 수 있다고 본 것이다. 이처럼 고틀로프 프레게는 철학연구에 있어서 수리적 기호논리학의 활용이나 언어분석의 방법을 사용하는 것이 불가결하다고 믿는 분석철학의 창시자적 위치에 있다.

그러나 분석철학이 본격적으로 발전되어온 흐름을 보면 앵글로 색슨계 학문의 중심지인 영국의 케임브리지대학의 철학자인 버트런드 러셀(Bertrand Russell, 1872~1970)과 조지 에드워드 무어(G. E. Moore, 1873~1953)가 그 시작점에 있다. 분석철학사에서 러셀을 무어보다 먼저 거론하는 것은 무어가 러셀로부터 영향을 받아 본격적인 철학적 통로로 접어들게 되었다는 점에 있지만 저작물을 기준으로 본다면 러셀보다 무어가 더 시초에 가깝다.

그 이유는 무어가 1898~1904년까지 케임브리지대학 트리니티 칼리지의 펠로(연구원)로 재직하면서 이미 4년 전인 1895년부터 같은 대학에서 연구원으로 있었던 러셀과 교류하였던 1903년에 〈관념론의 반박〉이라는 논문을 잡지에 발표하여 신실재론(new realism) 연구에 선두역할을 했기 때문이다. 무어와 러셀이 이처럼 신실재론을 제기하면서 초기 분석철학을 개창하게 된 계기는 당시 영국에서는 브래들리(F. H. Bradley, 1846~1924)를 중심으로 한 신관념론(new idealism) 혹은 영국 관념론(British idealism)을 전개하면서 헤겔 사상을 추종했던 학자들이 많았다는 점을 비판하기 위한 것이었다.

한편, 미국에서는 거의 같은 시기에 찰스 퍼스(Charles Sanders Peirce, 1839~1914)가 미국 독자적 철학으로 내세운 프래그머티즘(Pragmatism)이 존 듀이(John Dewey, 1859~1952)에 의해서 도구주의(Instrumentalism) 또는 실험주의(Experimentalism)라는 이름으로 확산되고 있었다는 점도 초기 분석철학 탄생의 영향요인이 될 수 있었던 것으로 보인다.

그러나 미국에서의 실용주의는 존 듀이 이후에는 윌러드 밴 오먼 콰인(Willard Van Orman Quine, 1908~2000), 힐러리 퍼트남(Hilary Putnam, 1926~2016) 등에 의해 분석철학의 조류에 통합이 되는 시기를 겪었다. 그러다가 다시 리처드 로티(Richard McKay Rorty, 1931~2007)에 의해 분석철학적인 신실용주의(Neo-Pragmatism)로 나아가게 된 것이다.

이와 같이 무어의 신실재론 제기로 인하여 구체화된 분석철학 운동은 러셀에 의해서 본격화가 되는데, 무어가 〈관념론의 반박〉(1903)이라는 논문을 발표한 같은 해에 러셀이 곧이어서 발간한 저서 『수학의 원리』(1903)가 그 선두에 선다. 그리고 이 책이 수리적 분석철학을 선도했다면, 러셀이 1912년에 출간한 『철학의 제 문제』와 1914년에 출간한 『외적 세계에 대한 우리의 지식』은 '논리적 분석(logical analysis)'의 철학이다. 뿐만 아니라 1918년에 발간한 『논리적 원자론의 철학』은 말 그대로 '논리적 원자론(logical atomism)'의 분석철학이다.

그러나 러셀이 그의 인생 후반기부터 철학 연구보다는 사회학, 정치이데올로기에 대한 비평가로 전환하면서부터는 그의 제자격인 루트비히 비트겐슈타인에 의해서 분석철학의 변화가 일어난다. 비트겐슈타인은 당시 오스트리아-헝가리제국 출신의 공학도로서 독일의 프레게로부터 수학적 기초에 의한 기호논리학에 영향을 받고 1911년 여름에 독일의 프레게를 방문하여 일정 기간을 배운다. 그리고 프레게의 추천으로 영국으로 건너가서 1911년 가을부터 러셀과 무어에게서 교육(수강)을 받게 되면서 분석철학을 체계화시키게 된 것이다.

그 결과 1921년에 『논리철학 논고(*Tractatus Logico-Philosophicus : TLP*)』를 독일어로 발간하고, 1922년에는 러셀의 도움으로 영문으로도 번역 출간됨으로써 분석철학의 새로운 이정표를 제시하게 된다. 다시 말하면 이 책에서 제시된 분석철학의 새로운 사조는 1920년대 초부터 다뉴브(Danube, 독일어 Donau) 강 연안에 있는 오스트리아 비엔나(Vienna, 독일어 Wien)에서 모리츠 슐리크(Moritz Schlick, 1882~1936)의 지도로 결성된 '비엔나 서클(Vienna Circle)'과 독일의 과학철학자 한스 라이헨바흐(Hans Reichenbach, 1891~1953)가 주축이 된 '베를린 서클(Berlin Circle)'에 영향을 미치게 된 것이다.

이들 학파는 바로 비트겐슈타인의 『논리철학 논고』에 나타난 '논리적 원자론'의 철학적 방법과 경험론 철학자였던 데이비드 흄(David Hume, 1711~1776)의 철학적 정신을 이어받아 실증적(과학적)으로 경험할 수 없는 형이상학(Metaphysics)을 배격하고자 했던 '논리실증주의(Logical positivism) 학파'를 구성하였기 때문이다.

따라서 분석철학은 전반기에는 '논리실증주의(논리경험주의)'가 차지하는 비중이 커지면서 양자의 관점이 거의 동일시되기에 이른다. 하지만 전반기의 논리실증주의 학파는 1930년부터 〈인식〉이라는 기관지를 정기적으로 발행할 정도로 성행했지만 1938년에 오스트리아-헝가리제국이 독일의 히틀러 정권에 의해 병합이 되면서 통제를 받게 되자 비엔나 학파의 학자들은 영국이나 미국 등으로 이주하여 흩어지게 된다. 그중에서 미국의 시카고대학에서 1936년부터 1952년까지 철학교수로 있었던 루돌프 카르납(Rudolf Carnap, 1891~1970)은 미국에서 논리실증주의가 뿌리를 내리고 변화하는 데 기여하였다고 볼 수 있다.

하지만 비엔나 학파를 창립했던 모리츠 슐리크는 계속 비엔나대학에 머물렀는데, 그는 1936년 대학에서 수업을 하러 계단을 오르던 중 히틀러 정권 시기에 정신병이 있는 것으로 추정된 요한 넬뵈크(Johann Nelböck, 1903~1954) 학생에게 석연치 않은 권총 살해[5]를 당하는 등의 사유로 상당수의 유럽 학자들은 그 역할을 충분히 이어가지 못하게 된다. 그런 와중에서 분석철학은 후반기를 맞게 되는데, 그 모티브는 역시 비트겐슈타인에게서 출발이 되었다.

비트겐슈타인은 논리실증주의가 자신의 '논리적 원자론(logical atomism)'[6]을 성서처럼 받아들이고 있었던 그 시기에 또다시 새로운 철학적 관점과 방법을 제시하게 된 것이다. 그것은 그동안의 논리실증주의적 관점에서 벗어나 일상언어(ordinary language)의 분석을 통하여 철학적 논의를 하는 일상언어적 분석철학으로의 전환이었던 것이다. 비트겐슈타인의 이러한 후반기 사상은 그의 사후 2년 뒤에야 발간된 『철학적 탐구』(1953)에 나타나 있다.

이러한 영향으로 비트겐슈타인이 사망했던 1951년부터 논리실증주의는 비판을 받기 시작하였으며, 그 대신 영미의 대학 강단에서는 옥스퍼드 학파라고도 불리는 일상언어 학파의 분석철학이 주류철학으로 자리를 잡게 된다. 그 결정적인 사건은 독일 출신 미국 분석철학자 루돌프 카르납(Rudolf Carnap)의 제자 윌러드 콰인(Willard Van Orman Quine, 1908~2000)이 하버드대학의 교수로 재직하던 시기인 1951년에 쓴 논문인 〈경험주의의 두 가지 독단(Two Dogmas of Empiricism)〉에서 논리실증주의를 비판한 것이었다. 콰인은 이후에도 데이비드 흄(David Hume, 1711~1776)의 경험주의 관점에 따르는 논리적(경험적) 실증주의를 공격하였고, 콰인의 제자 도널드 데이비슨(Donald Davidson, 1917~2003)도 같은 맥락의 비판과 함께 분석철학적인 '언어철학(philosophy of language)'을 발전시키게 된다.

이처럼 비트겐슈타인이 그의 철학적 관점을 일상언어적 분석철학으로 전환한 이후 1960년대부터 오늘날에 이르기까지는 다양한 변화를 겪으면서도 분석철학은 현대 주류철학의 위치를 이어가고 있다. 그 중의 대표적

---

5) 뵐베크는 당시 유대인 혐오 분위기에 편승해 유명 인사가 되었다. 이후 나치 독일이 오스트리아-헝가리제국을 병합한 1938년에 집행유예로 풀려났다. 전쟁이 끝나고 1951년에 빈 학파의 구성원이었던 빅토르 크라프트(Victor Kraft)에 의해 고소를 당했는데, 크라프트는 넬뵈크를 '편집증적 사이코패스'라고 칭했다.

6) 러셀도 『논리적 원자론의 철학(*The Philosophy of Logical Atomism*)』에서 비트겐슈타인의 이러한 견해를 인용한다고 언급하고 있다.

인 흐름 중의 하나는 미국의 매사추세츠공과대학에서 과학사를 강의했던 토마스 새뮤얼 쿤(Thomas Samuel Kuhn, 1922~1996)이 발간한 『과학혁명의 구조(*The Structure of Scientific Revolutions*)』(1962)에서 논리적 분석에 치중했던 규범적 과학철학을 비판한 것을 들 수 있다.

쿤은 이 책에서 과학자들이 이론을 정립하기 위해 설정하는 척도(scale)의 패러다임(paradigm)[7]을 과학의 외적인 부분인 '사회문화적 요인'도 중요하게 다루는 전환이 필요하다고 주장한 것이다. 이는 비트겐슈타인이 후기에 제기한 '언어적 분석철학(Linguistic Analytic philosophy)'과 함께 '과학적 분석철학(Scientific Analytic philosophy)'이 분석철학의 주류 영역으로 들어오게 되는 배경이 된다. 아울러 과학에 대한 언어적-논리적 분석을 하고 있는 논리실증주의적 분석철학에 대해서는 아예 빛이 바래게 되는 계기가 되었다고도 볼 수 있다.

이렇듯 분석철학은 초기에는 논리실증주의(논리경험주의)와 동일시되었지만 20세기 후반을 거치면서 분석철학은 더 이상 하나의 통일된 입장을 공유하는 것이 아니라 세부 분야에서 다양한 견해들을 제시하면서 변화를 겪게 되었다. 다만 전체적으로 보면 논리학을 중시하는 경향이 있고, 명료하고 간결한 논증을 선호하는 경향은 공통적으로 유지하고 있는 실정이다.

2. 고틀로프 프레게의 생애배경과 기호논리적 분석철학 체계

1) 고틀로프 프레게의 생애배경

고틀로프 프레게(Gottlob Frege, 1848~1925)는 1848년 11월 8일에 당시 독일 통치하에 있었던 스웨덴-노르웨이 제국의 도시 비스마르(Wismar)에서 여자 고등학교 교장이었던 알렉산더 프레게의 아들로 태어났다. 그의 어머니

7) '패러다임'이란 용어는 토머스 쿤(T. S. Kuhn, 1922~1996)의 『과학혁명의 구조』(1962)에서 처음 사용되었는데, 패러다임의 전환(paradigm shift, radical theory change)이란 과학 활동에서 새로운 개념과 이론은 객관적 관찰을 통해서 형성되기보다는 연구자 집단이 받아들이는 과정에서 형성된다는 의미이다.

아우구스테 프레게는 프레게가 18세였던 1866년에 남편 알렉산더 프레게가 죽자 홀로 살았다. 따라서 프레게는 어릴 때부터 교육적인 환경에서 성장하여 1869년에 비스마르의 김나지움(gymnasium)을 졸업하였다. 그리고 김나지움의 교사 구스타프 아돌프 레오 작세(Gustav Adolf Leo Sachse)가 프레게의 수학적 재능을 알아보고 독일의 예나대학에 입학을 권고하여 1869년에 입학하게 된다.

이에 프레게는 예나대학에서는 4학기를 공부하고 1871년에는 괴팅겐대학으로 전학하여 수학 · 물리 · 화학 · 철학 분야를 전공한 후 1871년 12월에 박사학위를 받았다. 그리고 1874년에는 예나대학으로 돌아와서 교수자격을 갖추기 위한 하빌리타치온(Habilitation) 논문(교수자격 논문)과 시험을 거쳐 예나대학에서 수학 강사로 일을 시작하였다. 그리고 1879년 7월에 조교수, 1896년 5월에 정교수를 거치며 은퇴할 때까지 45년간 모교에서 수학을 가르쳤다.

그러나 재직기간 동안 학생들이나 동료 교수들과는 친숙하게 지내지 않았으며, 다른 한편으로는 자신의 비범한 재능이 이들에게 인정받지 못하고 있다는 점에 괴로워했다. 그 이유 중의 하나는 그가 수학을 가르쳤지만 논쟁과 반론을 좋아하여 수학분야의 출판보다는 논리학 분야의 출판에 집중하였고, 그것도 철학적 표현이 많았기 때문에 당시의 철학자나 수학자들이 주목하지 않았던 이유도 있었다. 특히 그의 첫 번째 저서인 『개념표기법: 순수 사고의 산술적 형식 언어의 모형(독일어: *Begriffsschrift, eine der arithmetischen nachgebildete Formelsprache des reinen Denkens*)』이 1879년에 출판되었지만 학계로부터 호평을 받지 못했으며, 다만 이 책으로 인하여 강사에서 조교수로 승진할 수 있는 실적은 갖출 수 있었다.

하지만 그 후에도 이 책에 대한 비판은 지속되었고, 그 대응의 결과물로 프레게는 1884년에 『산수의 기초: 수 개념에 관한 논리-수학적 탐구(독일어: *Die Grundlagen der Arithmetik: eine logisch-mathematische Untersuchung über den Begriff der Zahl*)』를 발간하게 된다. 그는 이 책에서 수학의 기초를 산술(산수)에서 찾으려 했으며, 그동안 논리주의로 알려져 온 산수가 논리학으로 환원될 수 있다는 주장을 처음으로 하게 된다.

즉 수의 개념이 종합적(synthetic) 개념이 아니라 해석적(analytic) 개념이라고 주장한 것이다. 하지만 이러한 주장은 당시의 학계에서 주목을 끌 수 없었고 오히려 『개념표기법: 순수 사고의 산술적 형식 언어의 모형(독일어: *Begriffsschrift, eine der arithmetischen nachgebildete Formelsprache des reinen Denkens*)』(1879)을 출간했을 때보다도 관심을 받지 못하게 된다.

이러한 상황에서도 프레게는 열정을 가지고 연구를 계속하여 〈함수와 개념〉(1891), 〈개념과 대상에 관하여〉(1892)에 이어서 그의 가장 중요한 논문 중의 하나로 평가받게 된 〈뜻과 지시체에 관하여〉(1892)를 발표하게 된다. 이 논문에서 그는 언어에 대한 철학적 의미이론을 제시하였는데, 언어의 의미요소로서 '뜻(sense)'과 '지시체(reference)'를 든 것이다. 즉 우리가 사용하는 언어에는 '뜻'과 '지시체'를 통하여 완전한 사유체계가 드러날 수 있는데, 자연언어에서는 하나의 '지시체'에 하나의 '뜻'이 대응할 수 없다는 점을 전제하고 '지시체'와 '뜻' 사이의 기호 관계를 올바르게 정비함으로써 이상적인 (논리적으로 완전한) 언어체계를 세우고자 한 것이다.

이어서 1893년에 프레게는 『산수의 근본법칙(연산의 기본법칙)』(1권)을 출간하였는데, 이전에 출간했던 두 권의 저서와 마찬가지로 학계의 호응을 받지 못했고, 그 결과 『산수의 근본법칙(연산의 기본법칙)』(2권)은 거의 10년 이상이 지난 1903년에야 발간할 수 있었다. 하지만 그의 포기하지 않는 학문적 열정에 소수의 사람들이 관심을 표명하게 되는데, 기본적으로는 예나대학 내에서는 2년 후인 1895년에 정교수로 승진하였고, 독일의 유명한 광학회사 자이스(ZEISS) 재단에서도 연구비까지 받게 되었다.

뿐만 아니라 이탈리아의 수학자(기호논리학자) 주세페 페아노(Giuseppe Peano, 1858~1932)는 프레게의 『산수의 근본법칙(1권)』을 읽고 자신의 자연수 정의 작업을 수정하는 논의를 하고, 1900년에 열린 파리 국제철학자대회에 참석한 젊은 버트런드 러셀(Bertrand Russell, 1872~1920)을 프레게에게 소개시켜주는 호응도 보이게 된다.

이를 계기로 젊은 수학자였던 러셀은 프레게의 수리논리학이나 기호논리학에 영향을 입게 되었으며, 그의 주저라고 할 수 있는 『수학 원리』 전 3권을 3년(1910, 1912, 1913)에 걸쳐 동료이자 스승격인 알프레드 노스 화이트헤드(Alfred North Whitehead, 1861~1947)와 공저로 출간하게 된다. 이즈음 수학의 기초에 관심을 가졌던 오스트리아-헝가리제국의 공학도 비트겐슈타인이 프레게를 찾아와 수학하고 있었는데, 케임브리지대학의 러셀에게 강의를 받도록 추천한 것도 분석철학사의 모티브가 되었다고 볼 수 있다. 그 후 1918년에 프레게는 예나대학에서 은퇴한 후 논리학에 대한 저술을 하다가 1925년 1월에 78세의 나이로 사망하였다.

이처럼 고틀로프 프레게는 독일 예나대학의 교수직을 수행하면서 기호논리학과 분석철학의 기초를 마련한 학자이지만 직접적인 분석철학의 개창자로는 알려지지 않았던 인물이다. 그러나 『현대분석철학(*Contemporary Analytic philosophy*)』(1981)의 저자 밀턴 칼 뮤니츠(Milton Karl Munitz, 1913~1995)는 "한 철학자가 분석철학적인 전통에 속해 있는가, 속해 있지 않는가를 판가름할 수 있는 것은 그가 프레게(Frege)의 사상에 얼마나 근접해있느냐에 달려있다."라고 언급하면서 주목을 받게 되었다.

이는 프레게가 그만큼 분석철학의 형성에 선도적인 영향을 미치고 연구업적을 남겼다는 점을 일컫는다. 하지만 프레게의 생애나 연구업적은 그다지 많이 알려져 있지 않은데, 그 이유 중의 하나는 프레게의 자녀들은 어린 나이에 모두 사망하였고, 그의 양자인 알프레드에 의해 그의 전기가 저술되었지만 제2차 세계대전 중에 대부분이 손실되었기 때문이기도 하다.

2) 고틀로프 프레게의 기호논리적 분석철학 체계

고틀로프 프레게는 오늘날 분석철학사에서 수학적 언어의 명료화를 위해서 산수(산술)에 기초한 기호논리학(symbolic logic)을 제안한 업적이 있지만 생전에는 그의 학문적 업적이 학계에 거의 알려지지 않았던 인물이다. 그러나 초기 분석철학을 이끌어간 러셀, 비트겐슈타인은 프레게로부터 시작된 수리논리적이고 기호논리적인 분석철학에 기초하여 그들의 논리실증주의적 분석철학을 정립하였다는 점은 자명한 사실로 보인다.

아울러 예나대학 학부생 때 프레게로부터 직접 수학을 배웠던 루돌프 카르납(Rudolf Carnap, 1891~1970)이 프라하대학 교수를 거쳐 미국으로 이주하여 1936년부터 시카고대학의 교수직에 있으면서 프레게의 업적은 더욱 알려지게 된다.

그리고 옥스퍼드대학 교수를 지내고 영국 학술원 회장을 역임하기도 했던 앤서니 케니(Anthony Kenny, 1931~)가 2000년에 발간한 『프레게: 현대분석철학의 창시자에 대한 소개(*Frege: An Introduction to the Founder of Modern Analytic Philosophy*)』에서는 분석철학사에서의 프레게의 역할을 신대륙을 발견한 탐험가 콜럼버스(Christopher Columbus)에 비유할 정도이다. 이 책에서 케니는 프레게가 일생을 바친 기호논리적 분석철학의 기획은 생애 기간에는 성공하지 못했지만 훗날의 논리학자들과 철학자들에게 영향을 미쳤고, 그의 철학적 문장을 능가하는 사람은 플라톤과 데카르트뿐이라고 단언한다.

이러한 주장의 근거로 케니는 프레게의 『산수의 기초』가 모든 시기를 통틀어 심오하고 위대한 철학적 걸작 가운데 하나라고 소개하고 있다. 이는 유럽인들에게 있어 아메리카 대륙의 발견이 가져다주는 사건적 의미만큼 프레게가 제시한 수리논리와 기호논리학이 지성사의 커다란 전환점이 되었다는 점을 강조한 것으로 해석될 수 있다.

이제 이러한 프레게의 학문적 업적을 남아있는 그의 주요 저서와 논문을 통해 정리해보면 다음에서와 같이 정리될 수 있다.

『개념표기법』(1879)은 프레게가 평생 동안 출판한 세 권의 저서 중 첫 번째 발간된 저작물로서 원명은 『개념표기법: 순수 사고의 산술적 형식 언어의 모형(독일어: *Begriffsschrift, eine der arithmetischen nachgebildete Formelsprache des reinen Denkens*)』(1879)이다. 그는 이 책에서 기존에 알려진 명제논리(propositional logic), 즉 명제에 대한 바른 추론 형식을 술어논리(predicate logic)로 확장하였다.

술어논리는 술어에 대한 추론 형식을 말하는데, 진위가 정해지는 명제에 존재하는 '주어'와 '술어'의 구조로부터 '주어'가 될 수 있는 대상에 대해 한정기호를 사용하는 논리이다. 따라서 술어논리는 명제논리와 마찬가지로 지식표현 및 추론에 사용되지만 기호를 사용하여 양화(量化, quantification)시키는 논리를 사용하기 때문에 명제논리를 포함하고 한 단계 위쪽에 놓인다고 볼 수 있다.

명제논리에서는 명제가 분석의 기본단위로 취급되어 그 내부구조 속으로 파고 들어간 분석이 어렵지만 술어논리는 분석의 단위가 명제 자체의 구조에까지 확장되기 때문에 심층적인 분석에 이를 수 있게 된다. 이러한 맥락에서 프레게가 확장한 술어논리의 추론 형식이나 명제논리와 술어논리를 표현하는 형식적 언어의 고안은 기호논리학의 한 분야로 자리 잡게 된다. 뿐만 아니라 술어논리는 오늘날 기호 기반의 인공지능에서 사용하는 지식표현 및 추론 형식이 모체가 되었다고 볼 수 있다.

『산수의 기초』(1884)는 프레게가 출간한 세 권의 저서 중 가장 많이 알려진 책이기도 한데, 원명이 『산수의 기초: 수 개념에 관한 논리-수학적 탐구(독일어 : *Die Grundlagen der Arithmetik: eine logisch-mathematische Untersuchung über den Begriff der Zahl*)』이다. 이 책에서 프레게는 기존의 심리주의적 수의 개념을 비판하고, 수의 개념이 종합적(synthetic) 개념이 아니라 해석적(analytic, 분석적) 개념이라고 주장하였다. 여기에서 심리주의(psychologism)를 거부하고 수의 개념을 분석적으로 보아야 한다는 주장은 의미의 성격을 이해하기 위해서는 정신의 주관적 · 내적 과정을 다룰 필요가 없다는 의미였던 것이다.

그리고 『개념표기법(개념기호법)』에서는 처음으로 근대적 의미의 수리논리체계를 낯선 기호를 사용하여 복잡하게 제시하여 독자나 학계로부터 관심을 받지 못했기 때문에 이 책에서는 논리학과 수학의 철학에 대해 집중적으로 연구한 뒤 기호를 사용하지 않고 있다. 그러나 이번에도 제대로 이해를 하지 못한 학계에서는 출판기념회에서 비판을 이어갔다, 게오르그 칸토어(Georg Cantor, 1845~1918)와 같은 수학자들이 이에 속한다.

이러한 비평 속에서도 프레게는 자신의 이론을 설명하기 위해 철학적인 논문을 썼는데, 그중에서 〈뜻과 지시체에 관하여〉(1892)는 대표적이다. 이 논문에서 그는 동일한 '진릿값(의미)'을 가지고 있으면서도 서로 다른 인식적 가치를 가질 수 있는 문장을 '뜻(sense)'과 '지시체(reference)'라는 구별을 통해 해명하고자 하였다. 예를 들어 "샛별은 샛별이다(a=a)."라는 문장과 "샛별은

금성이다(a=b)."라는 문장은 진릿값(의미)이 완전히 동일하다. 그러므로 '샛별'과 '금성'은 전체적인 진릿값인 참·거짓의 의미에 영향을 주지 않은 채로 상호 대치될 수 있는 것이다.

하지만 의미는 변하지 않더라도 인식적 가치에는 차이가 날 수 있는데, 그 이유는 참·거짓의 의미(진릿값)는 고유명사나 문장이 가리키는 '지시체'에 의해 결정되고, 인식적 가치는 그 고유명사나 문장이 표현하는 '뜻'에 의존하기 때문이다. 이는 프레게가 이상적인 언어체계를 갖추기 위해서는 '뜻'의 동일성을 고려하지 않고 '지시체'의 동일성만 고려하여 고유명사나 문장을 대치해서는 아니 된다고 본 이유가 된다. 아울러 언어적 표현의 의미를 탐구하여 유의미한 것(존재)과 무의미한 것(존재)을 구분하는 방법과 원리를 탐구하는 의미이론적으로 보면 심리주의나 주관주의가 아니라 논리주의 입장이 된다.

〈뜻과 지시체에 관하여〉라는 논문을 발표한 이듬해인 1893년에는 다시 수리철학으로 돌아와 프레게는 『산수의 근본법칙(연산의 기본법칙)』 제1권을 출간하였는데, 이는 『산수(산술)의 기초』(1884)를 발전시킨 것이었다. 그러나 이 책 역시도 제2권이 출간(1903년)되기 직전인 1902년 6월에 러셀로부터 온 역설적인 편지를 받고 그 오류를 수정하게 된다. 이른바 '러셀의 역설(Russell`s paradox)'에 의한 수정이었다.

당시 러셀이 프레게에게 보낸 서신에서는 논리체계에서 "자기 자신을 술어로 포함할 수 없는 술어를 정의하는 것은 모순이다."라는 점을 지적하고 있다. 하지만 프레게의 연구업적은 "철학은 논리학이 아닌 기존의 인식론에 기초해서는 아니 된다."는 주장이 분석철학의 시초를 형성했다고 볼 수 있으며, 그 후 세계대학의 학문에서도 논리학 연구는 수학과 중복되는 기술적 영역으로 변화하게 되는 데 지대한 영향을 미쳤다는 점은 분명하다.

제2절 조지 에드워드 무어의 언어적 분석철학

1. 조지 에드워드 무어의 생애배경과 러셀과의 관계

1) 조지 에드워드 무어의 생애배경

조지 에드워드 무어(George Edward Moore, 1873~1958)는 프레게, 러셀과 함께 분석철학의 기초를 닦은 인물로 평가된다. 무어는 1873년 11월 4일에 런던 근교인 어퍼노스(upper north) 지역에서 독실한 기독교 집안에서 태어나 독일어 권역의 김나지움과 유사한 문법학교(grammar school)를 마치고 1892년(19세)에 케임브리지대학 단과대학인 트리니티 칼리지(Trinity College)에 입학하였다. 대학에서는 주로 고전문학을 공부하였으며, 1890년에 이미 입학하여 재학하고 있었던 한 살 위의 러셀(Russell)과 친하게 되면서 수학과 철학에 관심을 가지게 되었다.

1898년에 〈윤리학의 형이상학적 정초(The Meta-physical Basis of Ethics)〉라는 제목의 논문으로 박사학위를 받고, 같은 해에 장학금 연구원(fellow)으로 선발이 되었다. 그리고 1903년(30세)에는 정식으로 케임브리지대학 트리니티 칼리지의 대학 연구원으로 활동하면서 1911년(38세)에 케임브리지대학의 강사가 될 때까지 헤겔을 추종하는 신관념론에 반대하는 신실재론적 연구에 집중하였다. 그 결과 윤리학의 그의 주저로 평가되는 『윤리학의 원리(*Principia Ethica*)』(1903)도 출간할 수 있었다.

이 시기부터 무어가 주도한 1880년대와 1890년대에 케임브리지 및 옥스퍼드대학의 헤겔주의 철학자들이 새로운 철학적 용어들을 만들어 새로운 대화 방법을 개발하기 위한 노력 끝에 제시한 '신관념론(영국관념론)'을 반박한 것은 분석철학사에서 의미가 크다. 이 시기에 무어가 〈판단의 본질(The Nature of Judgment)〉(1899)을 발표한 이후에 용기 있게 발표한 〈관념론 반박(The Refutation of Idealism)〉(1903)이라는 논문은 하나의 철학운동으로서 '철학적 분석(philosophical analysis)'을 시작한 사람이라는 지칭을 받을 정도로 그 역할이 컸기 때문이다.

이 글들은 칸트와 헤겔이 영국 철학에 끼친 영향을 서서히 줄이는 데 이바지했다는 점에서도 중요하다. 물론 같은 논지에서 러셀도 〈지칭에 대하여(On Denoting)〉(1905)라는 논문을 발표했지만 무어에 비하면 2년이나 늦은 시기였다. 그러나 러셀이나 비트겐슈타인만큼 분석철학의 영역에서 차지하는 비중이 크지 않다는 측면에서 그의 생애사는 제대로 알려져 있지는 않은 측면이 있다.

아울러 무어는 그리스도교 가정에서 성장하였지만 종교의 유신론과 무신론을 모두 배제하는, 그중에서도 신의 존재에 대해 진위 여부를 알 수 없다고 주장하는 불가지론(不可知論, agnosticism)자가 되었다. 그리고 신학이 아닌 상식에 의한 철학운동을 전개하여 '상식철학자'로도 불린다. 무어는 고전문학을 전공하면서 수강한 철학강의에서 당시의 케임브리지대학의 헤겔류의 신관념론 철학자들의 관점이 지나치게 형이상학적이라는 것에 혼란을 느끼고 '상식'에 의한 의미의 명료화가 철학의 방법이 되어야 한다는 생각을 하게 된 것이다. 따라서 무어에게 있어서 '상식'은 합리론자가 생각하는 '이성'이나 경험론자가 생각하는 '감각'과 같은 개념이었다고 볼 수 있다.

이는 영국의 근대 경험론이 데이비드 흄(David Hume, 1711~1776)에 이르러 극단적인 회의주의(회의론)로 변형되면서 객관적 진리의 존재 자체도 부정하게 된 것을 비판했던 토머스 리드(Thomas Reid, 1719~1796)를 비롯한 스코틀랜드 상식학파(Scottish Common Sense Realism)의 철학적 운동과도 상통된다고 할 수 있다. 이러한 의미에서 무어가 1925년에 케임브리지대학의 철학·논리학 교수로 취임한 해에 발표한 논문 〈상식의 옹호〉도 〈관념론 반박(논박)〉과 함께 영국 헤겔학파의 신관념론을 비판한 업적에 속한다. 그리고 무어는 1920년부터 1947년까지 철학 잡지 〈마인드(*Mind*)〉의 편집 주간을 맡으면서도 그러한 업적을 이어갔다.

무어는 1939년에 미국의 스미스대학(Smith College)에서 연구교수로 초빙하자 비트겐슈타인에게 교수직을 물려주었고, 귀국한 이후에도 옥스포드대학의 초청으로 강의와 연구를 계속하였다. 그러나 1942년에 무어 자신이 직접 쓴 『자서전(*An Auto-biography*)』에서도 나타나 있듯이 당대의 명성 있는 여느 철학자들과는 달리 저작활동에는 그리 많은 역량을 보이지 않았다.

따라서 30세에 트리니티 칼리지 연구원으로 활동하면서 출간한 『윤리학 원리(*Principia Ethica*)』(1903) 외에는 『철학 연구(*Philosophical Studies*)』(1922)가 대표적인 저서로 꼽히는 정도이다. 물론 두 권의 저서 외에도 『윤리학(*Ethics*)』(1912)과 『철학의 몇 가지 주요문제(*Some Main Problems of Philosophy*)』(1953) 등의 저서와 〈상식의 옹호(Defence of Common Sense)〉(1925) 등의 논문이 있지만 후학자들로부터 그리 관심을 받지는 못했다. 그리고 1958년에 85세의 생애를 마쳤으며, 사후에 출판된 『철학논문집(*Philosophical Papers*)』(1959)과 『비망록 1919~1953(*Commonplace Book 1919~1953*)』(1962)이 있다.

2) 러셀, 비트겐슈인과의 관계

조지 에드워드 무어는 러셀보다 한 해 뒤인 1911년에 전임강사 신분을 얻을 수 있었는데, 1925년부터는 케임브리지대학 철학교수로 발령받아 1939년까지 케임브리지대학에서 재직하였다. 한편, 무어가 대학강사가 된 1911년에는 1908년에 맨체스터 빅토리아대학에서 항공분야와 관련된 논문으로 박사학위를 받았던 비트겐슈타인이 독일 예나대학 프레게의 추천으로 러셀의 박사과정 학생으로 출석한 시기이기도 하다. 따라서 비트겐슈타인은 러셀은 물론 무어와도 교류하면서 영향을 받게 되었다.

비트겐슈타인이 제1차 세계대전이 막바지로 치닫고 있을 즈음인 1918년경에 오스트리아-헝가리제국 군대에 자원입대하여 이탈리아 북부 전선에서 포병 중위로 근무하다가 이탈리아 군대에 포로가 되어 수감된 상태에서 완성했던 『논리철학 논고』의 원고도 마찬가지였다. 당시에 비트겐슈타인은 전쟁 중 본문을 작성한 후에 일정분량이 모이면 러셀과 무어에게 보내서 자문을 받은 후 전쟁이 끝난 후 1921년과 1922년에 각기 독일어와 영어로 출판할 수 있었던 것이다.

무어는 비트겐슈타인이나 러셀과 교류하면서 그의 분석철학을 정립한 측면이 많지만, 케임브리지대학의 강사로 있었던 1920년부터 영국 최고의 철학 잡지(학술지) 〈마인드(*Mind*)〉를 맡아 편집하기 시작하여 1947년까지 직무를 수행하였다. 뿐만 아니라 케임브리지대학의 트리니티 칼리지와 킹스 칼리지 런던[8] 출신으로 구성된 소수정예의 불가지론(agnosticism), 즉 신의 존재(gnosis, 靈知)에 대한 진위여부는 경험하거나 느낄 수 없는 존재이므로 알 수 없다고 부정하는 모임(서클)도 지도하였다.

그중에서도 경제학자 존 메이너드 케인스(John Maynard Keynes, 1883~1946), 여성 모더니즘 작가 버지니아 울프(Adeline Virginia Woolf, 1882~1941), 소설가 에드워드 모르간 포스터(Edward Morgan Foster, 1879~1970) 등과 함께 런던 대영박물관에서 가까운 블룸즈버리(Bloomsbury) 구(區)에서 소위 '블룸즈버리 그룹(Bloomsbury Group, Bloomsbury Set)'을 주도한 것은 대표적이다.

이 모임은 케임브리지대학의 트리니티 칼리지 남성들과 킹스 칼리지 런던에 다니는 여성들이 주축이 되고, 그 친인척들도 일부 포함된 구성원들이 런던 블룸즈버리 근처에서 함께 거주하면서 공부했던 일종의 학습동아리였다. 이들 블룸즈버리의 구성원들은 무어의 『윤리학의 원리』, 화이트헤드와 러셀의 『수학 원리』 등에서 보인 분석철학과 불가지론에 영향을 받아 1907년부터 1930년까지 형성되었는데, 러셀도 이따금 참석하기도 하였다고 전해진다.

한편, 무어는 비트겐슈타인에게도 많은 영향을 미치게 되는데, 그러한 경로 역시 러셀과 상관이 있다. 비트겐슈타인은 베를린에서 기술대학을 졸업하고 영국으로 와서 1911년까지 맨체스터대학에서 항공학을 전공한 후 박사학위를 받았다. 그리고 그 대학의 연구원으로 등록하여 제트엔진에 사용되는 프로펠러를 연구하거나 비행기 모형을 만들기도 하면서 수학적 지식이 필요함을 절감하게 된다.

이에 1911년 여름에는 독일의 예나대학 교수로 있었던 고틀로프 프레게(1848~1925)를 찾아가 배우기를 청하였다. 그러나 프레게는 비트겐슈타인의

8) 킹스 칼리지 런던은 잉글랜드 런던 중심부에 자리한 공립대학으로 1829년에 영국왕 조지 4세가 수여한 왕립헌장에 따라 조지 4세와 웰링턴 공작에 의하여 설립되었다.

불안정적인 태도에 대한 신뢰가 없었기 때문에 짧은 기간만 지도한 후에 케임브리지대학의 러셀에게 소개하여 배우게 한 것으로 전해진다. 다행히 러셀도 이 당시에는 트리니티 칼리지에서 교수가 되어 수학기초론에 관한 연구를 확장하고 있었던 시기였으므로 1911년 8월부터 그의 강의에 수강생이자 제자로 참석시키게 된다.

당시 비트겐슈타인은 자살충동이 있는 등 불안증세도 있었기 때문에 러셀은 이러한 비트겐슈타인을 정서적으로도 격려하며 지도했는데, 나중에 비트겐슈타인은 이를 구원과 같았다고 술회하고 있다. 만약 당시에 러셀의 이러한 지도가 없었다면 철학사에서 비트겐슈타인은 기억되지 않았을 수도 있는 것이다. 물론 비트겐슈타인도 한 학기 동안 누구도 따를 수 없는 열의를 지니고 러셀의 강의를 들었으며, 서툰 영어실력을 가진 비트겐슈타인이 수업 중 쉬지 않고 질문을 던질 뿐 아니라 수업이 끝나도 토론을 요청하는 열성을 다하자 러셀도 감탄하게 되었음도 사실이다.

이때부터 비트겐슈타인은 러셀의 동료 교수였던 조지 무어로부터도 다섯 학기를 수강하면서 천재다운 능력으로 논리학적인 난제들을 해결하여 인정을 받게 된다. 뿐만 아니라 토론과정에서 러셀과 무어를 거침없이 몰아세우기도 하여 갈등을 겪기도 하였다. 특히 무어는 자신의 강의를 수강했던 비트겐슈타인이 교수인 자신에게 주석이나 참고문헌도 없는 미완성 원고를 내밀고 그 원고를 학위논문으로 통과시켜달라고 한 것을 거절하게 된 사건으로 심각한 갈등관계에 서기도 한다.

당시 비트겐슈타인은 자신의 원고가 충분히 특례를 인정받을 만한 가치가 있다고 보았기 때문에 무어의 거절에 몹시 화를 내며 몰아붙인 사건이었다. 이로 인하여 비트겐슈타인은 러셀은 물론 자신과 친분관계가 높았으며 후일에 경제학자로 유명세를 타게 되는 존 메이너드 케인스(John Maynard Keynes, 1883~1946)에게도 알려지면서 곤경에 처하게 된다.

학위취득에 실패하자 비트겐슈타인은 케임브리지대학에 있는 것보다는 혼자서 연구에 몰두하는 편이 낫겠다고 생각하고 조용한 노르웨이로 가겠다는 의사를 밝히자 러셀이 재고할 것을 요청했지만 응하지 않고 떠나게 된다. 그렇지만 러셀과 무어는 전반적으로 비트겐슈타인이 천재다운 능력에는 매료되었기 때문에 영국 철학계에 비트겐슈타인의 능력을 충분히 알리는 등의 지원을 아끼지는 않았음도 사실이었다. 이에 비트겐슈타인도 러셀이나 무어에 의해 자신의 논리실증주의적 관점이 제대로 인정받지 못하고 있다는 점을 못마땅해하면서도 러셀과 무어가 이끌던 비밀 모임인 케임브리지 사도회(Cambridge Apostles)에는 가입하여 활동했던 것은 그에 대한 응답이라고 볼 수 있다.

한편, 영국을 떠나 노르웨이에 체류하는 동안 제1차 세계대전이 발발하자 애국심이 강했던 비트겐슈타인은 탈장으로 인하여 징집이 면제될 수 있었지만 오스트리아-헝가리제국 군대에 포병으로 자원하여 전쟁에서 여러 공로를 세웠다. 그러한 전공으로 1918년 비트겐슈타인은 대위로 승진하였고 오늘날 트렌티노(Trentino)로 불리는 이탈리아 티롤(Tirol) 남부 전역에서 산악 포병 연대에 배속되었다. 물론 이 시기에도 비트겐슈타인은 한동안 후방에서 비전투 병과에서 복무하는 동안 틈만 나면 철학 연구를 했고, 포병장교로 군 생활을 하는 동안에도 그의 철학적 고민을 계속하여 그의 전반기 주요 사상의 기본이 되는 『논리철학 논고』를 틈틈이 기록하게 된다.

하지만 1918년 11월에 전쟁이 불리해지면서 퇴각 도중에 이탈리아 군대에 포로로 잡혀 중부의 이탈리아 카치노에서 포로로 수감이 된다. 그가 포로가 되었을 때도 그의 배낭 속에는 『논리철학 논고』의 원고를 잊지 않고 가지고 다녔다고 전해진다. 일단 수감이 되자 시간이 많아진 비트겐슈타인은 연합국 측이던 러셀과 무어 등에게 도움을 요청하여 수용소 내에서도 책을 반입할 수 있는 조건을 허락받게 된다.

그 결과 비트겐슈타인은 그의 『논리철학 논고』를 비롯하여 여러 원고를 완성할 수 있었으며, 상당수의 원고가 영국으로 보내지게 되어 러셀이나 무어로부터 일종의 동료검토(peer review)를 받게 된다. 책의 제목인 『논리철학 논고』는 스피노자의 『정치학 논고』[9]를 기리는 의미로서 무어가 지은

9) 스피노자(1632~16779는 이 책이 미완성된 상태에서 45세로 사망하게 되는데, 그 주요내용은 귀족정이 전제정치로 몰락하지 않고, 시민들도 평화와 자유를 침해당하지 않으려면 귀족정의 공동

것이며, 독일어판으로 출간된 1년 뒤인 1922년에 영어로 된 번역판의 서문을 러셀이 맡은 것도 이러한 과정에서 생긴 각별한 신뢰감의 표상이라고 볼 수 있다.

이러한 과정을 거쳐서 비트겐슈타인의 『논리철학 논고』는 빌헬름 오스트발트가 운영하던 독일의 출판사인 '자연철학 분석(독일어: Annalen der Naturphilosophie)'에서 1921년에 출간이 되었으며, 1년 후인 1922년에는 영어 번역판으로도 출간될 수 있었던 것이다.

하지만 독일어로 출판이 된 『논리철학 논고』(1921)가 그다지 많은 호응을 받지 못하자 러셀이 비트겐슈타인에게 영국에서 영역본으로 출간할 수 있도록 도와주겠다는 제의를 하게 된다. 이에 비트겐슈타인이 승낙하게 되자 러셀이 직접 서문을 쓰고 제자였던 프랭크 램지(Frank Plumpton Ramsey, 1903~1930)[10)]와 오그던에게 영어로 번역시킨 『논리철학 논고』(1922)를 발간하게 된다. 당시 러셀은 독일어로 쓰인 이 원고의 영문 번역판 출판을 위해 비트겐슈타인이 칩거하고 있던 오스트리아에 자신이 교수로 재직하던 케임브리지대학의 '최고 인재'를 특파했던 것이다.

즉 비트겐슈타인이 케임브리지를 떠나 노르웨이에 머물다가 제1차 세계대전에 참전한 뒤 전쟁이 종료된 이후에도 오스트리아에서 초등학교 교사로 있을 때 프랭크 램지를 보냈던 것이다. 그러나 영역본 번역자인 프랭크 램지를 만났을 때도 비트겐슈타인은 램지가 『논리철학 논고』의 기본사항을 오해한다고 다시 한번 생각하게 되었다는 점도 후일에 밝히고 있다. 이는 당시 비트겐슈타인이 영역본을 출간한 이후에는 자신이 고민했던 철학적 문제가 모두 해결되었다는 확신을 가지고 있었다는 점을 의미한다.

그 외에도 비트겐슈타인은 그의 추종자였던 모리츠 슐리크(Moritz Schlick,

체가 어떻게 구성되어야 하는지를 논하고 있다.

10) 세계적으로 가장 권위 있는 노벨상에는 '수학'이 포함하지 않는다. 수학자들에게는 4년마다 '필즈 메달[Fields Medal]'이 주어지는데, 40세 미만이라는 나이 제한이 있다. 여타의 과학 분야에선 주로 중 장년층이 주요 업적으로 수상하게 되지만, 수학만큼은 10대에서 30대 초반 젊은이들이 통찰력과 직관을 통해 굵직굵직한 발전을 이룩해 왔기 때문이다. 프랭크 램지도 27세에 사망한 천재 수학자였다.

1882~1936)[11]가 이끈 논리실증주의 학파(비엔나 학파)와도 유대를 가지면서 모임에 참석하기도 했는데, 그 과정에서 비엔나 학파에서도 자신의 철학을 과학적 논리로만 이해하고 좁게 해석한다는 인상을 받게 된다. 이러한 갈등이 이어지자 비트겐슈타인 스스로도 자신이 『논리철학 논고』에서 제시한 그림이론에 근거한 언어 분석철학에 대해서도 스스로의 한계를 인식하는 시기로 접어들게 된다. 이러한 상황에서 비트겐슈타인은 1929년에 프랭크 램지와 오랜 친구였던 존 메이너드 케인스(John Maynard Keynes, 1883~1946)[12] 등으로부터 여러 차례 권유가 있자 케임브리지대학에 복귀하게 된다. 비트겐슈타인이 도착한 기차역에는 잉글랜드의 지식인들이 그를 보려고 몰려들었을 정도로 환대하였다고 전해진다.

하지만 이러한 환대에도 불구하고 당시 비트겐슈타인은 케임브리지대학으로부터 여전히 박사학위를 받지 못한 상태로 있었다. 이에 러셀은 무어와 함께 26세였던 논리학자이자 수학 교수였던 프랭크 램지를 지도교수로 위촉하고 1929년에 40세였던 비트겐슈타인이 철학박사 학위를 받을 수 있도록 조치한다. 그 방법은 학위논문을 작성하는 대신에 비트겐슈타인의 『논리철학 논고』를 대상으로 심사를 진행하게 된다. 물론 비트겐슈타인은 이때도 심사를 맡은 두 사람에게 "당신들은 제대로 이해 못 한다는 것을 알고 있으니 그렇게 기대하지는 않습니다."라는 의사를 표명할 정도로 당당한 태도를 보인다. 그러나 과거에 제대로 완성되지도 않은 원고를 무어에게 제출하고 학위수여를 요구하여 곤란하게 만들었던 시기와는 달리 공손한 태도를 보이게 된다.

따라서 무어의 심사보고서에서는 "내 스스로 이 천재다운 연구를 검토하였고, 내가 이것을 완전히 이해하지 못한다고 하더라도 비트겐슈타인의 원고가 철학박사 학위를 받기에 충분하다는 점은 명백하다."라는 점을 밝

11) 슐리크는 학생이 쏜 총에 맞고 죽었는데, 나치는 슐리크가 유대인이라는 점에 착안해 범인을 '민족 영웅'으로 포장해 선전하면서 오스트리아 비엔나 학파 자체를 해체시키게 된다.

12) 후일 케인스주의 경제학을 제창한 케인스는 청교도가정의 귀족집안에서 태어났으며, 만성적인 건강 문제에도 성적으로는 양성애자였는데, 비트겐슈타인도 동성애자였다는 점에서 파악이 될 수 있다.

히고 있다. 그러나 러셀은 비트겐슈타인이 박사학위를 받을 수 있도록 주선하기도 했지만 "내 생애에 이런 불합리한 일을 해본 적이 없었다."라고 후일의 자서전에서 밝히고 있을 정도로 불편한 심기였던 것으로도 전해진다.

이처럼 무어는 초기에는 고전문학을 전공한 학도였지만 러셀과 교류하게 되면서 철학자로서의 삶을 살면서 비트겐슈타인에게도 영향을 미쳤던 사람이다. 이는 러셀이 수학자로 출발하여 철학자로 전환한 것과도 맥락을 같이 한다. 따라서 무어를 초기 분석철학의 경향인 '신실재론(新實在論)'의 창시자라는 점에서 본다면 프레게의 기호논리적 분석철학 개창과 함께 분석철학의 선구자 내지는 창시자로도 볼 수 있다.

그러나 중년기에 접어들어 무어는 러셀이나 비트겐슈타인과 유사하게 비엔나 학파의 논리실증주의와 유사한 관점을 가지고 있기는 했지만 논리실증주의자들이 채택한 과학적 언어분석 방법에는 동조하지 않았다. 이러한 무어의 학문적 업적과 태도는 옥스퍼드대학의 철학자들인 길버트 라일(Gilbert Ryle, 1900~1976), 존 랭쇼 어스틴(J. L. Austin, 1911~1960) 등이 이끌었던 일상언어 학파(Ordinary language school)나 그에 영향을 받은 후기의 비트겐슈타인에게도 영향을 미쳤다고 볼 수 있다.

2. 조지 에드워드 무어의 언어적 분석철학 체계

1) 〈윤리학 원리〉에서의 언어분석철학 체계

무어의 전반기 분석철학 저작 중 주저로 평가받는 『윤리학 원리(*Principia Ethica*)』(1903)는 철학사에서 분석윤리학의 효시로 알려져 있다. 그리고 『윤리학(*Ethics*)』(1912)과 함께 그의 언어적 분석철학의 주된 관심 영역이 윤리학에서 시작되었음을 알 수 있는 책이다. 즉 오늘날 철학의 연구 분야는 존재론(형이상학), 인식론(지식이론), 가치론으로 구분이 된다고 볼 때, 무어는 가치론의 영역에 속하는 윤리(학)의 분야에 관심을 두고 연구를 한 것으로 볼 수 있다.

그 이유는 무어가 당시 영국 관념론자들이 헤겔류의 신관념론에 치중하고 있다는 점을 비판한 〈관념론 반박(논박)〉(1903)이라는 논문에서도 살펴볼 수 있다. 즉 그동안의 독일 관념론적 철학은 주로 존재론이나 인식론에 치우쳐 왔고, 윤리(가치론)에서도 '좋고 선함'에 그 가치를 두어 왔지만 언어적 명제로 표현하기에는 애매하고 모호한 점이 많다는 점에 착안한 것이다.

따라서 무어는 '좋음'이나 '선함'에 관한 진술은 분석적으로 명백하지 않을 뿐만 아니라 '좋음'이나 '선함'에 대한 정의가 없이는 분석적으로 증명될 수 없다는 점을 주장하였던 것으로 볼 수 있다. 이러한 무어의 주장은 철학의 한 분야인 윤리(가치론)도 관념론의 철학에서는 규범윤리학(normative ethics)이나 기술윤리학(descriptive ethics)에 치우침으로써 언어적 명제로 자명하게(논리적으로) 증명할 수 없는 애매성이 있었다는 점을 지적한 것으로 해석이 된다.

이는 19세기 후반까지의 윤리학의 연구경향이 애매한 사변(四辯)적 규범윤리학이 주류를 이루었지만 20세기에 접어들면서 점차 사변적인 규범윤리학을 벗어나고자 했으며, 선악시비(good and bad, right or wrong)와 같은 윤리적 언사나 발언에 대한 의미라든지 엄밀성을 문제시하게 되었다는 점과도 맞물린다. 이는 곧 현대 분석철학의 선두에 분석윤리학(메타윤리학)이 섰다는 말이 되며, 세부적 의미에서는 윤리적 명제(언어)의 의미와 정당화에 대해 철학적 분석을 하는 윤리학(analytic ethics)의 대두를 지칭한다.

이러한 해석의 전제가 될 수 있는 무어의 『윤리학 원리』의 구성을 보면, 윤리학의 과제로서 전통적으로 선(善)을 행하는 것(올바르게 사는 것)에 바탕을 두었던 규범적이고 인식적인 논의에서 벗어나려고 한다는 점이다. 즉 선(善) 자체가 무엇인가에 대한 물음을 언어분석 또는 논리분석으로 해결해야 한다는 점을 주장한 것이다. 따라서 선한 행위에 대한 판단(참과 거짓 증명)이 아니라 선의 의미에 대해 언어분석적 방법을 통해 철학적 여러 문제를 해결하려는 시도를 보인다.

이는 고대 그리스 시대에 아리스토텔레스(Aristoteles)가 윤리학(ethics)에 대한 학명을 최초로 쓴 이후 발달해온 규범윤리학(規範倫理學, normative ethics)이나 서술적 기술윤리학(記述倫理學, descriptive ethics)이 현대가 요구하는 하나의 학문으로 정립이 가능한지에 대한 근본적 기준을 묻는 것이기도 하다. 왜냐하면 선함(도덕)에 관한 규범의 학문이 가능하려면 선함(도덕)의 평가기준이 먼저 확립될 필요가 있다는 것이다. 무어의 『윤리학 원리(*Principia Ethica*)』(1903)가 분석윤리학(메타윤리학, meta-ethics)의 효시로 지칭이 되는 이유도 여기에 있다.

윤리학의 과제(윤리학의 주제와 대상)로 무어가 첫 번째로 제시한 언어적·논리적 분석 방법의 질문은 "어떤 종류의 대상이 그 자체를 위해 존재해야만 하는가?"이다. 이는 그동안 규범윤리학에서 다루어져 왔던 애매모호한 '선(善)이란 무엇인가?'를 질문하고 분석하고자 시도하는 관점이다. 이는 다른 무엇 때문이 아니라 그 자체 때문에 존재하는 대상이 무엇인가에 대한 질문으로 '선(善)'의 본래적 가치에 대한 물음이라고 할 수 있다. 이 물음에 대한 무어의 분석결과는 단순하고 분석 불가능한 주제이므로 정의 불가능하고 분석 불가능하다는 것이었다. 도덕적 평가의 대상이 개념을 자연적 개념으로 정의하는 것은 자연주의적 오류(naturalistic fallacy)를 범하는 것이라고 본 것이다.

두 번째로 무어가 제시한 질문은 "어떤 종류의 행동을 수행해야 하는가?"인데, 이는 '선한 행동은 무엇인가?'에 대한 도덕적 기준을 분석하려는 관점이다. 이 질문에 대해서 무어는 옳은 행위란 가장 좋은 결과를 산출하는 것이라고 주장하는 이상적 공리주의의 관점을 보인다. 다시 말하면 어떤 사람이 좋은 결과를 예측하고 행동(행위)을 했지만 의도와는 달리 실제 결과에서는 일치하지 않을 수 있다는 점에 착안하여 실제의 결과로만 분석이 되어야 한다고 본 것이다. 만약 결과가 좋지 않아도 '좋은 결과'를 예측했다는 의식의 작용에 따라 '도덕판단'을 하는 것은 단순히 감정을 표명하거나 환기시키는 발언에 불과하다는 관점이다. 즉 '분석판단'이 되어야지 '도덕판단'이 되어서는 학문적 연구의 대상으로서 갖추어야 할 검증의 가능성이 없게 되므로 그러한 윤리는 학문으로도 정립될 수 없다는 말이 된다.

이처럼 무어는 윤리학 고유의 본질적 과제에 대하여 두 가지의 질문을 제시하고 언어 · 논리분석적으로 규명하고자 하였다. 첫 번째의 질문이 '선'이라는 본래적 가치는 의식작용에 대한 분석에 두고, 두 번째의 질문에서 '선한(옳은) 행동'은 선한 행동일 것으로 '도덕판단'이 될 수 있는 것으로부터 독립한 실제의 결과에 따를 것을 주장한 것으로 정리할 수 있다. 이를 좁혀서 말하면 분석윤리학의 일차적 목적은 첫 번째 질문에서 검증하고자 했던 인식이나 지식(knowledge)의 탐구에 있고, 이차적으로는 그 실천(practice)에 있었다는 관점이 된다.

2) 〈철학 연구〉 등에서의 언어분석철학 체계

무어는 분석철학에서 독일 예나대학의 수학과 교수 고틀로프 프레게가 수학적 기호 및 식의 의미를 자연언어의 논리로 해명하고자 한『개념기호법』(1879)에서 출발 된 기호논리적 분석철학보다는 다소 늦은 시기에 철학적 언어의 명료화를『윤리학 원리(*Principia Ethica*)』(1903)에서 제시하였다. 즉 철학에서 언어분석의 기초를 다진 것은 프레게에서 시작이 되었지만, 그것을 수리논리적으로 계승한 러셀에 비하여 무어는 철학적이고 윤리적인 의미를 언어 자체에서 분석하는 방법을 개발한 역할을 하였다는 차이가 있다.

분석철학이 종종 '언어분석철학'으로 불리는 것은 분석철학이 대개 언어를 분석하는 방법을 사용한다는 이유도 있지만, 무어의 언어분석방법이 옥스퍼드 학파(일상언어 학파)에도 지대한 영향을 미쳤기 때문으로도 볼 수 있다. 러셀과 초기의 비트겐슈타인 사상이 논리실증주의로 발전하면서 과학주의적이고 반형이상학적인 분석방법을 취했던 것에 비하여 제2차 세계대전 이후 번성하게 된 일상언어 학파(日常言語學派, ordinary language school)는 반과학적이었고 형이상학에 대해서도 중립적인 입장을 취했던 것이다.

이는 논리실증주의가 반형이상학(形而上學), 언어와 논리의 분석, 과학주의(科學主義) 등을 기치로 내세웠지만 과학적 지식마저도 검증되지 않은 명제를 근거로 하고 있다는 점과, 이러한 바탕에서 성립된 논리실증주의의 주장 자체도 하나의 도그마(교조)라는 사실 등이 논의되면서 논리실증주의의 한계가 드러나게 되었다는 점에 있었다.

따라서 옥스퍼드대학의 길버트 라일(Gilbert Ryle, 1900~1976)이 무어의 사상을 계승하여 발전시킨 일상언어 학파(言語學派)는 철학의 임무가 언어의 논리라고 생각하면서도 이상적이고 형식적인 인공언어의 구성을 단념하고 일상언어에 입각하여 개념의 의미를 밝힘으로써 논리구조를 찾아내는 것에 있다고 보았던 것이다. 그렇게 되어서 반형이상학적 태도가 완화된 이유도 여기에 있다.

여기에서 일상언어 학파들이 반 과학적인 형이상학에 대해서도 전면적인 거부반응을 보이지 않는다는 것은 무어가 『윤리학 원리(*Principia Ethica*)』(1903)에서 지적한 '자연주의적 오류'의 개념이나 옥스퍼드대학의 길버트 라일(Gilbert Ryle, 1900~1976)의 논문인 〈체계적으로 오도된 표현들(Systematically Misleading expressions)〉(1932)에서도 드러난다.

이들의 주장은 논리실증주의가 과학적이고 기술적인 단어들의 개념분석에 의존하고 있다는 한계를 지적하고, 그러한 기술적 단어들의 의미도 일상적 의미를 가진 단어들에 의해 정의되어야 한다는 관점인 보인 것이다. 이처럼 무어와 라일의 사상적 연계점은 1947년까지 무어가 맡고 있었던 철학 잡지 〈마인드(*Mind*)〉의 편집장을 라일이 이어받게 된 점에서도 유추될 수 있다.

무어가 분석철학의 발전사에 미친 영향은 그의 저서 『철학 연구(*Philosophical Studies*)』(1922)와 『철학의 몇 가지 주요문제(*Some Main Problems of Philosophy*)』(1953)에서도 나타난다. 아울러 논문 〈상식의 옹호(Defence of Common Sense)〉(1925)에서는 반기독교적인 불가지론자적, 즉 절대적이고 완벽한 진실이 존재한다는 교조주의(敎條主義, dogmatism)에 반대하고 상식에 의해 실재로 이해될 수 있는 것은 의심하지 않아도 된다는 '상식철학(common-sense philosophy)'을 견지하였다. 그러므로 무어의 철학적 목적은 형이상학적 구도를 만들어 내거나 진리에 도달하는 것도 아닌, 언어분석방법에 의해 그 단어나 문장의 의미를 명료화하는 것이라고 정리할 수 있다. 이로 인하여 무어는 이후의 '언어적(언어학적) 전회(linguistic turn)'의 철학적 방향을 처음 제시한 철학자의 위치에 서게 된 것이다.

Chapter

2

러셀의 분석철학 : 러셀처럼 행복하고

제1절 버트런드 러셀의 생애배경과 행복철학

1. 버트런드 러셀의 생애배경

버트런드 아서 윌리엄 러셀(Bertrand Arthur William Russell, 1872~1970)은 영국의 정치사로 보면 15세기 후반부터 17세기 초반까지 영국을 지배했던 튜더왕조(The House of Tudor)가 세워질 당시에 권력을 얻었던 개신교 배경의 휘그당(Whig Party)[1)]에 속하는 귀족 집안에서 태어났다. 그의 할아버지는 휘그당을 이어받은 자유당을 이끌며 두 차례에 걸쳐 영국 총리(1846~1852, 1865~1866)를

1) 산업혁명이 영국에서 발생했던 것처럼 근대적인 정당의 시작도 영국에서 시작되었는데, 1660년 청교도혁명에서 정권을 획득한 크롬웰 정부가 지나친 독재로 인기를 잃자 찰스 2세가 즉위하였고, 그 뒤 1685년에 제임스 2세가 즉위하는 것에 대해 찬성한 정치세력이 토리당(Tory Party), 반대한 정치세력이 휘그당(Whig Party)으로 시작되었다. 휘그당은 귀족과 중산층 시민들의 자유를 옹호하는 자유주의 노선을 취하다가 자유당으로 발전했고, 토리당은 왕정과 영국국교도, 지주들의 권익을 보호하는 보수주의 노선을 취하다가 보수당으로 발전하면서 근대정당제도 구축의 기원이 되었다.

지냈으며, 그 이전에는 1832년의 제1차 선거법 개정안을 찰스 그레이(Charles Grey, 2nd Earl Grey) 총리를 도와 하원에 상정하기도 한 존 러셀 백작(John Russell, 1792~1878)이었다. 그리고 러셀의 아버지 존 러셀 앰벌리 자작(John Russell, Viscount Amberley, 1842~1876)은 러셀 백작의 셋째 아들로서 스탠리 남작 2세의 딸 캐서린과 결혼을 하여 2남 1녀를 두었다.

러셀은 이들로부터 태어난 둘째 아들이었으며, 러셀이 두 살이었던 1874년에 러셀의 어머니와 누나는 디프테리아균에 감염되어 사망하였고, 아버지도 1년 6개월 뒤인 1876년에 기관지염과 우울증을 앓다가 세상을 떠났다. 그의 아버지는 무신론자였고 '산아제한'을 지지하고 자신의 아내가 자녀들의 가정교사였던 생물학자 더글러스 스팰딩과의 성적인 문제를 일으켰을 때도 두 사람의 자유로운 성관계를 인정하는 등 파격적인 성격의 소유자였다. 뿐만 아니라 자녀에 대한 교육관도 뚜렷했는데, 당시 유명한 공리주의자로서 무신론자였던 존 스튜어트 밀(John Stuart Mill, 1896년~1873)에게 러셀과 그의 형인 프랭크의 대부가 되어줄 것을 부탁했지만 러셀이 태어난 지 1년 정도가 되었을 때 존 스튜어트 밀이 사망함으로써 이행되지 못했다.

따라서 러셀은 펨브로크 롯지(richmond park pembroke lodge) 저택[2)]에서 네 살(1876년) 때부터 할아버지 존 러셀 백작(당시 총리)과 할머니 러셀 백작 부인의 교육을 받으며 성장했다. 하지만 할아버지도 러셀이 6세가 되던 1878년에 사망했기 때문에 주로 할머니 밑에서 성장하면서 가정교사들로부터 공부를 하게 된다. 그의 할머니는 찰스 다윈의 진화론이나 사회정의 사상을 지지했지만 엄격한 청교도로서 개인적 양심과 정확한 원칙주의자로서 손자인 러셀형제를 양육하고자 했다. 이러한 할머니의 엄격한 가정학습 환경에서 러셀의 형 프랭크는 저항적이었고, 러셀도 자살충동을 느낄 정도로 우울한 사춘기를 보낸 것으로 러셀은 『자서전(*Autobiography by Bertrand Russell*)』에서 밝히고 있다.

2) 현재 런던의 리치몬드 파크(공원) 내부에 있는 건물인데, 원래 영국왕실이 관리하는 리치몬드 공원 내의 저택을 대영제국과 인도 황제였던 빅토리아여왕이 1847년에 당시 휘그당을 이끌며 대영제국 수상이었던 존 러셀 경의 저택으로 하사한 곳으로 러셀도 18년간 이 집에서 성장하였다.

그러나 이 시기는 형 프랭크로부터 유클리드 기하학(Euclidean geometry)[3]을 배우고 여가시간에는 조지 고든 바이런(George Gordon Byron. 1788~1824), 존 키츠(John Keats, 1795~1821)와 함께 영국 낭만파 3대 시인에 속하는 퍼시 비시 셸리(Percy Bysshe Shelley, 1792~1822)의 낭만적인 시와 종교적인 서적을 접하는 등의 유익함이 있었다는 점도 러셀은 자서전에서 회고하고 있다. 이 당시 러셀이 형으로부터 배웠던 수학적 기초와 함께 문학, 종교적 지식은 그의 전 생애에 영향을 미쳤다고 볼 수 있는 것이다.

이처럼 가정학습을 통해 청소년기를 보낸 러셀은 1890년(18세)에 케임브리지대학 트리니티 칼리지에 장학생으로 들어가게 된다. 그는 이곳에서 자신보다 1살 정도 어린 조지 에드워드 무어(George Edward Moore, 1873~1958)와 친하게 된 것이다. 아울러 자신보다 11세 정도 많았던 젊은 수학과 교수였던 화이트헤드(Alfred North Whitehead, 1861~1947)로부터도 교육을 받고 평생의 지식동반자로서의 관계를 유지하게 된다. 1893년에 러셀은 수학 졸업시험에서 최우등으로 졸업하고 전공을 철학으로 바꾸었다. 그리고 관념론적 형이상학자 맥태거트(J. M. E. McTaggart)로부터 신관념론을 배우고 그 영향으로 1894년(22세)에 윤리학 학위를 우등으로 취득하였다. 대학을 졸업하던 해인 1894년 12월 13일에는 할머니의 반대에도 불구하고 17세 때부터 알고 지냈던 개신교파인 퀘이커교도(Quaker)이자 5세 연상의 앨리스 페어살 스미스(Alyssa Pearsall Smith, 1867~1951)와도 결혼하였다. 그 뒤 2년 동안 미국과 독일을 다니며 경제학 연구와 마르크스 사상도 배웠다.

독일에서 돌아온 1895년 말에 러셀은 〈기하학의 토대에 관한 소론(An Essay on the Foundation of Geometry)〉이라는 제목의 논문을 트리니티 칼리지에 제출하여 박사학위를 받고 선임연구원(fellow)이 되었다. 곧이어 1896년(24세)에는 그의 처녀작 『독일사회민주주의(*German Social Democracy*)』를 출간했는데, 자유주의 관점에서 당시의 독일 경제학을 비판한 것이었다. 그러나 『독일사회민주주의』에는 마르크스주의에 영향을 받은 측면도 있었기 때문에 점진적 사

3) B.C 3세기경 그리스의 수학자 에우클레이데스(유클리드)가 구축한 수학 체계로 《원론》은 기하학에 관한 최초의 체계적인 논의로 알려져 있다.

회주의 단체인 페이비언협회(Fabian Society)[4]의 시드니 웨브(Sidney James Webb, 1859~1947)와 비아트리스 웨브(Beatrice Webb, 1858~1943) 부부에게도 관심을 받게 된다. 러셀이 장년기에 접어든 1914년(42세)에 노동당에 가입하면서 자유주의 관점에서 사회주의 관점으로 돌아서게 된 것도 같은 맥락에서 파악이 가능하다.

그 결과 러셀은 이들 부부가 중심이 되어 1895년에 런던대학교 내에 정치학, 경제학 등을 전문으로 하는 단과대학(칼리지)으로 설립한 '런던정치경제대학(London School of Economics and Political Science, LSE)'에서 수석강사로도 임용이 되었다. 이 시기에 러셀은 심리적으로 안정을 찾았던 터라 아내 앨리스 페어살 스미스와 영국 외 지역으로도 여행을 다니기도 했지만 1901년경부터 파경에 이르렀고 별거하게 된다. 그 후 러셀은 트리니티 칼리지로 돌아와 수학의 기초원리를 연구하여 1903년(31세)에 『수학의 원리(*The Principles of Mathematics*)』를 발간하게 된다. 이는 수리논리학에 관한 그의 첫 번째 저작으로서 매우 적은 수의 공리에서 수학은 큰 원리로 연역이 될 수 있다는 수리논리적인 입장을 취하였다.

1905년(33세)에는 철학잡지 〈마인드(*Mind*)〉에 게재한 에세이 〈지칭에 대하여(On Denoting)〉에서 신처럼 존재하지 않는 대상을 가리키는 말(지시대상이 없는 말)은 거짓이라는 주장을 하여 종교계로부터 반발을 사게 된다. 그리고 1907년(35세)에는 여성참정권과 자유무역을 주장하며 하원의원에 출마했으나 낙선하였다. 그러나 1908년(36세)에는 영국왕립학회회원으로 선출되면서 다시 안정을 찾고, 1910년부터 1912년, 1913년에 걸쳐 세 권으로 구성된 『수학 원리(*Principia Mathematics*)』를 스승이자 동료이기도 한 화이트헤드(Alfred North Whitehead)와 공동저작으로 출간하여 수리논리적 분석철학을 체계화시킨다. 이러한 업적으로 러셀은 1910년(38세)부터 케임브리지대학의 전임강사가 될 수 있었다.

---

4) 페이비언협회의 사상적 개요는 1889년 소위 6인의 논객에 의해 발표된 『페이비언 사회주의 논집(Fabian Essays in Socialism)』(1889)에 농축되어 있는데, 핵심적인 사상은 점진적 사회주의라고 할 수 있다.

이 당시 러셀은 독일의 프레게(Gottlob Frege, 1848~1925)와도 교류하면서 영향을 받고 있었는데, 그 과정에서 프레게는 자신에게서 수학을 짧은 기간 배우고 있던 비트겐슈타인(Wittgenstein, 1889~1951)을 젊은 러셀에게 보내 공부할 수 있도록 추천한다. 이로써 러셀은 1911년 8월부터 비트겐슈타인을 일종의 제자로 받아들여서 비트겐슈타인이 가지고 있었던 우울증과 공포증을 돌봐주면서도 지도를 한다. 그리고 비트겐슈타인이 제1차 세계대전에 참전한 후엔 1921년과 1922년에 『논리철학 논고』를 출간하는 과정에서도 지대한 도움을 주게 된다. 즉 자신의 『수학의 원리(*The Principles of Mathematics*)』(1903)와 스승인 화이트헤드와 공저한 세 권의 『수학 원리(*Principia Mathematics*)』(1910~1913)에서 보인 '논리적 원자론(Logical atomism)'과 맥을 같이 하고 있는 수리적 분석철학의 기법에 따라 비트겐슈타인을 지도한 것이었다.

뿐만 아니라 러셀은 1914년에 오스트리아-헝가리제국(Austria-Hungary)과 세르비아왕국 간의 전쟁에서 촉발된 제1차 세계대전[5)]이 나중에는 영국, 프랑스, 러시아제국이 삼국협상으로 한편이 되고, 오스트리아-헝가리제국이 독일제국과 동맹하여 전쟁이 확산되자 반전운동도 전개하였다. 그로 인하여 러셀은 영국 정부로부터 1백 파운드의 벌금형을 선고받고 트리니티 칼리지에서도 해고되는 불운을 겪는다. 이어서 제1차 세계대전이 종전된 1918년 11월 11일을 약 6개월 앞둔 시점에 미국군 100만 명 이상이 영국 편으로 참전한 것에 반대하는 기고와 강연을 하여 브릭스톤 감옥에서 4개월간 징역생활도 하게 된다. 1918년 9월에야 겨우 석방되어 1919년에야 트리니티 칼리지에 복직할 수 있었던 것이다. 이때 비트겐슈타인은 모국인 오스트리아-헝가리제국 군대에 자원입대하는 차이점을 보인다.

5) 오스트리아-헝가리제국은 1867년에 형성되어 1918년 11월에 해체된 국가로서, 당시 합스부르크 왕가(Haus Habsburg) 요제프 황제의 후계자였던 프란츠 페르난트(Franz Ferdinand, 1863 ~1914) 대공 부부가 1914년 6월에 보스니아 헤르체고비나의 수도인 사라예보를 방문했을 때, 보스니아의 민족주의자였던 가브릴로 프린치프가 오스트리아·헝가리제국이 보스니아·헤르체고비나를 합병한 것(1908년)에 대해 앙심을 품고 암살하자, 오스트리아-헝가리제국은 세르비아를 향해 전쟁을 선포했고 이후 제1차 세계대전으로 이어지게 된다. 당시 이웃 국가인 세르비아는 보스니아-헤르체고비나의 일부를 세르비아에 할양해야 한다고 오스트리아에 요구했던 갈등이 지속되던 시기였다.

트리니티 칼리지에 복직한 러셀은 1920년에 스스로 사직을 하고 그해 8월에는 1917년에 일어난 러시아혁명이 미친 영향을 조사하기 위한 영국단체에 참여하여 블라디미르 레닌(Vladimir Lenin, 1870~1924)과 만나서 토론하기도 한다. 러셀의 저서 『볼셰비즘의 이론과 실천(*The Practice and Theory of Bolshevism*)』(1920)은 당시의 경험을 바탕으로 출간한 것이었다. 이때는 러시아혁명 지지자였던 22세 연하의 도라 블랙(Dora Russell, 1894~1986)도 또 다른 경로로 러시아를 방문 중이었는데, 연인관계였던 두 사람은 도중에 만나게 된다. 이후 같이 중국강연협회의 초청으로 중국과 일본을 오가며 러셀은 강연과 여행을 하였으나 천식으로 심한 고생을 해야 했다. 당시 도라는 프랑스 근대철학을 전공했고, 1869년 10월 15일 영국에 설립된 영국 최초의 여자 대학인 거턴 칼리지(Girton College)의 연구원이었다.

1921년 8월 26일에 귀국 당시에는 도라가 러셀의 아이를 임신한 상태였으므로 러셀은 별거 중이었던 앨리스 페어살 스미스와 결혼한 지 27년 만에 이혼하고, 1921년 11월 27일에 런던에서 두 번째의 결혼을 하게 된다. 이들 사이에는 훗날 제4대 러셀 백작이 되는 아들 콘라드(John Conrad Russell, 1921~1987)와 딸 캐서린이 태어났다. 러셀은 재혼 후인 1922년과 1923년에도 노동당 당적으로 입후보했으나 모두 낙선하였다.

그리고 1927년에는 두 번째 아내 도라와 함께 피터즈필드 근처의 도라 블랙 사우스 다운즈에 있는 형의 집을 빌려 자기들의 자녀와 함께 공부할 스무 명 정도의 어린이를 모아 자유방임적인 실험학교를 세웠다. 이 학교는 진보적이고, 자유주의적이며 반권위주의를 표방했다. 그러나 성공을 보지 못했는데, 너무나 문제아들만을 많이 모아들였고, 운영 측면에서도 자유와 권위 사이에서 균형을 제대로 잡지 못했기 때문이었다.

1931년에 형인 프랭크가 사망하자 러셀은 백작 작위를 이어받아 러셀 백작 3세가 되었다. 1933년부터는 실험학교 운영을 도라에게 맡기고 러셀은 옥스퍼드 학부생으로 1930년부터 자녀들의 개인 교사로 일하면서 연구보조원 역할도 했던 패트리샤 스펜스의 도움을 받아 『자유와 조직 1814~1914』(1934)과 『엠벌리 페이퍼스(*The Amberley Papers*)』(1937)를 출판하였다. 그러나 이 시기에

도라와 별거하게 되면서 도라가 미국의 저널리스트 그리핀 베리의 아이를 낳게 되자 1935년(63세)에 도라와 결혼 14년 만에 이혼하게 된다.

그리고 러셀은 자녀들의 가정교사였던 26세의 패트리샤 스펜스와 1936년(64세)에 38세의 나이 차이에도 불구하고 세 번째의 결혼을 하였다. 이후 실험학교는 1939년 제2차 세계대전이 일어날 때까지 도라가 운영하다가 폐쇄되었다.

러셀과 페트리샤 스펜스 사이에는 저명한 역사가이자 자유민주당의 지도자가 된 콘라드 서배스천 로버트 러셀 백작(Conrad Russell, 1937~2004)이 태어났다. 그리고 제2차 세계대전이 발발하기 한해 전인 1938년에는 러셀이 미국의 시카고대학에 객원교수 자격으로 철학교수로 초빙되었고, 1939년에는 LA 캘리포니아대학에서 "행복이란 무엇인가?"라는 주제의 강의를 맡기도 하였다.

곧이어 1940년에는 뉴욕시립대학 철학교수로 임명되었으나『결혼과 도덕(*Marriage and Morals*)』(1929)에서 성적 부도덕을 옹호했다는 이유로 미국 내에서 고소되어 법원판결에서 임용취소가 되었다. 가톨릭 신자인 판사는 '러셀의 교육이 학생들로 하여금 범죄를 저지르도록 자극할 것'이라는 불합리한 판결을 하였던 것이다. 당시 존 듀이(John Dewey, 1859~1952)를 비롯한 미국 내의 실용주의 지식인들이 러셀을 옹호하였다.

이후 러셀은 교수 자리를 잃었고 그 사건이 영향을 끼쳐 미국의 다른 대학들도 그를 초빙하려던 계획을 취소하였다. 하지만 하버드대학만이 윌리엄 제임스(William James, 1842~1910) 기념 강연에 그를 초빙했던 계획을 취소하지 않고 그에게 강연을 맡겼다. 그러나 학기가 끝나자 생계가 어려워진 상태에서 새로운 일자리를 찾고 있었던 그에게 펜실베이니아의 억만장자였던 반즈 박사가 자기의 재단에서 5년간 강의를 해달라는 제안을 해온다. 이에 '반즈재단'과 5년간의 강의계약을 하면서 1943년까지 강의를 이어갔다. 하지만 그것마저도 강의가 불충실하다는 이유로 2년 만에 계약을 파기당한다. 이에 1944년 10월에는 영국으로 귀국하여 케임브리지대학의 트리니티 칼리지의 선임연구원이 되었다.

그리고 미국의 '반즈재단'에서 2년간 강의했던 원고 등을 정리하여 1000여 페이지가 넘는 『서양철학사(*A History of Western Philosophy*)』(1945)를 출간하였는데, 베스트셀러가 되면서 인세수입이 늘자 러셀은 가난에서 벗어날 수 있게 되었다. 같은 해인 1945년에 미국이 일본에 원자폭탄을 투하하여 제2차 세계대전이 종료되는 것을 경험한 러셀은 또다시 핵무기반대운동과 세계평화운동을 전개하게 된다. 그러나 평화주의자의 입장을 떠나 소련에 대한 선제전쟁을 해야 한다는 입장에 동조하기도 하였다.

1948년에는 영국방송협회(British Broadcasting Corporation, BBC)에서 '권위와 개인'이라는 방송을 통해 지방자치제에 대하여 최대한의 자율을 부여할 것을 강조하고, 같은 명칭의 저서 『권위와 개인(*Authority and the Individual*)』(1948)도 출간하였다. 아울러 『인간의 지식: 그 범위와 한계』(1948)라는 책을 펴내어 귀납의 문제에 대해 전면적으로 도전하기도 한다. 이 책은 분석철학 분야에서 높은 평가를 받기는 했지만 그다지 큰 환영을 받지는 못했다. 그 이유는 제2차 세계대전 이래 러셀의 사상이 인기를 끌지 못했던 때문이기도 했다.

러셀은 이처럼 끊임없는 활동과 저작에 힘입어 1949년 6월 9일의 영국의 조지 6세 국왕 탄생 기념일에 '메리트훈장'을 받게 되고, 1950년(78세)에는 노벨문학상까지 수상하였다. 이처럼 과거 자신에게 벌금과 감옥형까지도 부과했던 고국에서 자신의 위치가 확고해지자 러셀은 철학적인 저술활동에서 벗어나 본격적으로 정치적이고 사회개혁적인 활동과 저술로 전환하게 된다.

이즈음인 1949년에는 세 번째 부인 패트리샤와 결혼 16년 만에 이혼하고, 1952년(80세) 12월에는 50세의 미국인 에디스 핀치(Edith Pinch)와 네 번째의 결혼을 하게 된다. 이 둘은 1925년부터 알았던 사이로 그녀는 러셀의 오랜 친구인 도널리와도 20년간 동거했던 사람이었지만 러셀과 결혼한 뒤에는 러셀이 사망할 때까지 친밀한 결혼생활을 이어갔다. 러셀은 이 결혼에 매우 행복해했고, 다음과 같은 글을 남기고 있다.

"이제 늙어 인생 종말에 가까워서야 비로소 그대를 알게 되었노라. 그대를 알게 되면서 나는 희열과 평온을 모두 찾았고 안식도 알게 되었노라. 그토록 오랜 외로움의 세월 끝에 나는 인생과 사랑이 어떤 것인지 알게 되었노라."

하지만 이 결혼 후에도 러셀은 정치적 활동으로 더욱 분주한 생활을 해야 했다. 왜냐하면 제3차 세계대전이 일어날 가능성이 있다고 보았기 때문에 그것을 막고자 동분서주했는데, 제3차 세계대전에서는 핵폭탄이 사용되어 인류의 대부분이 사멸할 수도 있다고 예상했던 것이다. 그 외에도 핵군축과 베트남전쟁(1955~1975) 반대운동에도 적극적으로 참여했는데, 1955년 10월에 당시의 영국 노동당이 베트남전쟁에 미국 측의 지원군을 파병하기로 결정한 것에 분노하고 노동당원증을 찢었다는 일화도 전해진다. 그리고 1958년에는 '핵비무장운동'의 회장이 되어 1960년까지 활동한 후 물러나 시민불복종 운동도 지도하였다.

어느 정도 시간적 여유가 생기자 『나의 철학적 성장(*My Philosophical Development*)』(1959)라는 철학서와 핵전쟁의 위험을 경고하는 내용의 『상식과 핵전쟁』(1959)과 『인류에게 미래는 있는가?』(1961)를 썼다. 이러한 러셀의 정치사회적 전향은 기성 보수 계층에 속하는 사람들로부터 지탄받았지만 젊은 층이나 좌익계열에서는 환영을 받았다. 1960년대 후반기 동안 매년 1,000장 이상의 크리스마스 카드와 메시지를 받았으며 그중 많은 수가 전 세계의 좌익 성향의 젊은 층으로부터 온 것이었다고 전해지고 있음도 이를 방증하는 것이다.

이러한 분위기에서 러셀은 1961년(89세)에 집단 농성을 주도했다는 혐의로 기소되어 2개월의 금고형을 선고받았다. 건강상의 이유로 러셀은 형무소 내의 병원에 1주일간 구금되어 있다가 풀려났지만, 그 후에도 러셀은 정치적 활동을 멈추지 않고 국제적 분쟁에도 개입했다. 1962년에 90세의 고령에도 불구하고 쿠바 위기와 중국과 인도의 국경분쟁에 개입하여 당시 유엔 사무총장 우 탄트(U Thant)와 각국 수뇌들 사이에서 중재자 역할을 했고, 1963년에는 '케네디 암살진상조사위원회' 의장을 맡았던 것이다. 아울러 1963년에 그는 버트란트 러셀 평화재단을 창립했으며, 시민재판이라 할 수 있는 러셀 법정을 열어 1966년에는 프랑스의 철학자 사르트르와 함께 미국의 베트남전쟁과 관련된 범죄행위에 관해서 조사하기도 했다.

1967년(95세)부터 1969년까지 러셀은 세 권 분량의 『자서전(*Autobiography*)』을 출간하였다. 그리고 1969년 11월에는 미국이 베트남에서 저지른 것으로 추정되는 고문과 학살을 조사하기 위한 국제전쟁범죄위원회를 세울 것을 유엔 사무총장에게 촉구하기도 하였다. 이즈음 러셀이 왕성한 정치 · 사회활동을 할 수 있었던 배경에는 영국을 비롯한 미국 등의 국제사회에서 차지하는 그의 위치도 있었으며, 1929년에 발간했던 『결혼과 도덕(*Marriage and Morals*)』과 1930년에 출간된 『행복의 정복(*The Conquest of Happiness*)』이 대중적인 관심을 받으면서 발생한 인지수입의 영향도 있었다고 볼 수 있다.

이처럼 러셀은 생애 전반에는 수리논리학에 기초한 철학저작활동으로 논리실증적이고 언어적인 분석철학을 정립하였고, 생애 후반에는 사회학, 이데올로기, 정치학에 대한 비평적인 글을 쓰고, 반전 · 반핵 등의 평화운동을 활발히 전개한 20세기의 대표적 사상가이자 활동가로 평가할 수 있다. 그리고 개인적으로는 세 번의 이혼과 네 번의 결혼생활을 하고 노벨문학상도 수상하는 열정적인 삶을 산 후 1970년 2월 2일 유행성 독감으로 웨일스의 자택에서 99세의 나이로 생애를 마감하였다. 러셀의 유해는 1970년 2월 5일 콜윌 만에서 화장되었으며, 그의 유언에 따라 어떠한 종교의식도 행해지지 않은 채 화장하고 남은 유골은 웨일스의 산에 뿌려졌다.

2. 버트런드 러셀의 인류평화와 행복철학

1) 버트런드 러셀의 인류평화론

러셀의 사상을 파악할 수 있는 저작은 크게 초기의 철학저작과 후기의 정치 · 철학저작으로 구분할 수 있다. 그리고 후기 저작 중에는 일반 대중들을 대상으로 한 통속적 저작도 있다. 그중에서도 러셀의 인류평화와 행복에 대한 저작들은 주로 후기의 저작 중 대중적인 저작과 자서전에서 다루어지고 있다. 예를 들면 95세부터 죽기 한 해전까지 쓴 『자서전(*Autobiography*)』

(1967~1969)에서는 그의 인류평화론에 대한 관점을 자신이 전 생애 동안 몰입해 왔던 열정과 관련하여 다음과 같이 언급하고 있다.

"단순하지만 내 인생을 지배해왔던 강렬한 세 가지 열정이 있는데, 그것은 사랑에 대한 갈망, 지식에 대한 욕구, 인류의 고통에 대한 참기 힘든 연민이다. 이러한 열정은 휘몰아치는 바람과 같아서 고뇌의 심연 속이나 절망의 저 끝까지 이리저리 나를 휘몰고 갔다(The three passions, simple but overwhelmingly strong, have governed my life: the longing for love, the search for knowledge, and unbearable pity for the suffering of mankind. These passions, like great winds, have blown me hither and thither, in a wayward course, over a deep ocean of anguish, reaching to the very verge of despair)."

러셀은 이처럼 자서전에서 바로 이러한 열정들이 마치 거센 바람과도 같은 자신을 이리저리 제멋대로 몰고 다니며, 때로는 깊은 고뇌의 바다 위로, 절망의 벼랑 끝으로 떠돌게 하였다고 술회하고 있다. 이는 거의 100세를 살았던 러셀의 인생론을 요약해주는 어록이라고 할 수 있으며, 21세기를 살아가는 현대인들에게도 그 자체로 위대한 가르침이자 인생의 지침이 될 수 있다. 왜냐하면 고뇌하고 좌절하는 현대인들에게는 인생 항로에서 열정의 방향성을 제시하고 있다고 볼 수 있기 때문이다.

하지만 러셀이 평생 동안 집중한 생의 방향점인 세 가지의 열정 중에서 대중들에게 어떤 의미가 있다고 보편적으로 믿어지는 명제(statements)는 '인류 고통에 대한 참기 힘든 연민'이라고 할 수 있다. 러셀에 있어서 '지식에 대한 욕구'는 분석철학자로서의 열정으로 나타났지만, 제1 · 2차 세계대전을 겪으면서 러셀이 정치적이고도 사회적인 참여를 통해 보여준 열정은 '인류의 고통에 대한 참기 힘든 연민'과 상관된 평화의 인류애를 보여주는 정치 · 사상으로 나타났기 때문이다.

러셀이 보인 이러한 인류애로서의 평화에 대한 열정을 빗대어 일부에서는 철학이 인류평화의 노예로서 사용되었다고 평가하거나, 철학의 상징인 이성이 인류애의 열정의 노예가 되었다고 보는 것도 인류애와 상관된 러셀의 활동들이 많았기 때문이다. 아울러 러셀의 사상에서 차지하는 비중으로 볼 때는 순수철학적 사상에 못지않게 평화나 인류애의 사상이 크다고 볼 수 있다는 점에서도 그의 인간과 인류를 향한 러셀의 행복철학은 의미를 가진다. 그만큼 러셀에게는 순수학문으로서의 철학에 대한 지식욕구보다는 그것을 인간과 인류의 고통을 치유하는 사랑(행복)과 평화의 응용학문으로서의 철학이 중요했다고 볼 수 있다.

이러한 러셀의 사상은 그의 아버지가 러셀의 대부(代父)로 부탁하기도 했던 존 스튜어트 밀(John Stuart Mill, 1806~1873)의 영향을 받은 것으로도 해석할 수 있다. 존 스튜어트 밀은 공리주의 철학자였던 제임스 밀(1773~1836)의 아들로 태어나 제도권의 학교에는 다니지 않고 16세까지 가정 내에서 교육을 받은 사람이다. 그리고 17세부터는 동인도 회사의 공무원으로 일하면서도 행복이나 쾌락의 질적 차이를 강조하는 소위 '질적 공리주의' 사상을 정립하였던 사람이다. 아울러 정치활동으로는 하원의원과 교육부장관을 지내면서 『여성종속론(*The Subjection of Women*)』(1869)을 저작하여 여성해방운동을 전개한 덕분에 당시의 사상가나 정치인들로부터 공격과 모욕을 당하기도 하였다는 점에서 러셀의 인생행로와도 닮은 점이 많기 때문이다.

다만 러셀은 할아버지가 영국 총리를 역임했을 정도의 귀족 출신으로 왕실로부터 주어진 대저택에서 가정 내 교육방식으로 청소년기를 보냈지만, 성장한 이후에는 헨리 8세에 의해서 1546년에 설립된 트리니티 칼리지(Trinity College)[6]에서 대학교육을 제도권에서 받았다는 점은 존 스튜어트 밀과는 차이가 있다. 그러나 그의 정치 · 사회활동에 녹아있는 인류애 사상은 밀과 큰 차이를 보이지 않는다.

러셀은 케임브리지대학 트리니티 칼리지의 연구원으로 있었던 1907년(35세)에 여성의 참정권과 자유무역을 주장하며 하원의원에 입후보했으나

6) 케임브리지대학에서 가장 규모가 큰 단과대학으로, 자연철학자이자 수학자였던 '만유인력의 법칙'의 아이작 뉴턴과 시인 바이런, 생물학자이면서 철학자였던 찰스 다윈, 영국 경험론의 창시자 프랜시스 베이컨이 트리니티 칼리지 출신이다. 1591년 영국·아일랜드 여왕인 엘리자베스 1세가 설립해 아일랜드 더블린시에 기증했던 트리니티 칼리지(더블린대학)와는 다르다.

낙선하였던 전력도 그러하다. 당시 영국은 '해가 지지 않는 제국'으로 이끈 빅토리아 여왕(Queen Victoria, 1837~1901 재위)이 64년간 재위하면서도 여성참정권을 허용하지 않았던 시대였다고 본다면 존 스튜어트 밀이 여성해방운동을 전개한 사상을 러셀이 이어받은 측면이 있는 것이다.

그 후에도 제1차 세계대전(1914~1918) 동안에는 반전운동을 하여 1916년(44세)에는 100파운드의 벌금형을 받았고, 트리니티 칼리지 강사직에서도 해고된 것이다. 그리고 1910년부터 1913년까지 스승 격이기도 한 알프레드 노스 화이트헤드와 함께 그의 주저인 『수학 원리(프린키피아 마테마티카)』를 발간한 이후인 1914년에는 자유주의자에서 탈피하여 영국노동당에 가입하기도 한 것은 귀족사회로부터 비난받기에 충분했다. 그것은 두 차례에 걸쳐 노동당 후보로 선거에 출마하였지만 낙선한 것에서도 짐작이 간다.

그러나 이러한 러셀의 정당행동이 마르크스주의식 사회주의에 동조한 것은 아니었다고 보인다. 러셀이 노동당원 자격으로 1919년에 러시아혁명의 성과를 조사하기 위해 러시아를 방문한 이후에는 러시아 사회민주노동당의 볼셰비키주의(볼셰비즘, Bolshevism)에 대해 비판적 입장을 취했기 때문이다. 평화주의자였던 러셀은 무엇보다도 블라디미르 레닌(Vladimir Lenin, 1870~1924)의 중앙집권적 사회경제체제에 반대했던 것이다. 이러한 러셀의 파격적인 정치활동은 당시의 순수철학자들이나 정치인들로부터 비판을 받기도 하였지만, 1918년에 30세 이상의 여성에게 선거권이 주어지고, 1928년에 가서는 남녀평등 보통선거가 실현되는 영국 정치제도에도 영향을 미쳤다고 볼 수 있다.

이후 러셀은 제2차 세계대전(1939~1945)이 독일의 폴란드 침공과 이에 대한 영국과 프랑스의 대독 선전포고로 발발했을 때는 평화를 위해서 독일 나치 정부의 히틀러를 물리쳐야 한다고 주장하였다. 이는 그가 제1차 세계대전 중이었던 1916년에 병역법에서 18~41세의 남자들에게 병역의무가 부과되자 이를 거부하는 '징병거부협회'를 만들었고, '민주통제연맹'을 결성하여 반전운동을 펼치다가 1918년에 6개월간의 옥고[7]를 치렀던 과거 행적과는 차이가 있다. 그리고 1965년 미국의 베트남전쟁(Vietnam War, 1955~1975)에 대한 개입정책을 지지한 당시 영국의 해럴드 윌슨(Herold Wilson) 노동당 정부(1964~1970)에 항의하는 뜻에서 노동당에서 탈퇴하게 된다.

이러한 러셀의 인류평화를 향한 활동은 1930년대 독일을 비롯한 이탈리아 등에서 국가주의적 전체주의 정권의 파시즘이 득세하여 제2차 세계대전이 일어났을 때는 파시즘(Fascism)에 반대하고, 이어서 1958년에는 미국과 영국을 오가며 반핵운동을 전개하거나 시민불복종운동을 벌이다 7일간 구금당하기도 하였다. 아울러 80세에 가까운 나이에 출간했던 『상식과 핵전쟁』(1959), 『인류에게 미래는 있는가?』(1961)도 러셀이 순수철학 영역에서의 분석철학에서 벗어나 있는 '인류 고통에 대한 참기 힘든 연민'의 열정과 관련된 인생론이라고 간주할 수 있다.

2) 버트런드 러셀의 불행론

러셀은 당대의 장 폴 사르트르(Jean-Paul Sartre, 1905~1980)처럼 결혼제도의 부조리에 저항하기 위해 계약결혼을 주장하지는 않았지만 세 번의 이혼과 함께 결혼을 네 번이나 할 정도로 자유연애 관점을 가지고 있었다. 그의 이러한 사상은 그의 95세가 넘어서 쓴 자서전에서도 밝히고 있듯이 '사랑에 대한 갈망'의 열정과 상관이 있으며, 1929년(57세)에 발간한 『결혼과 도덕(*Marriage and Morals*)』(1929)에서도 피력이 되고 있다.

그가 이 책에서 "사랑은 성교의 욕구를 훨씬 넘어선 것이다."라고 표현한 것이나 "사랑은 생애의 대부분에 걸쳐서 대다수의 남녀를 괴롭히는 고독에서 벗어날 수 있도록 하는 중요한 탈출구이다."라고 언급한 등의 문구는 사랑과 결혼이 사회의 가장 기초가 된다는 점을 밝힌 것이며 당시의 종교적 관습에 구속되어왔던 사랑과 결혼의 도덕관을 제시한 것으로 볼 수 있다.

따라서 『결혼과 도덕』(1929)은 그 이듬해에 쓴 『행복의 정복(*The Conquest of Happiness*)』(1930)과 함께 인간의 삶에서의 불행과 행복론에 관한 사상을 담고

---

7) 감옥에 있는 동안 『수리철학 입문(*Introduction to Mathematical Philosophy*)』(1919)을 썼으며, 정신 분석에 관한 책을 쓰기 위한 공부를 시작했다.

있다고 볼 수 있다. 다시 말하면 러셀은 절대 확실한 '지식의 욕구' 열정으로 기호논리학(수리논리학)과 분석철학의 기초를 구축하였고, 인간의 삶에 대한 관심(열정)으로 행복철학을 제시했다고 해석할 수 있는 것이다.

러셀이 『행복의 정복』에서 제시하는 행복철학은 크게 두 개의 장르로 구분이 된다. 첫 번째 장르에서는 '행복이 당신(우리)을 떠나는 이유(원인)'에 대하여 다루고, 두 번째 장르에서 '행복으로 가는 길'을 본격적으로 제시하고 있는 것이다. 즉 먼저 '불행론'을 다루고, 그다음에 '행복론'을 제시하는 순서로 구성이 되어 있다고 할 수 있다.

이처럼 러셀이 불행론을 먼저 다루고 행복론을 제시하는 이유를 짐작해보면 러셀이 두 살 때 어머니를 병으로 잃고, 아버지마저 네 살 때 잃은 후 엄격한 청교도 집안에서 할머니의 훈육으로 자라면서 한때는 두려움과 자살 충동에 시달리기도 했던 불행 속에 있었지만 좋은 사고와 습관으로 행복을 증진할 수 있었던 자신의 경험과도 연관이 있는 것으로 보인다.

물론 이 책의 세부적인 문구나 흐름을 보면, 오늘날의 기준으로 보았을 때 다소간의 인종차별적이고 남녀차별적인 부분은 있지만 21세기의 상황에서도 꾸준히 읽히고 있다는 점에서는 러셀의 행복론은 지극히 상식적이고 이성적이라고 할 수 있다. 러셀은 이 책에서 행복과 불행의 대상을 외부적인 원인이 없음에도 일상적으로 불행에 빠져있는 평범한 사람들로 설정하고, 이들이 타고난 심각한 불행의 요인이 없다는 점에서 올바른 방향으로 노력하게 되면 대다수는 행복에 도달할 수 있다고 낙관하고 있다.

그러나 이 책이 발간되었을 당시에는 대중들의 관심과는 달리 러셀과 가까이에서 교류했던 사상가들로부터는 비판을 받기도 하였다. 그중에서도 1884년 1월 4일 런던에서 설립되었던 페이비언협회(Fabian Society)의 주도적 회원이자 1894년 헨리 헌트 허친슨(Henry Hunt Hutchinson)의 유산 2만 파운드를 기증받아 런던정치경제대학을 설립했던 비아트리스 포터 웨브(Beatrice Potter Webb)[8]와 러셀 자신의 제자이자 동료이기도 했던 비트겐슈타인으로

8) 철도자본가 포터(Richard Potter)가의 1남 9녀 중 8녀로 출생하였으며, 부친의 친구였던 하버트 스펜서(Herbert Spencer)의 영향을 받으며 1876년 이후 런던 사교계에 진출하였고, 1880년대 초

부터 받는 비난은 상처가 되었다.

비아트리스 포터 웨브는 러셀이 박사학위를 받은 이듬해인 1896년에 정통 자유주의의 관점에서 처녀작으로 출간했던 『독일사회민주주의(*German Social Democracy*)』에 영향을 받아 자신이 1895년에 설립한 런던정치경제대학(칼리지)에 1896년에 수석강사로 러셀을 임용했다. 그 인연으로 1902년부터는 러셀도 페이비언협회가 주도한 사회개혁운동에 참여하였던 관계였다. 그렇지만 당시 비아트리스 포터 웨브는 "러셀은 악마적인 기지를 가진 타락한 천사이며, 그가 행복하게 되지 못할 것은 확실하다."라고 비난하였던 것이다.

비트겐슈타인도 1929년에 러셀로부터 박사학위 심사를 받아 학위를 취득했지만 1930년부터 1931년까지 트리니티 칼리지에서 도덕학 강의를 맡으면서 러셀의 『행복의 정복(*The Conquest of Happiness*)』(1930)에 대해서는 구역질이 난다고 말하고, 『결혼과 도덕(*Marriage and Morals*)』(1929)에 대해서도 러셀을 '사기꾼'으로 폄하했던 것으로 알려진다.

그러나 이들의 비난에도 불구하고 러셀은 노후에 전체 세 권으로 집필한 『자서전』에서 자신의 인생이 행복했다고 밝히고 있으며, 대다수의 대중들도 이에 동의하고 있다고 볼 수 있다. 그리고 러셀이 1950년에 노벨문학상을 수상한 것도 이 두 권의 책과 『권위와 개인』, 『서양철학사』 등의 대중 서적이 인기를 얻었던 영향으로 볼 수 있다는 점에서도 그러한 비난의 설득력은 크지 않다고 볼 수 있다.

그리고 21세기의 시점에서 보아도 그가 58세에 쓴 『행복의 정복(*The Conquest of Happiness*)』(1930)은 독일의 유대계 사회심리학자 에리히 프롬(Erich Fromm, 1900~1980)이 쓴 『사랑의 기술(*The Art of Loving*)』(1956)과 같이 제목에서 비롯되는 대중성도 있지만, 그렇다고 단순히 내용과는 거리가 먼 현혹적인 제목이라고 비판을 할 수는 없다.

에는 COS에서 일하기도 하였지만, COS에 대한 회의로 멀어지고 1880년대 말에는 사촌 형부였던 찰스 부스(Charles Booth)의 <런던시 빈곤조사>에 참여하여 조사결과를 독자적으로 발표하였다.

에리히 프롬이 사랑을 감정의 상태가 아니라 기술이라고 언명하듯이 러셀은 행복을 저절로 얻어지는 감정이 아니라 불행을 극복하려는 노력을 통해 정복하는 것이라고 분석하고 있기 때문이다. 아울러 이러한 비철학적이고 응용철학적인 책들이 철학자로서의 러셀을 대표하는 것은 아니지만 그의 대표적인 순수철학 저작물들이 대부분 30~40대에 출간된 것이라는 점에 비하여, 『결혼과 도덕』(1929)과 『행복의 정복』(1930)은 거의 60세에 도달할 즈음에 저작되었다는 점에서도 그의 인생론의 진수를 보여주는 것이라고 할 수 있다.

이제 러셀이 『행복의 정복』에서 첫 번째 장르로서 다룬 불행론(Cause of Unhappiness), 즉 '무엇이 사람을 행복에서 멀어지게 하는가?'에 대하여 내용을 정리해보면 대략 9가지 정도의 요인을 들 수 있다.

첫째로 러셀이 든 불행의 요인은 잘못된 사회제도로 인한 그릇된 세계관 형성과 왜곡된 생활습관이다. 이 부분은 개인이 스스로 가늠할 수 있는 요인이라고 하기보다는 개인이 노력으로 좋은 가치관과 습성을 가질 수 있도록 사회제도적인 조건이 갖추어져야 함을 전제한 것으로 볼 수 있다. 이는 "무엇이 사람을 불행하게 만드는가?(What makes people Unhappy?)"에 관한 논의를 이끌어내는 항목이라고 볼 수 있다. 아울러 러셀이 평생토록 인류애로서 평화운동을 전개했던 것과는 무관하지가 않은 요인이다.

둘째로 러셀이 든 불행의 요인은 바이런적인 염세주의(Byronic Unhappiness)로 세상의 보람으로 삼을 만한 것이 더 이상 남아 있지 않다고 생각하는, 일종의 불행을 즐기는 잘못된 우주관(세계관)이다. 바이런(George Gordon Byron, 1788~1824)은 셸리(Percy Bysshe Shelly, 1792~1822), 키츠(John Keats, 1795~1821) 등과 함께 영국의 3대 낭만주의 시인으로서 36세에 요절했는데, 그의 작품에서는 공통적으로 우울과 허무사상이 내재되어 있어서 소위 바이런주의(Byronism)로 상징이 된다. 러셀은 불행의 원인이 뚜렷이 없음에도 불구하고 그 불행을 즐기는 바이런적인 사유방식을 요인으로 들고 있는 것이다.

셋째로 러셀이 든 불행의 요인은 극심한 경쟁(Competition)이다. 사람들이 흔히 생존을 위해서 투쟁한다고 말하는 것은 실제로는 성공을 위한 투쟁이고 극심한 경쟁이며, 현대 생활에 있어서 경쟁을 강조하는 것은 아우구스투스(Augustus)[9] 로마 시황제(始皇帝, B.C. 27~A.D. 14년 재위) 이후의 로마제국에서나 일어났을 법한, 문화적 수준의 전반적인 저하와 관련이 있다고 러셀은 언급한다. 따라서 성공하기 위해서 다른 행복의 요소들을 모두 희생하는 것은 성공의 원인이 되는 탁월성(존경성)에 대하여 너무 비싼 대가를 치르게 된다는 점을 경고한다.

넷째로 러셀이 든 불행의 요인은 권태와 자극(Boredom and Excitement)이다. 러셀은 권태를 사람들이 느끼는 감정이라는 점을 전제하고 인류가 저지르는 죄악인 전쟁, 학살, 박해 등이 모두 다 권태로부터 오는 두려움에서 벗어나고자 하는 파괴적 자극이었다고 해석하고 있다. 따라서 사람은 어린 시절부터 단조로운 삶을 권태롭게 느끼지 않도록 능력을 길러야 한다는 점을 강조한다. 이는 인간 스스로의 노력과 창조력에 의해서 주변 환경으로부터 즐거움을 찾아야 한다는 것이며, 어린 시절부터 조용한 삶에 충실하도록 하고, 지나치게 자극적인 인상을 심어주지 않도록 하는 것이 중요하다고 주장한다.

다섯째로 러셀이 든 불행의 요인은 피로(Fatigue)와 걱정이다. 사람들은 성공하기 위해서 극심한 경쟁을 하게 되면 피로(과로)를 느끼게 되고 결국 신경쇠약 등으로 사람을 상하게 한다. 그러나 신경쇠약의 실제 원인은 과로가 아니고 특정한 종류의 걱정이나 불안에 있다고 러셀은 진단한다. 이에 대해 러셀은 의식적인 방법으로 무의식에 잠재되어 있는 걱정들을 치유할 수 있다고 보았다.

여섯째로 러셀이 든 불행의 요인은 질투(Envy, 선망)라는 불행한 감정이다. 러셀은 사람들이 좋지 않은 타인의 소문을 서로 주고받는 것을 좋아하는 것도 내면적으로 질투라는 불행한 감정이 있기 때문이라고 본다. 질투

---

9) 아우구스투스는 외종조부로서 독재정치로 공화정을 이끌었던 율리우스 카이사르(Julius Caesar)가 기원전 44년 3월 15일에 암살되자 유언장에 따라 그의 양자가 된 가이우스 옥타비아누스(Gaius Julius Caesar Octavianus)가 삼두정치를 거쳐 권력을 장악한 이후인 기원전 27년에 로마 원로원으로부터 황제 칭호로 받은 명칭으로서 '존엄한 자'라는 의미가 있다.

심이 강한 사람들은 자신이 가지고 있는 것에서 즐거움을 찾는 것이 아니라 다른 사람들이 가진 것을 보고 괴로워하는 특징이 있다고도 지적한다. 그리고 어릴 적 형제, 자매, 남매들 가운데 부당한 대우를 자주 받았던 사람이나 자식에 대한 사랑이 상당히 부족한 부모에게서 성장한 사람이 이러한 성향을 보인다고 보았다. 따라서 어릴 적의 경험이 중요하므로 자녀를 키울 때 예외가 없이 분배의 정의를 지키도록 하며, 사랑을 베푸는 양육과 교육이 요구된다는 점을 강조하고 있다.

일곱째로 러셀이 든 불행의 요인은 죄의식(The Sense of Sin)이다. 러셀이 말하는 죄의식은 '양심'과 관련이 되는데, 양심의 기저에는 남에게 발각되지 않을까 두려워하는 의식이 내재되어 있다고 본다. 인간이 죄의식을 처음 느끼게 되는 것은 부모로부터 엄격한 교육을 받게 되면서 무의식적으로 체득된 관대하지 못함과 열등감에 기인한다고도 지적한다. 예를 들어 생식기를 죄악과 동일시하고 여성들이 성관계를 혐오하지 않는 것조차도 타락했다고 보는 불합리한 신념이 만들어지는 것으로 본 것이다. 이에 대하여 러셀은 어린 시절의 잘못된 교육이 합당한 가르침이 아니었음을 검토해서 수정할 수 있는 단호함을 가져야 죄의식에서 빠져나올 수 있다고 주장한다.

여덟째로 러셀이 든 불행의 요인은 피해망상(Persecution Mania), 즉 피해의식이다. 피해의식에 사로잡힌 사람들은 모든 사람들이 자신만을 미워한다는 불합리한 생각을 하지만, 사실은 그렇게 생각하는 사람들 자신에게 원인이 있을 개연성도 많다는 점을 지적한다. 따라서 러셀은 피해망상을 예방하는 방법으로써 네 가지를 제시한다. 첫째는 자신의 동기는 자신이 생각하는 것처럼 이타적이지 않다는 점을 인지하고, 둘째는 자신의 업적이나 장점을 과대평가하지 않아야 한다는 것, 셋째는 다른 사람들이 나 자신에 대해서 나만큼 관심을 가지고 있다고 생각하지 말 것, 넷째는 대부분의 사람들이 나에게 해코지를 하거나 박해를 하려고 골몰하고 있다고 상상하지 말라는 것이다.

아홉째로 러셀이 든 불행의 요인은 여론에 대한 공포(Fear of Public Opinion)

이다. 사람들은 주변으로부터 배척당하고서 행복을 느끼기는 쉽지 않다. 따라서 사람들은 주위 사람들로부터 동의를 받으려고 애쓰는데, 그 정도를 넘어서게 되면 주위 사람의 의견에 맞추기 위해 자신의 의지와 상반되는 행동을 하지 않을 수 없으므로 불행을 초래하게 된다고 본다. 이처럼 여론에 대해 공포감을 느끼는 사람은 정신의 자유를 제한받게 되므로 궁극적으로는 대중이 관용하는 환경을 사회가 조성해야겠지만 개인도 타인의 부조리한 험담이나 압제에 맞설 수 있는 용기를 필요로 할 것으로 보인다.

3) 버트런드 러셀의 행복론

러셀은 『행복의 정복(*The Conquest of Happiness*)』(1930) 제1부(장르)에서 불행론을 다룬 후에 제2부(장르)에서는 행복의 원인론(Cause of Happiness)에 대하여 논의를 전개한다. 그것의 맥락은 행복이 우연히 주어지는 것이 아니라 불행의 요인을 제거하는 노력을 통하여 정복하는 것이라는 논지로 전개된다. 제2부에서는 다음에서와 같이 8가지의 요인으로 분류하여 행복의 원인을 탐색하고 있다.

첫 번째 요인으로서는 “아직도 행복은 가능한가?(Is Happiness Still Possible?)” 라는 주제로부터 시작하여 행복의 방향을 제시하고 있다. 얼핏 생각하면 불행의 원인을 제거하는 것이 곧 행복의 방법이고 행복을 가능하게 하는 것으로 볼 수도 있지만, 러셀은 행복의 원인으로도 여덟 가지의 요인을 들어 대중들을 설득하고 있다. 그리고 그 첫 번째 장(요인)에서는 지나치게 자신을 과소평가하거나 과대평가하지 않는 것이 현명하며, 비굴하지는 않지만 겸손함에 대한 믿음이 행복의 근원이 된다는 점을 강조한다. 아울러 자신의 관심사를 가능한 한 넓게 하고 사람들에 대한 자신의 반응(reaction)에서도 적대적이 아니라 친절하게 하는 것에서 행복의 가능성(possibilities of happiness)의 비밀이 있다고 제시한다.

두 번째 요인은 열의(Zest, 열정)를 가장 보편적이고 독특한 표시로 든다. 사람들이 식사하는 태도가 배고픔의 정도에 따라 달라지듯이 인생을 대하는 태도는 열정의 정도와 관련이 된다고 본다. 대식가는 먹는 즐거움에 빠져 다른 모든 즐거움을 포기하여 결국 인생에서 누릴 수 있는 행복의 총량을 줄이게 되고, 미식가는 인생이 제공하는 즐거움의 상당수를 재미없다고 푸념하는 사람과 유사하다.

이처럼 중용을 모르는 열정은 행복과 거리가 있다고 러셀은 지적한다. 훌륭한 인생이 되려면 여러 가지 활동들 간의 균형을 이루어야 하며, 열정이 결코 도를 넘어서는 안 될 요인들이 있다는 점을 강조한 것이다. 그것은 바로 자신의 능력을 전체적으로 유지하고 생계유지에 충분한 소득을 유지하는 것, 처자식에 대한 의무를 완수하는 것들이다. 그러나 조국을 지키기 위해 목숨을 바친 사람, 과학적인 발견이나 발명을 위해 연구하는 사람 등은 그러한 의무를 희생하더라도 그를 비난해서는 안 된다는 점도 언급하고 있다. 그리고 인생에 대한 열정을 가진 사람은 때로는 불쾌한 경험을 할지도 모르지만 어떠한 상황에서도 유리하다고 러셀은 제시한다.

세 번째 요인은 열의를 촉진할 수 있는 사랑의 느낌, 즉 사랑의 기쁨(Affection)이다. 사람들은 사랑을 받지 못할 때 열정(열의)을 잃게 되고 불안감을 느끼게 되는데, 이러한 불안을 떨쳐버리기 위해 자신의 인생을 철저하고 완전하게 지배하려는 습성을 가지게 된다고 러셀은 지적한다. 따라서 행복한 사람은 불안감이 아니라 안정감(sense of security)을 가져오는데, 그것은 어느 한쪽에서 주어지는 것이 아니라 상호적인 애정(reciprocal affection)에서 일어난다고 언급하고 있다.

엄격하게 말해서 애정뿐만 아니라 존경(admiration)도 열정에는 효과적이라는 것이다. 배우, 설교자, 연설가, 정치인, 기업인들은 공적인 인정을 받고 박수를 받을 때 삶이 충만해지지만 그렇지 않을 때는 불안감과 자기중심이 된다는 예를 든다. 따라서 가장 바람직한 사랑은 서로 생명력을 주고받고 공동의 행복을 추구하는 것이며, 모든 주의(caution)의 형태 중에서 사랑(love)에 대한 주의는 아마도 진정한 행복의 가장 최고의 지점임을 러셀은 강조한다.

네 번째 요인은 가족(The Family)을 들고 있다. 가족은 과거로부터 전승되어 온 모든 제도(institutions) 중 현재까지도 가장 분열적이고 탈선적인(disorganised and derailed) 것이라고 할 수 있음을 지적한다. 애정(Affection), 즉 사랑의 기쁨을 부모와 자식 사이에서 일어나는 것이 가장 큰 원천 중의 하나가 될 수 있지만, 사실은 10명 중 9명의 경우에 양쪽 당사자에게 불행의 근원(a source of unhappiness)이 된다는 점을 지적하고 있다.

따라서 자녀들과 행복한 관계를 맺고 싶어 하는 성인은 부모다움(parenthood)에 대한 진지한 고민이 필요하며, 그에 따라 현명하게 대해야 한다고 보았다. 아울러 부모와 자식 간의 관계에서 양쪽 모두가 만족감을 얻으려면 상대방의 인격이 다치지 않도록 배려하고 존중하는 자세가 요구된다고 주장한다. 이는 부모가 소유욕이나 억압이 아니라 순수한 신념과 자신감을 가지고 자녀를 대하면 갈등이 줄어들 수 있다고 보는 것으로 해석된다.

다섯 번째 요인은 일(Work)이다. 일은 행복의 원인으로 들어야 하는지 불행의 원인으로 보아야 하는지에 대해서는 논란이 있지만, 그 일이 지나치게 많은 경우가 아니면 대부분의 사람들은 게으름을 피우는 것보다는 낫다고 러셀은 생각한다. 일에는 단순히 권태를 해소하는 일부터 심오한 기쁨을 주는 일까지 다양하지만, 그 첫 번째의 장점은 하루의 대부분을 채워준다는 것이다.

일을 재미있게 만들어주는 주요 요소에는 두 가지가 있는데, 하나는 남다른 기술을 발휘하는 것에서 기쁨을 느끼고, 또 하나는 최고의 일이 소유한 건설성의 요소(element of constructiveness)가 더욱 행복의 근원이 된다고 보았다. 건설적인 업무에서 성공하여 느끼는 만족감은 살아가면서 얻을 수 있는 최고의 만족감이 된다. 이러한 건설적인 일을 하면서 만족감(행복감)을 얻는 계층은 소수이지만, 맡은 일을 주도적으로 하고 자신이 많은 일에 상당한 기술을 발휘하고 있다고 생각하는 사람은 불행하지 않다는 주장이다.

여섯 번째 요인은 사소하고 폭넓은 관심사(Impersonal Interests)이다. 이는 삶이 만들어지는 주된 관심사가 아니라 삶(일)의 여가를 채우고 긴장에서 휴식을 마련하는 사소한 관심사(minor interests)를 말한다. 평범한 사람의 삶에서 배우자와 자식들은 일과 재정적인 불안으로 진지한 생각을 하게 되는 주요 부분을 차지한다. 그러나 그것은 깨어있는 시간 전체에 걸쳐 생각해서는 안 되며 그러한 일에 매몰되어서도 안 된다고 러셀은 주장한다.

휴식이라는 중요성을 제외하더라도 세상에 대한 폭넓은 관심사는 자신의 비율 감각(sense of proportion)을 유지하는 데 도움이 된다. 적절한 활력과 열정(vitality and zest)을 보이는 사람은 세상에 대한 폭넓은 관심사로 인하여 치명적인 손실이나 불행에서도 그것을 극복하게 된다고 보는 것이다. 그러므로 지혜롭게 행복을 추구하고자 하는 사람은 그 삶의 주축을 이루는 중심적 이익에만 우선성을 둘 것이 아니라 다양한 보조적인 관심사에도 목표를 두어야 한다고 보는 것이다.

일곱 번째 요인은 노력과 포기(Effort and Resignation)이다. 행복은 신의 교리는 아니지만 매우 많은 경우에 참된 것으로 다루어진다고 러셀은 주장한다. 이러한 행복의 의미를 보존할 수 있는 것은 노력(effort)과 그 상대적인 개념인 포기(resignation, 체념) 사이의 균형(balance)이다. 이 두 가지의 교리(doctrines)는 서로 극단적인 지지자들을 가지고 있는데, 노력은 효율성 전문가들이 지지하고 포기(체념)는 성도들과 신비주의자(saints and mystics)들이 지지한다.

그러나 이 책의 제목이 '행복의 정복'이듯이 행복은 체념(포기)에서 오는 것이 아니라 이 세상에서 피할 수 없는 질병과 심리적 긴장과 갈등, 투쟁과 가난 등의 불행의 원인에 대처해야 한다는 점을 러셀은 강조한다. 그리고 극히 일부의 사람들을 제외한 보통의 사람들은 유산이나 신들의 선물이 아닌 성취의 노력을 해야 한다는 언급을 한다. 단, 이러한 성취적 외부 노력은 어쩔 수 없는 내부의 포기도 고려할 필요는 있다고도 보았다.

여덟 번째 요인은 행복한 사람(The Happy Man)이다. 사람의 행복은 부분적으로 외부 상황(external circumstances)에 달려 있지만, 자신에게 달려 있는 부분도 있다는 것을 러셀은 강조하고 있다. 어떤 사람은 종교적인 신조(religious kind) 없이는 행복이 불가능하다고 생각하기도 한다. 그러나 그들은 자신의 불행을 높은 지적인 근원과 복합성에서 찾지 않고 스스로 불행하다고만 생각하는 경우가 많다는 점을 지적한 것이다. 이는 '행복한 사람(happy man)'은 행복한 신조(happy creed)를 찾지만 불행한 사람은 불행한 신조(unhappy creed)를 선택한다는 차이점이 있다는 것을 강조한 것으로 볼 수 있다. 그러므로 불행하다고 생각하는 사람보다는 행복하다고 생각하는 사람을 가까이하는 것은 행복할 수 있는 요인이 될 수 있다고 해석할 수 있다.

이처럼 러셀의 『행복의 정복』(1930)에서는 "어떻게 행복해질 수 있는가?"의 물음에 대하여 경험론적 전통에 충실한 사회적 행복론을 제시하고 있다. 러셀은 20세기 최고의 지성인이었지만 근대의 경험론적 전통에 충실한 '사회적 행복론'을 제시하고 있는 것이다.

이와 같이 러셀의 이 책에서는 평범한 사람들을 대상으로 설정하여 지극히 상식적이고 합리적인 행복론을 제시하고 있다는 점에서는 21세기의 현대인들도 여전히 비범한 지혜를 얻을 수 있다. 그가 제1부에서 제시한 9개 장의 불행의 원인과 제2부에서 8개 장으로 제시하고 있는 행복의 원인은 현대의 문명사회가 빚어내는 불행의 기제(메커니즘)에서 개인들이 삶에 대한 열정을 자기 자신에게 지나치게 집착하지 말고 바깥세상으로 관심을 돌리는 것에서 시작된다는 것을 주장한 것으로 인식할 필요가 있다.

이 외에도 러셀은 15개의 짧은 에세이로 구성된 『에세이 모음집』(1935) 속의 '게으름에 대한 찬양(in the praise of idleness)'이라는 제목의 에세이에서 "행복해지려면 게을러져라."라는 맥락의 다소 도발적인 행복론도 제시하고 있다. 러셀이 이 글을 쓴 목적은 근대문명이 비약적으로 발전하게 된 시점에서 생산성이 비약적으로 늘어났으나 과잉 노동시간으로 인하여 잉여 생산된 이익은 부자들의 부만 증대시키지 노동자들의 유익한 여가시간을 축소시키고 있다는 점을 비판한 것이다. 이는 결국 '근면의 미덕'이나 '노동의 존엄성'을 강조하는 사회윤리가 근거가 없으므로 노동시간을 줄여야 한다는 주장을 함으로써 근면에 대한 고정관념을 바꾸기 위한 것에 있었다고 볼 수 있다.

제2절 버트런드 러셀의 수리 · 논리적 분석철학

1. 버트런드 러셀의 수리적 분석철학 체계

러셀이 처음 출간했던 책은 『독일 사회민주주의(*German Social Democracy*)』(1896)였지만, 사회사상가로서가 아닌 철학자로서의 처녀 저작은 『수학의 원리(*The Principles of Mathematics*)』(1903)였다. 이 책의 목표는 논리학과 수학을 연결하는 것이었고, 수학이 매우 적은 수의 논리적 원리들로부터 큰 원리로 연역될 수 있다는 점을 강조하고 있다. 이러한 목표는 과거 자신의 스승이자 학문적 동료이기도 했던 앨프래드 노스 화이트헤드(Alfred North Whitehead, 1861~1947)와 공동 저술한 『수학 원리(*Principia Mathematica*)』 전 3권(1910, 1912, 1913)으로 이어졌다.

러셀이 화이트헤드와 공동저술을 하고 있었던 이 시기는 오스트리아-헝가리제국에서 성장한 비트겐슈타인(Ludwig Wittgenstein, 1889~1951)이 러셀의 밑에서 철학을 배우기 위해 찾아온 1911년 가을 시기와 맞물린다. 이 당시 러셀은 논리적 원자론으로 방향을 전환하기 이전 시기였으며, 지식(진리)을 얻기 위해서는 직접경험(immediate experience)에 의해야 하고, 모든 경험은 직접지의 대상(object of acquaintance)에서 나오는 가장 확실한 감각소여(sense-data)로부터 외적, 물리적 세계를 논리적으로 구성하는데 철학적 목표를 두고 있었던 시기였다.

따라서 화이트헤드와 공동 저술한 책의 이름도 1678년에 뉴턴(Newton, 1642~1727)이 발간했던 『자연철학의 수학적 원리』, 즉 라틴어로 '필로소피아이 나투랄리스 프린키피아 마테마티카(Philosophiae Naturalis Principia Mathematica)'의 명칭을 사용하여 『프린키피아 마테마티카(*Principia Mathematica*)』로 정한 것으로 보인다. 뉴턴이 저술한 당시에는 라틴어로 쓰는 것이 원칙이었지만, 20세기의 러셀이 라틴어로 서명을 사용하고 있다는 점은 그만큼 뉴턴 이후로 논리적 철학을 정립해보려는 의지에서 프로젝트를 세웠던 러셀의 초기 철학을 대변한다고 해석할 수 있는 것이다.

이 책은 철학사에서 러셀을 수리논리학의 창시자로 인정하게 만들었고 20세기 최고의 지적 소산 중의 하나로도 인정되고 있지만, 발간 초기에는 엄청난 비난을 받아야 했다. 특히 철학적 견해보다는 수학상의 업적에 대한 논란과 비판이 주류를 이루었는데, 그 이유 중의 하나는 '프린키피아(원론, 원리)'라는 제목을 책 이름으로 사용했다는 것이었다. 이는 수학계에서 고대 그리스 알렉산드리아의 기하학(수학)자 유클리드(*Euclid of Alexandria*, 에우클레이데스)의 『기하학 원론(*Element*)』[10], 근세 영국의 자연철학자 뉴턴의 『자연철학의 수학적 원리(프린키피아)』와 함께 기념비적인 상징성을 가진다는 점도 비판을 받게 된 원인이 되었다는 점을 역설적으로 말해준다.

유클리드(에우클레이데스, Eucleides)는 기원전 300년경에 그리스 수학(기하학)의 성과를 집대성하여 총 13권(평면 기하 6권, 수론 4권, 입체 기하 3권)으로 구성된 『원론』 혹은 『기하학 원본(원제 *Stoicheia*, 영어 *Elements*)』을 저술했는데, 그 이후의 모든 과학적 학문에 영향을 미치게 된다. 고대의 플라톤(Platon)이 아테네에 세웠던 '아카데메이아(Academeia)'의 정문에 "기하학을 모르는 사람은 이 문으로 들어오지 말라."는 현판을 내걸었다는 점과 유클리드가 플라톤 사후에 태어나 '아카데메이아' 학파에서 공부했다는 점에서도 기하학은 모든 학문의 기초였던 것이다. 특히 플라톤은 생전에 "신은 기하학적으로 사유한다."라고 강조했다고 본다면 유클리드의 기하학이 단순한 수학의 원류가 아니라 플라톤 철학의 범주에 있음을 알 수 있다.

철학에서 이러한 기하학적 견해는 중세에도 이어지는데, 13세기 영국의 프란체스코 수도회 철학자 로저 베이컨(Roger Bacon, 1219~1292)은 "신은 이 세계를 유클리드 기하학의 원리에 따라 창조하였으므로 인간은 그 방식대로 이 세계를 그려야 한다."고 언급한 것으로 전해진다. 그러나 오늘날 현대

---

10) 유클리드는 고대 그리스의 알렉산드리아에서 프톨레마이오스 1세~2세 시대에 13권으로 구성된 『원론』, 즉 『기하학 원본(원제 Stoicheia, 영어 Elements)』에 입각하여 가르쳤는데, 18세기까지 수학공부의 원전이 되었다.

수학과 비교해보면 유클리드 기하학은 실용성이 떨어지고 익히기도 쉽지는 않은 것이 사실이다.

유클리드는 당시 그리스 영토였던 북아프리카 알렉산드리아(Alexandria)에서 교수생활을 하였던 인물인데, 알렉산드로스 대왕 시기의 장군 출신이었던 프톨레마이오스 2세 왕이 그를 초청하여 기하학(수학)을 공부하다가 좀 더 쉽게 공부하는 방법을 물었을 때 "기하학에는 왕을 위한 쉬운 길(왕도)가 없사옵니다."라고 답한 것에서 "학문에는 왕도가 없다."라는 말이 파생하게 되었다는 점을 볼 때도 그러하다. 그러나 유클리드(에우클레이데스)가 그 이전의 탈레스, 피타고라스, 히포크라테스, 에우독소스와 같은 고대 그리스 철학자들의 기하학적 견해를 총정리한 이 책은 기하학 자체의 지식 공부보다는 논리적인 사고력을 공부하는 데는 말 그대로 『원론(원서)』이라는 평가를 받는다.

이러한 관점에서 유클리드의 『기하학 원론』은 근대에 와서 뉴턴의 『프린키피아(자연철학의 수학적 원리)』(1687)로 이어졌고, 현대의 수학자인 러셀이나 아인슈타인에게도 이어졌다고 볼 수 있다. 이는 독일에서 태어나 스위스 취리히 공대를 졸업하고 스위스와 미국에서 활동한 유대계 이론 물리학자 아인슈타인(Albert Einstein, 1879~1955)이 "내 인생에 가장 큰 영향력을 미친 사건은 열두 살 정도에 유클리드 기하학 책을 배운 일이다."라고 언급한 것이나 러셀이 "만약 여러분이 어렸을 때 유클리드 기하학을 읽고도 학구열이 치솟지 않았다면 타고난 과학자는 아닐 것이다."라고 언급하고 있는 것도 같은 맥락에서 이해될 수 있다. 러셀의 『자서전』에서는 그가 열한 살 때 형(프랭크)에게 유클리드 기하학을 배우게 된 것이 일생일대의 대사건이었고, 수학이 첫사랑과 같았음을 밝히고 있는 것이다.

러셀은 영국 최고의 귀족 출신이었지만 그의 부모세대에 와서 생긴 복잡한 가정사와 함께 이른 나이에 부모가 사망한 이후 조모의 엄격한 신앙적 환경에서 성장하면서 발생한 정신적 고통과 불안 때문에 안정적으로 마음을 기댈 존재가 부재했다는 점에서 수학공부는 돌파구였다고 볼 수 있다. 특히 유클리드의 기하학이 '공리(公理)'에 근거하여 절대로 흔들리지 않는 절대적 대상(명제)을 증명할 수 있다는 점을 전제한다는 점은 절망에서 어떤 희망(진리)을 제시해줄 수 있을 것만 같은 할 줄기 빛이 되었을 것으로 보인다.

러셀은 유소년 시기를 가정학습으로 보낸 후 케임브리지대학에 입학하게 되면서부터는 본격적으로 수학적 능력을 바탕으로 그의 수리논리적인 철학사상을 정립하기에 이른다. 즉 수학과 논리학을 연결하는 것이 러셀의 초기 사상의 목표가 되었으며, 그 원리는 수학이 매우 적은 수의 논리적 원리들로부터 연역이 될 수 있다는 기호논리학(수리논리학, symbolic logic)의 정립으로 이어졌다.

다시 말하면 엄밀한 기호적 표현에 의해 논리학을 구성하는 기호논리학 또는 수리논리학(수학적 논리학)이라는 새로운 논리학을 확립하고자 한 것이다. 러셀이 이 책에서 "논리학은 수학의 청년기이며, 수학은 논리학의 성인기에 해당된다."고 한 것도 수학과 논리학을 동일시하는 논리실증주의적인 견해에 해당한다고 볼 수 있다.

그러나 러셀이 독일의 프레게(Gottlob Frege, 1848~1925), 칸토어(Georg Cantor, 1845~1918)는 물론 자신의 제자이기도 했던 비트겐슈타인 등의 당대의 위대한 학자들과 교류하고 상호 영향을 미치며 그 결과물로 화이트헤드와 공저로 내놓았던 『수학 원리(*Principia Mathematica*)』(1910~1913)는 1903년에 러셀 단독으로 쓴 『수학의 원리(*The Principles of Mathematics*)』의 연장선상에 있다고 할 수 있다. 하지만 두 저자가 밝히고 있듯이 자명한(흔들리지 않는) 논리적 원리로부터 수학을 도출해내려는 목표를 완전히 달성한 철학서로서는 한계를 보이는 것도 사실이다.

이러한 러셀의 초기 사상은 2008년에 버클리 캘리포니아대학(University of California, Berkeley)[11]의 이론가인 크리스토스 파파디미트리우(Christos Papadimitriou)와 그리스 출신으로 뉴욕 컬럼비아대학과 파리 에콜 폴리테크니크(École

---

11) UC 버클리는 캘리포니아주의 첫 번째 주립대학이라는 상징성을 인정받아 캘리포니아(California) 대학, 또는 애칭으로 '캘(Cal)'로 불리고 있으며, 캘리포니아 주립 대학교(CSU)와는 다른 학교이다.

Polytechnique)에서 응용수학을 전공하고 소설가와 연극 · 영화감독으로 활동한 아포스톨로스 독시아디스(Apostolos Doxiadis)가 공동으로 쓴 수학의 기초 탐구에 관한 그래픽 소설 『로지코믹스(*Logicomix: An Epic Search for Truth*)』(2009)에서도 다루어졌다.

인공지능 발명의 뿌리가 되었다고도 볼 수 있는 이 책은 러셀뿐만 아니라 당시에 러셀과 교류하며 수학적 논리학 연구로 업적을 달성했던 화이트헤드, 칸토어, 비트겐슈타인, 괴델(Kurt Gödel, 1906~1978) 등도 등장인물로 설정한 그래픽 노블(graphic novel, 그림소설)로 그려지고 있다. 즉 이 소설은 '로직(logic, 논리)'과 '코믹스(comics, 만화)'라는 단어를 사용하여 '진실에 대한 서사시 탐색(An Epic Search for Truth)'이라는 부제를 사용하여 러셀의 초기사상, 즉 러셀의 삶을 통해 보는 수학의 원리를 그려내고 있어서 일종의 수학과 논리학에 대한 이해를 돕고 있다고 볼 수 있다.

2. 버트런드 러셀의 논리적 분석철학 체계

1) 〈철학의 문제들〉에서의 논리적 분석철학 체계

러셀이 1912년에 출간한 『철학의 문제들(*The Problems of Philosophy*, 철학이란 무엇인가)』은 1914년에 출간한 『외적 세계에 대한 우리의 지식(*Our Knowledge of the External World*)』과 함께 직접경험(immediate experience)에 의한 직접지(direct awareness)의 인식을 강조한 저술에 속한다. 러셀이 주장하는 바에 따르면 "직접적으로 경험한다."는 것은 인간이 어떤 것(대상)을 경험으로써 직접 얻는 지식(knowledge of experience of something), 즉 무매개적으로 인식하는 것이며 직접적으로 알아차림(direct awareness)으로써 그것이 참이냐 거짓이냐의 진리 논쟁이 수반되지 않는다.

이러한 러셀의 주장은 '직접지의 이론(theory of acquaintance)'으로도 불리는데, 여기에서 'acquaintance'의 개념은 '어떤 대상의 경험에 의한 직접 지식'을 의미한다. 러셀의 이러한 직접지 인식이론은 비트겐슈타인의 초기 철학 형성에도 영향을 미치고 있는데, 분석철학의 기초를 쌓은 철학의 입문서로 볼 수 있기 때문이다. 즉 『철학의 문제들(*The Problems of Philosophy*, 철학이란 무엇인가)』은 단순한 서양철학의 입문서가 아니라 서양철학의 근원인 형이상학적 전통을 벗어나 인식론적 입장에서 바라본 분석철학의 입문서인 것이다.

다시 말하면 화이트헤드와 공동 저술한 『수학 원리(*Principia Mathematica*)』(1910, 1912, 1913)에서 현대 논리학의 기틀을 세웠다면, 『철학의 문제들』(1912)은 대중적인 독자와 철학을 처음 접하는 독자들에게 인식론의 여러 문제들을 주제로 제시하여 알기 쉽게 설명하고 있다. 따라서 철학에 관심을 가지거나 전공을 하고자 하는 사람들에게는 필독서로 알려져 있기도 하다.

러셀이 이 책의 서문에서 "나는 이 책에서 주로 긍정적이면서도 건설적이라고 말할 수 있는 철학적인 문제들에 국한시켜서 논의를 전개하였다. ~(중략)~ 이러한 이유로 이 책에서는 형이상학보다 인식론에 더 많은 부분을 할애하였으며, 다른 철학자들이 많이 논의한 문제들은 가능한 한 간단하게 소개하는 데 그쳤다."라고 언급하고 있음을 보아도 그러하다.

이러한 서문에 이어서 러셀은 대략 15가지의 주제를 장으로 배치하고 문제들을 제시하고 있는데, 그중에서도 형이상학적 체계의 관념론자들을 비판하고 있다. 버클리, 라이프니츠, 데카르트, 칸트, 헤겔 등이 비판의 대상이 된다. 개략적인 개별 주제를 보면 제1장에서는 '현상과 실재'라는 주제로 시작하여 제14장 '철학적 사유의 가치'에 이르기까지 철학에서의 주요개념이나 논쟁대상들을 제시하고, 자신의 견해를 피력하는 체계를 갖추고 있다. 즉 물질의 존재와 본성, 관념론, 직접 대면에 의한 인식(직접지, acquaintance)[12], 귀납, 보편자, 직관적인 지식, 진리 등에 대한 것들이다.

이 중에서 물질의 존재(제12장)에 관한 설명에서는 물리학에서의 문제들과도 연결시키고 있다. 따라서 사회과학이 아닌 자연과학에 관심이 있는

12) 러셀은 우리가 접하는 세계에서 감각하는 대상에 대해서 일차적으로 명확히 알게 되는 지식을 '직접지'라고 칭하고, 이러한 '직접지'들로부터 결합되어 고유명사로 부르게 되는 언어적 표현들을 모두 특정 기술구(definite description)라고 칭한다. 즉 우리는 많은 대상에 대해 직접지로부터 특정 기술구들을 만들기 때문에 특정 기술구들을 통해서도 대상을 인식할 수 있다고 주장한다.

독자들에게도 유익한 기본서라고 볼 수 있다. 그리고 마지막 2개의 장(제14장, 제15장)에서는 철학적 지식의 한계, 철학적 사유의 가치라는 주제를 제시하면서 마무리하고 있다. 그중에서도 마지막 주제에 해당하는 '철학적 사유의 가치'에서는 앞에서 14가지의 주제에서 논의하고 질문한 것에 대한 러셀의 결론적인 응답을 제시하고 있다.

즉 제1장에서 "이상적으로 생각하는 사람이라면 누구라도 의심의 여지가 없이 확신할 수 있는 지식이 이 세상에 실재할 수 있는가?"라는 질문으로 시작하여 14가지의 주제들을 다루는 동안 지속되는 맥락은 이성적으로 생각한다고 믿는 우리의 인식 범위는 생각하는 만큼 확신할 수 없다는 점을 강조한다. 특히 우리가 직접 인식할 수도 없는 형이상학적인 관념론에 대해서는 더욱 비판적이다. 그렇다면 이처럼 확신할 수 없는데도 철학적 사유를 해야 하는 이유는 무엇인가에 대한 근거(응답)를 마지막 제15장에서 제시한 것인데, 그 주요 언급들을 보면 다음에서와 같다.

"철학적 사유를 조금도 하지 않는 사람은 상식, 그 시대나 그 나라의 관습적인 믿음들, 신중한 이성작용이나 생각 없이 그의 마음속에서만 생겨난 확신에서 오는 편견 속에 갇혀서 일생을 보낸다. 이러한 사람에게는 온 세계가 단정적이고 유한하며 분명하게 되는 것으로 보인다. 아울러 그러한 사람은 일상적으로 흔히 나타나는 대상들에 대해서는 어떠한 의문도 제기하지 않으며 그러한 대상들의 모습과 다를 수 있는 가능성들은 쉽게 부정한다. 이와는 반대로 우리가 철학적 사유를 하게 되면, 첫 장에서 다룬 바와 같이 일상적인 현상이나 사물조차도 매우 불완전한 대답만 할 수 있는 문제들이 있다. 그러나 철학은 그것이 제기한 문제(질문)들에게 진실한 응답이 되는 것을 단정적으로 말할 수는 없을지라도 우리의 사유를 확장하고 관심의 압제에서 벗어날 수 있는 많은 가능성들을 제시할 수 있다. ~(중략)~ 철학은 우리에게 회의적 의심으로 자유분방한 사유를 전혀 하지 못한 사람들이 가지게 되는 단정적 사유를 어느 정도 제거하면서, 익숙하지 못했던 다른 측면도 보게 함으로써 경이감을 신선하게 유지할 수 있게 한다."

이처럼 러셀은 이 책에서 인식론의 여러 문제(질문)를 중심으로 철학을 쉽게 다가설 수 있도록 이끈다. 따라서 철학에 대한 많은 지식이 없는 사람도 이러한 논의에 따라가다 보면 상당한 분야에서 현상에 대한 실재를 분석할 수 있게 된다. 러셀이 『수학 원리』에서 수리논리학적으로 현대 분석철학을 정립하기를 시도했다면, 이 책에서는 철학적인 주제들을 많은 사례를 들어 논리적으로 저술하였다고 평가할 수 있다. 그 이유는 『수학 원리』와는 다르게 기호나 수학적 원리를 사용하지 않고 다소 사변적인 전개를 통해 철학의 목표를 제시하고 있다는 점에서도 그러하다. 그것은 종교나 과학을 포함하여 자신이 생각하는 세계상이 옳다는 것을 증명하기 위한 의심이 아니라 자신이 가질 수 있는 감각과 지식의 불완전함을 인정하고 관조하는 사유습관을 의미한다.

2) 〈논리적 원자론의 철학〉에서의 논리적 분석철학

러셀이 1918~1919년에 논문집 형태로 발간한 『논리적 원자론의 철학(*The Philosophy of Logic Atomism*)』은 그의 제자인 비트겐슈타인과 교류하면서 철학을 논리 · 언어적 분석으로 이해하는 체계를 정립하기 위해 저술한 것이다. 즉 러셀이 이 책에서 주장하고 있는 '논리적 원자론(logical atomism)' 체계의 핵심은 언어와 그것이 외부 세계와 맺는 관계에 관한 이론이다. 즉 기호논리학의 도움으로 분석을 통해 언어가 어떻게 기능하는가를 명료하게 밝히고자 했던 것이다.

러셀이 『수학 원리』에서 단순히 수학과 논리를 연결하고자 하는 목표에서 멈춘 것이 아니라 논리학에서 언어를 명확히 하려는 시도를 한 것의 확장이라고 볼 수 있는 것이다. 그러나 『수학 원리』가 프레게나 화이트헤드 등의 영향으로 기호논리학(수리논리학)적으로 정립이 되었다면 '논리적 원자론'에 기초하고 있는 이 책은 헤겔주의와 같은 관념론에서의 일원론(monism)에 대응한 다원론(pluralism)으로 정립되었다는 차이점이 있다.

다시 말하면 러셀과 화이트헤드의 공동저작 『수학 원리』(1910~1913)는 프레게가 플라톤 이후의 지시의미이론, 즉 "어떤 한 언어적 표현의 의미는 그것이 지시하는 대상이다."라고 본 관점에서의 주관적이고 심리주의적인 입장을 비판하면서 1892년에 내놓은 논문 〈뜻과 지시체에 관하여〉에 영향을 받았다고 보아야 한다.

하지만 『논리적 원자론의 철학(*The Philosophy of Logic Atomism*)』은 좀 더 수리논리적인 입장의 이론을 제시한 것으로 볼 수 있다. 러셀은 이 책에서 프레게가 플라톤의 '지시의미이론'과 아리스토텔레스의 언어의 주어-술어논리(학)를 거부한다. 즉 '뜻'과 '지시체'로 언어의 의미를 구분하는 한편으로 수학의 함수개념을 언어와 논리학에 도입한 것에서 더 나아가 '지시체'만 인정하는 인공적 기술이론을 제시한 것이다. 오늘날의 컴퓨터나 인공지능에서 사용되는 인공언어의 원리가 러셀의 이러한 견해에서 비롯된다고 보는 관점은 이러한 연유에 기인한다.

『논리적 원자론의 철학』(1918)은 러셀이 케임브리지대학 트리니티 칼리지에서 수학을 공부한 후 철학으로 전공을 바꾸면서 관념론적 철학을 학습하면서 헤겔 철학 아류의 절대정신만을 참된 실재, 혹은 세계(universe)라고 보는 관념적 일원론 입장에 서 있었던 점에 대한 완전한 전환의 결과물이 된다. 그만큼 러셀의 철학사상은 흔히 지적되듯이 자주 변화를 보이지만 영국의 경험론 전통 위에서 논리적이고 분석적인 인식론을 전개하는 데는 일관성을 유지하고 있었다고 볼 수 있다. 그러나 이 책에서 보이는 '논리적 원자론'은 그의 제자이면서 상당 기간에 걸쳐 같은 연구주제를 다루었던 동료로서의 비트겐슈타인의 견해에도 빚지고 있다. 비트겐슈타인이 거의 같은 시기에 연구한 원고를 바탕으로 제1차 세계대전 후인 1921년과 1922년에 발간했던 『논리철학 논고』에서도 '논리적 원자론'이 유사하게 전개되고 있기 때문이다.

러셀이나 비트겐슈타인이 주장하는 '논리적 원자론'의 관점에서 "세계(universe)는 성립되어 있는 것의 전체이고, 여기에서 성립되어 있는 것이란 '사실(事實)'을 의미하는 것인데, 사실은 다시 단순한 '원자적 사실'로 나누어진다."라는 말로 정리될 수 있다. 여기에서 '원자론'이라는 말은 러셀 자신과 비트겐슈타인의 분석 결과물이 입자적 성격에 있음을 부각시키고자 하는 의미가 내재되어 있다. 이러한 의미에서 '논리적 원자론'에서는 '사실'이 중요한 단어이고, 그중에서도 '원자적 사실'이 핵심개념이 된다.

그런데 '사실'이 무엇인가를 철학적으로 정의해보면 사람들이 논리적으로 믿는 사상이 된다. 그리고 사상은 결국 우리 인간이 어떤 의미를 가지고 있다고 믿는 명제(statements), 즉 참이나 거짓을 가리기 위해 어떤 논리적 판단의 내용을 표현하는 언어나 기호로 나타난다. 그러므로 가장 단순한 명제인 요소명제(원자명제)들로 구성되며, 원자적(요소적) 사실의 존재가 참이라는 것이 결정된다. 이렇게 볼 때 보통명제(분자명제)는 요소명제(원자명자)의 진리함수가 된다.

아울러 러셀이 '원자론'이라는 말을 쓰고 있는 배경과 근거도 알 수 있는데, 언어 수준에서 '원자'는 세계(universe)에 대한 가장 단순한 진술인 원자명제, 즉 단순한 원자명제로 표현될 수 있는 원자사실이라는 점을 강조한 것이다. 그리고 '논리적'이라는 말을 쓰고 있는 이유 역시 원자명제로 표현될 수 있는 원자사실들을 논리적 연결사(logical connective), 즉 '또는, 그리고' 등을 통하면 좀 더 복잡한 보통명제(분자명제)에서도 언어가 어떻게 기능하는지를 명료하게 밝혀낼 수 있음을 주장한 것이다.

이렇듯 러셀의 '논리적 원자론'은 논리적으로 완벽한 언어의 발전, 그것이 철학자들에게 이상적인 도구로 사용됨으로써 자연언어를 섬세한 이상언어(인공언어)로 조각하여 세계를 인지하는 철학적 문제들을 해소하려고 했던 자신의 철학체계를 완성한 결정체라고 볼 수 있다.

그러나 언어와 세계의 관계를 밝히고자 한 그의 '논리적 원자론'은 헤겔아류의 형이상학, 즉 일원론에 대한 다원론을 제시한 독창성은 있었지만 정교화되지는 못했다고 볼 수 있다. 그 이유는 비트겐슈타인의 『논리철학 논고』에 와서야 분명한 분석철학의 체계를 갖추게 되었기 때문이다. 그럼에도 불구하고 두 사람의 공통된 철학의 목표는 언어와 세계의 관계를 논리적으로 밝힘으로써 관념론의 형이상학적 세계관이 정합적으로 설명할 수 없는 것이 무엇인지를 다원적으로 드러내려는 것에 있었다고 할 수 있다.

이는 러셀의 철학이 논리적 원자론(logical atomism)이기도 하면서 다원론

(pluralism)이라는 점을 말해주는 것이다. 그 이유는 헤겔주의자(Hegelian)들이 세계를 하나의 절대적(absolute)이고 전체적(the Whole)인 보통명제(분자명제)로 인식한 것에 대하여, 인식(철학)은 결국 언어로 표현되는 것이며, 그것은 단순한 하나하나의 다원적인 사실을 담고 있는 원자명제를 전제하지 않으면 누구도 전체적인 의미를 알 수 없게 된다는 점을 강조하고 있다는 점에서도 그러하다. 이처럼 러셀과 비트겐슈타인의 '논리적'이고 '원자론적'인 분석철학은 고도로 함축적인 형이상학을 포함하고 있지만 실제에 있어서는 논리실증주의자들로 구성된 비엔나 서클(비엔나 학파)에게는 반(反) 형이상학으로 영향을 미치게 된다.

Chapter

3

비트겐슈타인의 분석철학: 비트겐슈타인처럼 침묵하기

제1절 루트비히 비트겐슈타인의 생애배경과 언어분석철학

1. 루트비히 비트겐슈타인의 생애배경

루트비히 요제프 요한 비트겐슈타인(Ludwig Josef Johann Wittgenstein, 1889~1951)은 당시 오스트리아-헝가리제국[1]의 수도였던 빈(Wien)에서 손꼽히는 부자였던 아버지 카를 비트겐슈타인(Karl Wittgenstein, 1847~1913)과 유대인으로서 가톨릭 신자였던 어머니 레오폴디네 비트겐슈타인(Leopoldine Wittgenstein, 1850~1926)의 슬하에서 8남매(5남 3녀) 가운데 막내로 1889년 4월 26일에 태어났다. '비트겐슈타인'이라는 그의 성은 증조부 모세스 마이어가 독일의 귀

1) 오스트리아-헝가리제국은 프로이센-오스트리아 전쟁에서 오스트리아가 이탈리아반도에서 힘을 잃고 1866년 프로이센 왕국에게 독일 연방의 맹주 자리를 넘기게 되면서 1867년 3월 30일에 맺어진 아우스글라이히(대타협)로 형성되었다. 오스트리아와 헝가리 양국은 제국 내에서 동등한 권력을 가지고 양국의 외교권과 자위권은 오스트리아-헝가리제국의 공동명의로 행해졌고, 나머지 정부 부처들은 각국에 개별적으로 존재하였으나 제1차 세계대전 패전으로 해체되었다.

족 자인-비트겐슈타인(Sayn-Wittgenstein)의 토지관리인으로 있다가 그의 양자가 되면서 유래된 것이라고 전해진다.

그러나 1938년에 히틀러 나치당의 독일이 오스트리아를 병합한 후 유대인을 말살하는 인종법에 따라 오스트리아 있는 비트겐슈타인의 형 파울과 누이들이 유대인으로 지목되어 위험에 빠졌을 때, 나치 정부에 제출한 증언서에는 비트겐슈타인의 증조부가 사실은 독일 귀족인 자인-비트겐슈타인(Sayn-Wittgenstein)의 사생아였다는 점을 호소하였으나 거부당하였다.

그 이유는 비트겐슈타인의 할아버지인 헤르만 크리스티안(Herman Christian)이 작센에서 유대인으로 살다가 1850년대에 비엔나로 이주한 후 개신교로 개종하여 양모무역상으로 엄청난 부를 축적한 것으로 알려지고 있기 때문이다. 한편, 비트겐슈타인의 조부는 이러한 부를 바탕으로 예술가들에게도 재정지원을 하고 있었는데, 요하네스 브람스(Johannes Brahms, 1833~1897)와 파니 멘델스존(Fanny Mendelssohn, 1805~1847)은 그의 자녀들에게 피아노를 가르치며 후원을 받았던 것으로 전해진다.

따라서 비트겐슈타인의 가계를 보면 그의 할아버지 때부터 오스트리아로 이주하여 부유하게 살았던 것으로 보이며, 특히 아버지 카를 비트겐슈타인에 이르면 오스트리아-헝가리제국의 철강산업 등을 독점하여 1890년대 세계에서 가장 부유한 가계를 형성하게 된다. 한편, 그의 아버지 카를 비트겐슈타인은 반항적 천재기질의 소유자로 어린 시절부터 아버지와 불화를 겪던 중 1895년(17세)에 가출하여 미국으로 건너가 웨이터, 야간경비원, 음악강사 등으로 전전하다가 1년 후 귀국하여 테플리츠(Teplitz: Teplice, 현 체코의 테플리체)의 압연공장에 취직하여 성공적인 길을 가게 된 것으로 알려진다.

카를 비트겐슈타인은 취직 후 회사경영에 휘말려 해고되기도 했지만 임원을 거쳐 경영주에 오르면서 당시 터키와 전쟁 중이었던 러시아의 철도 건설에 레일을 독점적으로 공급하게 되면서 기반을 닦았다.

그리고 세계 각국에 광산, 철강, 석탄기업은 물론 부동산, 주식, 귀금속 산업을 인수하여 유럽 최고 부호가 된다. 아울러 그의 아버지가 예술가를 지원했던 것처럼 프랑스의 조각가 오귀스트 로뎅(Auguste Rodin, 1840~1917),

오스트리아의 화가 구스타프 클림트(Gustav Klimt, 1862~1918), 독일의 작곡가 리하르트 슈트라우스(Richard Strauss, 1864~1949), 오스트리아 작곡가 구스타프 말러(Mahler Gustav, 1860~1911) 등의 예술가들을 후원하였다. 그러한 과정에서 자연스럽게 그림과 조각 등 예술품도 모았는데 그중에서 구스타프 클림트가 그러한 후원에 화답하기 위하여 비트겐슈타인 집안의 셋째 딸이자 비트겐슈타인의 누나인 마르가레트(1882~1958)의 결혼식에 즈음하여 '마르가레트 스톤보로 비트겐슈타인(Portrat der Margaret Stonborough-Wittgenstein)'(1905)라는 초상화를 그린 것도 전해져 오고 있다.

이는 비트겐슈타인의 부모가 음악적인 소질이 있었기 때문에 예술에 대한 이해도가 남달랐을 것으로도 보이지만, 마치 르네상스 시대 피렌체의 부호 메디치(Médicis) 가문이 예술부흥에 막대한 지원을 했던 것에도 비유될 수 있다.[2] 이러한 환경에서 자란 카를 비트겐슈타인의 여덟 자녀들은 자연스럽게 그들의 저택[3]에서 세계적인 음악가와 미술가로부터 개인교습을 받으며 성장할 수 있었다.

따라서 분석철학의 대표적인 철학자로 성장한 막내 비트겐슈타인도 그의 형제들과 유사하게 어릴 때부터 음악적 자질이 뛰어나게 된다. 특히 비트겐슈타인은 서양음악의 대표적인 관악기인 클라리넷(clarinet)은 아주 능숙하게 연주할 정도여서 비트겐슈타인 저택에 있는 음악실에서 유명 음악가들이 지휘하는 오케스트라와 협연하기도 하였고, 교향곡 전체를 암기하여 휘파람으로 불러서 다른 형제들과 경쟁하기도 했다고 전해진다.

그러나 이런 예술적 재능을 보였던 비트겐슈타인에 대해서 그의 아버지는 못마땅하게 여기고 자신이 경영하는 기업의 후계자가 되기를 원했기 때문에 불화를 겪게 된다. 그 외에도 또 다른 이유도 있었는데, 자신과 마

2) 아버지 카를 비트겐슈타인은 엄청난 재산으로 귀족이 될 수 있는 기회도 거절할 정도로 강직한 성격의 소유자이기도 했지만 귀족을 나타내는 'von'을 붙일 경우 오히려 그 표시가 벼락부자로 보일 것을 우려했던 것으로 보인다.

3) 비엔나의 알레가세에 있는 비트겐슈타인의 집은 비트겐슈타인 궁전으로 알려질 정도로 큰 저택이었으며, 비트겐슈타인의 어머니 레오폴디네의 지원으로 음악가들이 연주회를 여는 음악 살롱 역할도 한 것으로 전해진다.

찬가지로 그의 자식들도 신경증적인 정신불안증세가 있다는 점을 인지하고 있었기 때문에 아들들에게는 기술학교(이공계열 학교)를 진학하도록 강요했단 것이다. 이에 비하여 비트겐슈타인의 어머니 레오폴디네(Leopoldine)는 유대인으로서 가톨릭 신자였기 때문에 개신교보다는 자녀들이 가톨릭 신자가 되는 것을 원하여 전부 로마가톨릭에서 세례를 받도록 할 정도로 종교적 성향이 강하였다.

하지만 비트겐슈타인을 비롯한 8명의 자녀들은 하나같이 부모의 영향력과는 달리 경제활동이나 종교적 영역과는 거리가 먼 자신들의 성향에 따른 길을 갔다. 막대한 부를 가지고 국가를 위해 봉사하는 일에는 부모의 영향을 받았지만 가업을 잇는 대신에 음악가나 예술가, 철학자의 길을 갔으며, 한편으로는 가난한 예술가들을 돕는 사회봉사활동에 많은 기부를 했던 것이다.

그중에서도 아들 셋은 제1차 세계대전이 일어났을 때 모두 자원입대할 정도로 애국정신이 높았는데, 첫째 아들 쿠르트 비트겐슈타인은 오스트리아군이 전쟁에 패배하여 총퇴각이 결정되자 진중에서 총을 이용해 자살하였다. 둘째 아들 파울 비트겐슈타인은 전쟁터에서 오른팔을 잃고도 유명한 피아니스트로 활동하였다. 막내인 비트겐슈타인도 러셀과 무어로부터 분석철학을 공부하다가 방황하게 되면서 런던을 떠나 노르웨이에서 거주할 당시에 제1차 세계대전이 발발하자 오스트리아-헝가리제국 군대에 자원입대하였다가 패전하여 후퇴하던 중 이탈리아에서 포로가 되었다. 비트겐슈타인이 생전에 출판했던 유일한 철학서인 『논리철학 논고(論理哲學論考, *Tractatus Logico-Philosophicus*)』(1921, 1922)는 그가 포로가 되었을 당시 수용소에서 원고가 완성되었을 정도였다.

비트겐슈타인의 여형제들도 마찬가지였는데, 첫째 딸 헤르미네 비트겐슈타인(1874~1950)은 전쟁으로 인하여 의지할 곳이 없는 아이들을 위한 학교를 설립했고, 둘째 딸 헬레네 비트겐슈타인(1879~1956)과 셋째 딸 그레틀 비트겐슈타인(1882~1958)은 병원에서 전쟁터에서 다친 병사들을 치료하는 자원봉사를 하거나 오스트리아 군대에 필요한 군수장비와 물품지급에 필요한 거액의 기부금을 냈다. 이처럼 비트겐슈타인의 가문은 부호로서 보장되어있던 안위를 버리고 국가와 민족을 위한 희생의 길을 감으로써 유럽의 상류층이 전통적으로 보여 온 노블레스 오블리주(noblesse oblige)[4] 정신을 행동으로 실천하였던 것이다.

그러나 비트겐슈타인 가문의 국가와 민족을 위한 이러한 헌신은 1938년에 독일의 나치 정부가 오스트리아를 합병하면서부터는 가족들이 순혈 유대인으로 지목되어 완전히 몰락하게 된다. 비트겐슈타인은 이 당시 오스트리아에서 영국으로 돌아와서 아일랜드를 오가며 영국이나 아일랜드 국적을 취득하고자 노력한 결과 결국 영국인이 될 수 있었다.

하지만 그의 형제들은 모두 오스트리아에 거주하고 있었기 때문에 유대인들을 혐오했던 히틀러가 1935년 9월에 뉘른베르크에서 열린 전당대회에서 제국의회를 소집하여 제정한 소위 뉘른베르크 법안[5]에 의한 희생의 대상이 될 것이 예상되었던 것이다. 하지만 히틀러는 1939년 폴란드를 침공하면서 시작된 제2차 세계대전의 하루 전날 비트겐슈타인의 가문을 독일인과 유대인의 혼혈인으로 인정하는 승인서에 직접 서명을 하게 되는데, 그것은 해외 재산을 비롯한 대다수의 재산 물건들을 나치 당국에 헌납함으로써 가능했다.

이러한 히틀러의 유대인 말살정책[6]은 1936년 베를린 올림픽 이후부터 본격화되어 제2차 세계대전에서 패전할 때까지 계속되었다. 이러한 유대인 말살정책은 제2차 세계대전이 종료된 후 1948년 팔레스타인(Palestine)지

---

4) 프랑스의 작가 겸 정치가인 레비의 공작 피에르 가스통 마르크(Pierre Marc Gaston de Lévis. 1764~1830)가 『격률과 교훈(Maximes et réflexions sur différents sujets)』(1808)이라는 책에서 처음 사용된 용어로서 부와 권력은 그에 따르는 책임과 의무를 수반한다는 의미를 가진다. 이에 비하여 노블레스 말라드(Noblesse Malade)는 '귀족이나 지도층의 부패행위'를 일컫는 말로서, 사회적으로 모범을 보여야 할 계층이 거꾸로 비도덕적 행위를 하는 것을 비꼬는 용어이다.

5) 독일 혈통 및 명예보존법(the Law for the Protection of German Blood and German Honor)과 제국 시민법(the Reich Citizenship Law)으로 구성된 이 법은 1935년 9월 15일 제정, 공포되었다. 전자는 유대인과 독일인 사이의 결혼 및 성관계를 금지하는 법안이고, 후자는 유대인의 독일 시민권을 박탈하는 법안이었다. 순종 유대인에 대한 대학살(홀로코스트)의 서곡으로 볼 수 있다.

6) 히틀러는 스스로가 순혈 게르만족의 후예를 자처했지만, 사실은 유대인이나 서슬라브인(체코)의 혼혈일 가능성도 꾸준히 제기되어 왔다.

역에서 이스라엘 공화국의 탄생을 선포하는 외신기자 회견문에서 '홀로코스트(holocaust)'로 지칭이 되면서 '유대인 학살'을 지칭하는 개념으로 불리게 된 것이다. 히틀러 정권은 처음에는 유대인들을 격리시켜서 고사(枯死)를 목적으로 게토(Ghetto)라는 유대인 집단거주 지역을 유럽 전역에 설치했다. 하지만 1941년 6월에 독일이 소련을 전격으로 침공하면서부터는 게토에 수용하는 것이 아니라 야외에서 대량 학살하거나 폴란드의 오슈비엥침(아우슈비츠) 수용소[7] 등 대규모 수용소에 가스실을 설치하여 유대인들을 희생시켰다.

비트겐슈타인은 이처럼 암울한 시대를 배경으로 활동하며 그의 철학적 관점을 정립해 나갔던 인물이다. 한편으로 비트겐슈타인은 그의 첫째 형인 한스 비트겐슈타인이 네 살 때 작곡할 정도의 신동이었으나 1902년 쿠바의 아바나(Havana)에서 자살하고, 1904년에는 그 아래의 형 루돌프 비트겐슈타인도 자살하자 어릴 때부터 자살충동에 시달리며 성장한 배경도 있다. 그가 1903년(14세)까지 가정에만 있다가 뒤늦게 도나우(독일어: Donau, 영어: Danube) 강변의 린츠(Linz)에 있는 중학교와 고등학교를 합친 6년제 국립실업학교 과정인 레알슐레(realschule)[8]에 3학년으로 편입학하게 된 것도 이와 상관이 있다.

한편, 당시 비트겐슈타인과 같은 1889년 4월생이었던 아돌프 히틀러(Adolf Hitler, 1889~1945)도 독일과 오스트리아의 접경도시인 브라우나우 암 인(Braunau am Inn)에서 태어나 린츠로 이주하여 그의 아버지 알로이스 히틀러(Alois Hitler, 1837~1903)가 지방 세무서장을 지낼 정도로 유복하여 1900년 9월부터 1904년까지 비트겐슈타인이 다니던 레알슐레에 재학[9]했는데, 폐병에 걸려 학업을 중도에 포기한 것으로 알려진다.

---

7) 아우슈비츠는 독일이 폴란드를 점령하고 난 후 '오슈비엥침'을 독일식 발음으로 바꾼 것이다.
8) 9년제 김나지움에 대한 대안으로 나온 6년제 레알슐레는 18세기 중반부터 발달했으며, 레알김나지움이 생기면서부터는 레알슐레도 9년제로 확대 개편되었다.
9) 히틀러는 후일 그의 자서전 『나의 투쟁(*Mein Kampf*)』(1925)에서 유대인을 혐오하게 된 이유 중의 하나로 바로 이 학교에서 오스트리아-헝가리제국의 부유한 가문 출신의 한 소년이 부와 권세, 문화계의 영향력을 과시한 것을 들고 있는데, 비트겐슈타인으로 추정되기도 한다.

히틀러는 이 학교를 그만두고 1905년(16세)에 무작정 비엔나로 가서 조형예술아카데미 산하의 일반화가 양성학교인 국립미술아카데미에 두 번이나 지원했지만 낙방한다. 연이은 낙방에 유대인 교장에게 직접 찾아가 항의하자, 히틀러의 그림이 예술성보다는 건축성에 재능이 있으므로 건축학교로 진학할 것을 권유했다고 전해진다.

그러나 건축학교에 입학하기 위해서는 실업학교 졸업장이 있어야 하지만 중퇴한 히틀러로서는 좌절할 수밖에 없었고, 이것이 그가 집권한 후의 유대인 말살정책의 배경이 된 것으로 거론되기도 한다. 이후 히틀러는 그림을 포기하지 않고 생계형 화가로 전전하다가 1909년 12월부터는 병역기피로 경찰수배를 받게 되자 1913년 5월에 비엔나를 탈출한다. 그리고 1914년에 제1차 세계대전이 발발하자 독일 뮌헨에서 오스트리아-헝가리 군대에 지원하였으나 병역기피 사유로 부적합 판정이 나자 다시 독일군대에 지원함으로써 군인이자 정치가의 길을 가게 된 것이 히틀러의 생애사 관련 일화이다.

한편, 비트겐슈타인도 실업고등학교에서 적응이 힘들었는데, 대부분의 학생들이 가난한 집안의 자식들이었고, 이들은 일종의 피해의식으로 약간의 말더듬이가 있는 비트겐슈타인을 대상으로 '선생' 혹은 그의 이름을 빗대어 '루트비히 씨(Herr Ludwig)'라는 별명을 부르며 놀려댔던 것이다. 그러던 중 비트겐슈타인은 1906년(17세)에 아버지의 강요로 다시 독일 베를린의 샤를로텐부르크(Charlottenburg)에 있는 기술대학으로 기계공학을 공부하러 가게 된다. 그곳에서 1908년 학위를 취득하고 항공학을 더 공부하기 위해 영국의 맨체스터 빅토리아대학(현, 맨체스터대학)으로 가게 된다.

이후 맨체스터 빅토리아대학에 항공 관련 논문을 제출하여 박사학위를 받았으며, 이곳에서 1910년부터 버트런드 러셀과 알프레드 노스 화이트헤드가 공저하여 전체 3권 시리즈로 발간한 『수학 원리(*Principia Mathematica*)』를 읽게 되면서 그의 학문적 관심이 변화된 것으로 전해진다. 그러나 비트겐슈타인이 실제로 러셀로부터 수학을 교육받게 된 것은 맨체스터 빅토리아대학의 연구원으로 있으면서 수학적 지식을 넓히기 위해 독일 예나대학의 교수였던 프레게를 찾아간 일로부터 비롯되었다. 그러나 프레게는 당시 비트겐슈타인은 자살충동에 시달리는 등의 방황을 하였기 때문에 여러 가지 사정상 오랫동안 제자로 둘 수 없었고, 러셀에게 소개하게 된 것이다. 이에 영국으로 오게 된 비트겐슈타인을 러셀은 그의 불안정한 심리상태를 안정시키면서도 천재성을 인정하게 되면서 학문적 관계가 시작된 것으로 볼 수 있다.

이에 러셀로부터 수리논리학적인 교육을 받은 이후 시기인 1913년(22세)에 비트겐슈타인은 아버지 카를 비트겐슈타인이 설암이 전이되어 66세로 비엔나에서 사망하자 거액을 상속받았는데, 1914년에는 이 중에서 대부분인 10만 크라운을 가난한 문인과 예술가들에게 내놓았다. 비트겐슈타인은 잘 생기고 옷을 잘 입는 사람으로 알려졌지만 물질에는 초연했고, 러시아의 대문호 톨스토이(Lev Nikolaevich Tolstoy, 1829~1910) 사상에 심취하고 있었던 터라 라이너 마리아 릴케(Rainer Maria Rike, 1875~1926)를 비롯해 트라클, 달라고 등의 문인에게 각각 2만 크라운을 주는 등 가난한 작가나 예술가들을 후원했던 것이다.

그리고 자신은 1913년에 학문적 방황 끝에 러셀의 만류에도 불구하고 케임브리지를 떠나 노르웨이의 송네 피오르(fjord) 인근에 있는 작은 집의 이 층을 빌려 훗날 자신의 『논리철학 논고』를 위한 원고작업을 시작하게 된다.

노르웨이에서 1년 정도 칩거하던 비트겐슈타인은 1914년에 제1차 세계대전이 일어나자 탈장 때문에 징집이 면제될 수 있었지만, 그해 7월에 고국인 오스트리아-헝가리제국 군대에 자원하여 입대한다. 비트겐슈타인은 비교적 후방이었던 동부전선에 있는 크라코프(Krakow) 주둔 제1사단 포병연대에 배치되어 고플라나 호에서 탐조등을 지키는 임무를 맡으면서 시간적 여유가 생기자 철학적 사유를 이어갔다. 그해 9월에 비트겐슈타인은 한 잡지에서 프랑스 파리에서 일어난 자동차 사고에 관한 재판 기사를 읽게 되면서 그의 전기 사상의 핵심인 '언어그림이론(The picture theory)'을 구상하게 되었다고 전해지는 것도 같은 맥락에서 이해할 수 있다.

이후 비트겐슈타인은 그의 수학적인 능력을 인정받아 포병작업소로 이동 배치되어 준장교로 승진했고, 중위로 승급하면서 그의 '언어그림이론'을 기초로 『논리철학 논고』를 본격적으로 쓰기 시작한다. 제1차 세계대전이 끝나던 시점인 1918년 11월에 오스트리아 군대는 패전하여 퇴각하게 되는데, 이때 비트겐슈타인은 연합국 측인 이탈리아 군대에 포로가 되어 수용소에 수감된다. 그러나 포로생활을 하는 시기에도 연합국 측의 러셀 등으로부터 수용소 생활에서도 도서반입을 할 수 있는 도움을 받게 된다. 그 결과 『논리철학 논고』의 원고를 수정하고 최종적으로는 러셀과 무어에게도 인편으로 보내서 원고에 대한 자문(리뷰)도 받게 된다.

비트겐슈타인은 제1차 세계대전이 끝나고 1919년 8월에 수용소에서 석방되어 오스트리아 빈(비엔나)으로 돌아왔을 때는 정신적으로 매우 피폐한 상태에서 동성애에도 빠지면서 곤경에 처하기도 했다. 그리고 몇 년간 군복만 입고 배회할 정도로 방황이 지속되었다. 그러던 중 초등학교 교사가 되고 싶은 생각이 들면서 1919년에서 1920년까지 일종의 사범학교(교사연수학교)에 다녔다. 하지만 사범학교에서는 학습 피로와 건강상의 문제로 자살 생각을 할 정도가 되었다.

우여곡절 끝에 교사연수 기간을 마치고 1920년 여름에 수도원에서 잠시 정원사로 일하다가 그해 가을부터 하스바흐, 오테르탈, 트라텐바흐(Trattenbach) 지역을 돌면서 작은 시골 마을 교사로 재직했을 때도 마찬가지였다. 이러한 불안한 상황에서 결국 1921년에 독일의 출판사 〈자연철학연보(Annalen der Naturphilosophie)〉에서 『논리철학 논고』가 독일어로 출판을 하게 되었지만 비트겐슈타인이 교정도 제대로 못 한 상태에서 출판되었기 때문에 불만족스러웠다. 비트겐슈타인은 이러한 심정을 비트겐슈타인은 런던에 있는 러셀에게 편지를 보내 토로한 것으로 전해진다.

이러한 사정을 알게 된 러셀은 비트겐슈타인에게 손수 서문을 써주고 교정을 거쳐 영역본을 출간할 수 있도록 주선하게 된다. 아울러 1923년 가을에는 『논리철학 논고』(1922)를 영어로 번역한 프랭크 램지(Frank Plumpton Ramsey, 1903~1930)를 오스트리아로 보내 케임브리지 복귀 권유를 하게 된다. 당시 램지가 비트겐슈타인의 편지에 적힌 주소로 저녁 시간에 찾아갔을 때는 좁다란 텅 빈 방에 침대 하나와 작은 테이블과 난로가 있을 정도로 소박한 생활을 하고 있었다고 전해진다. 물론 저녁 식사로 프랭크 램지가 건네받은 식탁에는 질긴 빵 하나와 버터 덩어리, 그리고 코코아 한 잔이 전부였다고 프랭크 램지는 술회하고 있다.

이 시기에는 비트겐슈타인이 초등학교에서 오전수업을 마치면 오후에는 연구를 하는 패턴의 생활을 하였는데, 아이들을 위한 철자와 발음 관련 소책자 『어린이를 위한 사전』(1926)을 출간한 것이 그 결과물이다. 그가 생존했을 때 출간한 마지막이자 두 번째의 저서였다. 그러나 1926년(37세) 4월에는 아이를 심하게 체벌했다는 이유로 고발당하자 교직을 그만두게 되게 된다. 이즈음에 비트겐슈타인은 비엔나 학파의 논리실증주의자들과의 토론 모임에 참석하기도 하는데, 자신이 『논리철학 논고(論理哲學論考, *Tractatus Logico-Philosophicus*)』(1921, 1922)에서 호기롭게 정립한 철학을 이들이 제대로 이해하지 못한다는 실망을 하게 되는 방황을 겪는다.

아울러 그 스스로도 언어그림이론(picture theory)으로 설명되는 이 책에서의 과학적 논리가 오류와 한계가 있는 철학임을 인식하게 된다. 그러던 중 케임브리지대학의 러셀을 비롯한 지인들로부터 런던으로 돌아오기를 원하는 요구가 이어지자 1929년에 케임브리지대학으로 복귀하게 된 것이다. 뿐만 아니라 별도로 박사학위 논문을 작성하지도 않은 상태에서도 『논리철학 논고』의 학술성을 인정받아 당시 26세였던 수학 교수 프랭크 램지를 지도교수로 하여 러셀과 무어의 심사를 거쳐 박사학위도 받게 된 것이다.

이는 과거 완성도가 떨어진 원고를 무어에게 제출하고 막무가내로 학위를 청구하여 비트겐슈타인이 주위로부터 비난을 받았던 것과는 달리 이미 영국 사회의 학계로부터도 철학자로서의 위치를 인정받고 있었기 때문에 당연한 절차였던 것으로도 볼 수 있다. 이로부터 케임브리지대학 트리니티 칼리지의 연구원으로 근무하게 되면서 어느 정도 안정된 그는 마르케리테 레스핑거라는 여성과 혼인을 고려할 정도로 사이가 진전되기도 했다. 그러나 원래 동성애 성향이 있었던 비트겐슈타인은 1931년 파혼을 하게 되었으며, 이후에도 그의 동성애는 지속되었으므로 평생 독신으로 살게 된다.

그리고 러시아나 노르웨이, 아일랜드 지역을 다니면서 여행과 연구 활동을 이어가게 되는데, 비트겐슈타인은 아일랜드에 체류하는 동안 나치 독일이 오스트리아를 병합하였다는 소식을 접한다. 이는 비트겐슈타인의 가족들이 독일 국적으로 편입되고 나치의 인종법에 따라 유대인으로 취급되게 된다는 점을 의미하는 것이었다. 히틀러 정권이 오스트리아에 거주하고 있던 그의 형제자매들은 순혈 유대인으로 지목하여 절멸정책의 대상으로 삼은 것이다. 이는 비트겐슈타인 자신의 경우도 마찬가지였는데, 다행히 1939년 2월에 조지 무어가 미국을 방문하기 위하여 케임브리지대학의 철학교수직을 사임하면서 무어로부터 후임 교수직에 추천이 되어 부임하면서 영국 국적을 얻을 수 있게 된다.

하지만 정규 교수직을 얻게 된 이 시기에도 비트겐슈타인은 매우 검소한 독신생활을 이어갔고, 소수의 수강생들을 대상으로 대화식의 강의를 하면서도 사색에 잠기는 특이한 모습을 보였다고 전해진다. 그 와중에서 1939년 7월에 비트겐슈타인은 비엔나를 방문하여 그레틀을 비롯한 다른 누나들을 만났고, 가족들이 나치 치하에서 처한 위험을 해결하기 위해 뉴욕으로 가서 형 파울도 만났다. 그 후 1939년 8월에는 제2차 세계대전이 일어나기 1주일 전에 비트겐슈타인 가족은 순혈 유대인 말살의 희생을 피하기 위해 거액의 금전을 나치정권에 인도해야 했다.

그리고 같은 해 9월 1일에 나치 독일이 폴란드를 침공하자 3일 영국과 프랑스가 독일에 선전포고함으로써 제2차 세계대전이 일어나고 2년 뒤인 1941년 9월 비트겐슈타인은 철학자 길버트 라일의 형제였던 존 라일 의학교수에게 요청하여 런던에 있는 가이스 병원(Guy's Hospital)[10)]에서 봉사하게 된다. 그러한 생활을 이어가던 중 비트겐슈타인은 1947년에 자신에게 교수직이 적합하지 않다고 생각되어 친구인 게오르크 헨리크 폰 브리흐트에게

10) 그리스도교 전통이 환자에 대한 사랑을 강조하면서 로마제국에 여러 병원이 생겨났고, 이를 바탕으로 유럽에서는 처음으로 살레르노에 의학교가 생겼다. 근대적 병원으로는 1718년 프랑스에서 온 위그노가 영국에서 처음으로 임의기부제 병원을 세웠고 그 뒤에 웨스트민스터 병원, 가이스 병원, 런던 병원 등이 설립되었다.

교수직을 물려주고 사직하였다. 그리고 1947년에서 1948년까지 비트겐슈타인은 아일랜드 더블린의 유명한 관광명소인 로즈 호텔에서 머무르게 된다. 이때는 비트겐슈타인이 전립선암으로도 고통을 받고 있었으며, 그의 후기 사상의 결정체이자 사후 2년 뒤에 출간된 『철학적 탐구』(1953)의 원고를 탈고했을 즈음이었다.

따라서 이 시기에는 건강상의 문제와 원고 마무리에 대한 부담도 겹쳤을 것으로 보인다.[11] 『철학적 탐구』(1953) 원고가 마무리되자 비트겐슈타인은 고통 속에서도 죽기 전까지도 사후에 발간된 『확실성에 대하여』(1969)의 원고 집필에 집중했으며, 유언장을 쓰는 등의 죽음 준비도 하였다. 결국 62번째 생일을 맞은 날 주치의 베번 박사의 집에서 숨을 거둔다. 그는 유언으로 "좋군요. 사람들에게 나의 삶이 참으로 멋있었다고 전해주시오."라는 말을 남기고 1951년 4월 29일 사망하여 케임브리지에 있는 성 자일스 교회에서 가톨릭 식의 장례를 거쳐 교회 묘지에 묻혔다.

2. 루트비히 비트겐슈타인의 논리실증적 언어분석철학 체계

비트겐슈타인의 생애 전반기의 분석철학은 러셀과 유사한 언어의 논리적 원자론으로 정리할 수 있다. 그러나 비트겐슈타인이 논리적 원자론(Logical Automism)의 아이디어를 가지고 작업한 것은 러셀로부터 철학공부를 하거나 상호 영향을 미쳤던 시기와는 별개의 시기에 이루어졌다. 물론 전체적인 맥락은 논리실증주의적이고 일상언어적 분석이라는 공통점이 있지만, 시기적으로 각기 독립적으로 저술되었던 것이다.

그 이유는 비트겐슈타인이 러셀로부터 수리논리학을 공부하기는 했지만 1914년에 제1차 세계대전이 발발하자 오스트리아-헝가리제국의 육군에 자

11) 비트겐슈타인의 학생이었던 노먼 맬콤이 1949년에 더블린으로 가서 미국에서 요양할 수 있도록 했으나 비트겐슈타인의 병 증세가 오히려 악화되자 다시 런던으로 돌아왔지만 암이 더 확산된 상태에서 1950년 2월 11일 비엔나를 방문하여 누나 헤르미네의 임종을 지켜보고 1950년 4월에 케임브리지로 돌아왔다.

원입대하게 되면서 서로 교류할 기회가 없었던 상태에서 각기 비슷한 아이디어나 이론으로 저술을 했기 때문이다.

1918년에 러셀이 먼저 『논리적 원자론의 철학(*The Philosophy of Logical Atomism*)』을 출간한 후, 비트겐슈타인이 1921년의 독일어판에 이어서 1922년에야 러셀의 도움으로 『논리철학 논고(*Tractatus Logico-Philosophicus*)』의 영어 번역판을 냈던 것이다. 그러나 러셀이 1914년에 발발한 제1차 세계대전에서 '징병반대운동' 등의 반전 활동을 하다가 벌금형과 감옥형을 치르면서도 그가 꿈꾸었던 논리적으로 완벽한 언어적 분석철학의 체계는 그의 제자 격인 비트겐슈타인에 의해서 완성되고, 나아가 과학적 방법론으로 세계를 파악하고자 한 비엔나 학파의 논리실증주의에도 크게 영향을 미쳤음은 분명하다.

철학사에서 20세기의 '논리실증주의'라는 명칭은 원래 근대의 계몽주의를 계승한 19세기 프랑스의 오귀스트 콩트(Auguste Comte, 1798~1857) 등이 주장한 '실증주의(positivism)'에서 유래한 용어이다. 콩트는 인간지식의 삼단계 법칙, 즉 과학의 위계론을 『실증철학강의』(1842)에서 주장하고 있는데, 신학적(종교적) 단계, 형이상학적 단계, 실증적(과학적) 단계가 그것이다. 실증주의는 바로 과학적 지식의 단계를 구성토록 하는 원리를 의미한다. 따라서 논리실증주의는 이러한 실증주의와 구별하기 위해서 논리적(logical)이라는 형용사를 붙임으로써 현대적 실증주의에서는 논리적이고 합리적인 구성요소가 중요하다는 점을 강조한 것이다.

다시 말하면 비트겐슈타인의 『논리철학 논고(*Tractatus Logico-Philosophicus*)』(1921, 1922)는 논리실증주의를 추구한 비엔나 학파에 지대한 영향을 주었는데, 이 책은 러셀이 『논리적 원자론의 철학』을 발간했던 1918년경에 비트겐슈타인이 제1차 세계대전에 오스트리아-헝가리제국의 포병 중위로 복무하다가 포로수용소에 수감되어 있는 동안 러셀과 무어 등이 비트겐슈타인이 원고작성을 할 수 있도록 연합국 측 군대에서 도움을 주어 완성될 수 있었다.

그러므로 비트겐슈타인은 원고를 완성하는 중간과정에서 원고를 수시로 러셀이나 무어에게 보내서 자문을 받은 후에 정식으로 발간되었던 것으로 보인다. 약 80페이지 정도의 많지 않은 분량의 이 책에서는 화려한 문구의 설명이나 서술이 없이 마치 수학적 증명처럼 엄격하게 설정된 단계에 따라 써 내려간 형태를 보인다. 즉 내용의 중요도에 따라 장, 절로 구분한 것이 아니라 일련번호가 자연수와 그것을 부연 설명하기 위한 소수점으로 배치하고 있는 특징이 있다.

따라서 『논리철학 논고』의 난해한 내용 중에서도 핵심적인 주제(명제)를 알려면 소수점을 붙이지 않은 자연수의 번호(1~7)에 기술된 문장에서 파악하는 것이 유용할 수 있다. 비트겐슈타인이 주장하는 철학적 주제(명제)는 7가지의 문장에서 핵심적 내용을 찾아볼 수 있기 때문이다. 그 일곱 가지의 주요 주제(명제)는 다음과 같이 제시되고 있는데, 전체적으로 본다면 언어의 그림이론(picture theory of language)과 진리함수 이론(truth-function theory)으로 구성되며, 비트겐슈타인은 이러한 명제의 이론을 『논리철학 논고』에 제시하면서 "모든 철학의 문제는 이것으로 해결되었다."라고 호기롭게 피력했다고 전해진다.

명제 1. 세계는 경우(case)들의 집합이다(세계는 일어나는 모든 것으로 이루어진다).
명제 2. 일어나는 일(경우), 즉 사실은 사태들의 존립이다(원자 사실들의 현존이다).
명제 3. 사실들은 논리적 그림의 사고(생각)이다.
명제 4. 사고는 뜻이 있는 명제이다(생각은 의미 있는 문장이다).
명제 5. 문장(명제)은 요소 명제들의 진리함수이다(요소명제는 자기 자신의 진리함수이다).
명제 6. 진리함수의 일반적 형식은 문장(명제)의 일반적 형식이 된다.
명제 7. 말할 수 없는(의미 없는) 것에 관해서는 침묵해야 한다.

이러한 일곱 가지 문장의 명제에서 볼 수 있듯이 비트겐슈타인이 이 책에서 제시하고 있는 사상을 논리실증적인 전개방식에 따르고 있다. 즉 언어는 문장 하나하나가 실제 사실(fact)을 일대일로 가리키고 있는 논리적 구조로 되어 있다는 점을 강조한다. 이것이 바로 언어가 그림처럼 세상을 그려낼 수 있다고 본 비트겐슈타인의 '언어그림이론'인 것이다. 다시 말하면 비트겐슈타인의 분석철학에서 주장되는 주요 이론인 언어가 그림처럼 세상을 그려낼 수 있다고 본 '언어그림이론'인 것이다. 비트겐슈타인이 제시한 이러한 일곱 가지 명제는 그 자신이 공학도 출신이고 러셀의 영향으로 수리논리적인 글쓰기에 익숙한 측면도 있지만, 초고를 바탕으로 그 자신과 러셀이 여러 차례 수정을 거듭한 결과 군더더기가 없는 간결한 문장으로 표현되었기 때문에 함축성을 지니고 있다는 점에서 "모든 철학의 문제는 이것으로 해결되었다."라고 호기롭게 피력했다는 점도 충분히 이해될 수 있다고 본다.

특히 일곱 가지의 핵심 문장 속에서도 세 번째의 문장(명제 3.)에서는 그의 '언어그림이론(picture theory)'의 핵심이 드러나고 있다. 즉 의미가 있는 언어는 실재의 모습을 그려서 보여주는 언어를 논리적으로 규명할 수 있어야 한다는 것이며, 그렇지 못할 경우(말할 수 없는 경우)는 논리적으로 무의미하기 때문에 침묵해야 한다고 주장한 것이다.

이는 '의미검증 이론(verifiability theory of meaning)'을 말하는 것으로 '의미 있음(Meaningful)'과 '의미 없음(meaningless)'을 구분하여 그 경계선 밖에는 아무것도 없다는 인식을 말해준다. 아울러 말할 수 없는 세계(명제)에 대해서는 언어의 한계가 있기 때문에 신관념론 등의 철학이 과장된 언어로 형이상학을 표현하고 있다는 점을 비판한 것으로 볼 수 있다.

그러므로 이러한 명제의 이론을 내용으로 한 『논리철학 논고』의 목적은 서문에서도 밝히고 있듯이 형이상학적인 '사고(사유)의 한계'를 그으려는 것에 있다고 볼 수도 있다. 이 점에서 비트겐슈타인의 문제의식은 마치 칸트가 그의 비판철학에서 인간 인식의 한계를 그으려는 원대한 기획을 시도한 것에도 비유될 수 있다.

이처럼 비트겐슈타인이 그의 초기 사상의 근거가 『논리철학 논고』에서 자신은 모든 철학의 문제를 완성했으며, 언어로 명료하게 말해질 수 있는 것이 아닌 것에 대해서는 침묵해야 한다고 상징적으로 언급하고 있는 근거는 이 책의 마지막 문장에서 핵심적으로 제시하고 있는 다음과 같은 언급들에서도 드러나고 있다.

"우리가 어떻게든지 언어로 말할 수 있는 것은 분명하게 말할 수 있으므로 언어로 표현할 수 없는(말할 수 없는) 것에 관해서는 침묵해야 한다. 따라서 이 책의 목표는 생각의 한계선을 설정하자는 것이고, 더 정확하게는 생각의 한계선보다 오히려 '생각들의 표현한계선'을 설정하자는 것이다. 왜냐하면 우리가 생각의 한계선을 설정할 수 있으려면 생각의 한계선에 대한 양쪽을 생각해야만 되기 때문이다. 그러므로 생각의 한계선은 오직 언어 속에서만 설정될 수 있고, 그런 한계선의 바깥쪽에 있는 것은 그저 의미가 없는 것일 뿐이다."

따라서 비트겐슈타인에게 있어서 언어는 경험적으로 참과 거짓을 구분할 수 있는 종합명제들로 구성된 총체이고, 그 종합명제(synthetical proposition)에 대응하는 세계 사실들의 의미는 역으로 참과 거짓으로 구분되어 말할 수 있는 것이어야 한다. 이러한 비트겐슈타인의 견해를 추종하는 논리실증주의(학파)는 논리적 경험주의(logical empiricism), 과학적 경험주의(scientific empiricism)를 우상적으로 받아들인다.

그러므로 논리실증주의자들에게 의미 있는 문장(명제)은 분석적 문장(analytic statement)이거나 종합적 문장(synthetic statement)이다. 그중에서도 인식적으로 의미 있는(cognitively meaningful) 명제가 되려면 선험적인 분석명제가 아니라 문장구조상으로 참일 수도 있고 거짓일 수도 있는 '종합명제(synthetical proposition)'이어야 한다. 즉 후험적(post priori)이고 경험적인 명제이어야 하는 것이다.

왜냐하면, 분석명제(analytical proposition)는 선험적이므로 술어가 주어 속에 필연적으로 내포되어 있는 의미를 기술하고 있는 명제가 반드시 참이 되는 것을 말한다. 예를 들어 "자연수는 홀수나 짝수로 구성된다."라는 명제나 "인간은 남자이거나 여자에 속한다."라는 명제는 문장구조상 어떠한 경우에도 참이 되기 때문에 분석명제에 해당한다. 이에 비하여 종합명제

(synthetical proposition)는 분석명제 이외의 모든 명제를 말하는데, 종합명제의 경우는 주어 속에 필연적으로 포함되지 않는 내용이 술어에서 사용된다는 점이 다르다.

그러므로 종합명제는 참이 될 수도 있고 거짓이 될 수도 있다. 예를 들면 "모든 가정은 민주적인 가정이다."라는 명제나 "유럽인들은 자식에게 재산을 물려주지 않는다."라는 명제는 두 종합명제에 해당한다. 앞의 명제의 경우에 가정이 반드시 민주적인 속성 가지는 것은 아니며, 뒤의 명제도 유럽인들도 어떤 사람은 재산을 자식에게 물려줄 수도 있기 때문에 경험적인 종합명제에 해당한다는 의미에서 인식적으로 의미가 있는 명제인 것이다.

이처럼 비트겐슈타인의 전반기 철학은 『논리철학 논고』(1921, 1922)로 집결되어 있는데, 이론적으로는 흔히 '언어그림이론'으로 설명이 되고 있다. 이 책의 언어그림이론은 1922년 비엔나대학에 모리츠 슐리크(Moritz Schlick)가 철학교수로 부임하면서 본격적으로 태동한 논리실증주의(학파)에 영향을 미쳤으며, 그중에서도 루돌프 카르납(Rudolf Carnap, 1891~1970)이나 프리드리히 봐이스만(Friedrich Waismann, 1896~1980)과 같은 비엔나 학파의 논리실증주의 철학자들에게 지대한 영향력을 끼쳤다.

그러나 비트겐슈타인이 『논리철학 논고』의 명제에서 말할 수 있는 것에 대한 과학적 진술과 말할 수 없는 것, 즉 침묵해야 할 윤리적·종교적 진술을 구별했지만 비엔나 학파의 많은 회원이 오해한 것과는 달리, 비트겐슈타인은 말할 수 없는 것에 대해서도 전혀 무의미한 것으로 보지는 않았다. 우리가 과학적·논리적으로 말할 수 없는 것이야말로 정말 중요한 문제일 수도 있는 것이다.

비트겐슈타인은 그의 '언어그림이론'이 1914년에 일어난 제1차 세계대전에 오스트리아-헝가리제국 군대에 자원입대하여 포병연대에서 근무하던 중 어떤 잡지 기사에서 자동차 사고가 난 상황을 법정에서 여러 가지 모형을 통해 설명하고 있는 내용을 읽게 되면서 영감을 받았다고 『논리철학 논고』에서 언급하고 있다. 그는 잡지 기사의 주요 내용의 핵심이 사건

당시에 있었던 자동차와 주변 상황을 그림모형으로 만든 것이었다고 언급하고 있는 것이다. 이렇게 본다면 이 기사의 논리가 비트겐슈타인의 초기 철학적 사유체계인 논리실증적 언어분석 철학이 정립된 시작점이 되었다고 볼 수 있다.

그가 『논리철학 논고』에서 설명하고 있는 '의미그림이론' 혹은 '그림이론(picture theory)'이란 "언어는 세계에 대한 일종의 그림이며, 그러한 한에 있어서 언어는 의미를 가진다."는 일종의 인식론적인 모사설(copy theory)이다. 모사설(모방설)이란 인간의 인식은 예지계인 이데아, 참된 세계, 초월계 등의 것을 습득하는 것에 불과하지 않고, 진리란 이러한 예지계에 존재하는 모습과 인간의 인식이나 언어가 일치하는 것에서 비롯된다는 사유방식을 말한다. 이 말은 결국 우리의 인식이라고 하는 것은 예지계의 것을 모방하는 것에 불과하다는 의미이다. 이러한 사유방식은 플라톤 이래로 전통적인 사유방식이기도 하지만 비트겐슈타인도 그의 언어그림이론을 모사설에 기반하여 설명하고 있는 것이다.

이러한 비트겐슈타인의 초기 철학은 비엔나 학파인 논리실증주의 학파에 지대한 영향을 미쳤고 철학의 '언어적 전회(linguistic turn)'의 통로를 열었다고 볼 수 있다. 이는 일상언어는 다의성과 애매성으로 참된 논리적 구조를 감추고 있으므로, 참된 논리적 구조를 드러내는 이상적 언어(ideal language)로 바꿀 수 있는 진리함수적인 논리에 따라 인공언어(artificial language)로 환원하여 분석할 것을 주장한 것으로 파악할 수 있다.

그러나 젊은 시절의 『논리철학 논고』(1921, 1922)에서 이미 철학의 모든 문제를 해결했다고 선언했던 비트겐슈타인은 1929년에 고향인 오스트리아에서의 방황생활을 그만두고 영국의 케임브리지대학으로 되돌아오게 되면서 철학적 전환이 일어나게 된다. 그가 『논리철학 논고』(1921, 1922)에서 해명했던 명제나 이론들이 결정적인 결함이 있다는 것을 자각하기 시작한 것이었다. 즉 어느 시점인가부터 『논리철학 논고』에서 제시한 자신의 옛 철학적 입장을 의문시하게 되면서 비트겐슈타인은 논리실증주의 학파와도 멀어지기 시작했다. 『논고』(약칭) 독회를 목적으로 모인 논리실증주의 회합에서 비트겐슈타인이 뜬금없이 타고르의 시를 낭독하기도 했다는 일화도 있다. 그것은 비트겐슈타인의 후기 작업을 대변하는 일상언어적 분석철학으로 전환이 일어났음을 의미한다.

3. 루트비히 비트겐슈타인의 일상언어적 분석철학 체계

『논리철학 논고』(1921, 1922)가 비트겐슈타인의 전기 철학의 결정체로 본다면, 1929년에 케임브리지대학 트리니티 칼리지의 연구원으로 다시 돌아온 이후부터는 그의 후기 철학이 본격적으로 정립되기 시작한 것으로 볼 수 있다. 그중에서도 1939년 조지 무어가 미국 방문을 위하여 케임브리지대학의 철학교수직을 사임하면서 비트겐슈타인이 후임자로 임명된 시기부터 제2차 세계대전 종료 후인 1947년에 교수직을 사임할 즈음에 저술하여 사후인 1953년에 독일어로 발간된 『철학적 탐구(*Philosophische Untersuchungen*)』는 그의 후기 철학을 대변하는 저작이다.[12)]

비트겐슈타인은 생애 전기에 『논리철학 논고』(1921, 1922)를 출판한 이후에 그 속에 담긴 '논리적 원자론'이 지나치게 기계적(인공언어적)이라는 점에 착안하여 새로운 철학적 방법으로서 '일상언어(ordinary language)'의 분석에 연구의 중점을 두게 된 결과물인 것이다. 즉 철학자의 과제는 언어를 그 형이상학적 용법에서 일상적 용법으로 회복시키는 데 있다고 보고, 철학의 언어사용에서 모순 혼란성과 불명료성 등을 연구주제로 다루게 된 것이다.

그 결과물이 바로 『철학적 탐구』(1953)였으며, 이는 논리실증주의가 쇠락하고 옥스퍼드 학파로 지칭되는 '일상언어 학파' 혹은 '일상언어 철학파'가 분석철학을 이끌어 가게 되는 전환기를 맞이하게 된다는 것을 의미한다. 아울러 인공언어(이상적 언어)가 일상언어의 다양한 기능성을 대신할 수 없다는 인식전환이 일어났음을 의미한다.

한편, 비트겐슈타인이 이처럼 후기에 와서는 초기와는 다르게 논리실증

12) 이 책의 제1부의 내용은 비트겐슈타인이 1945년까지 완성해 놓고 출판하지 않았던 원고이고, 제2부의 내용은 사후에 유고들을 정리하여 포함시킨 것이다.

주의적인 언어분석에서 벗어나 일상언어적 분석철학으로 전환하게 되었는가의 배경을 살펴볼 필요도 있다. 우선은 1911년부터 케임브리지대학으로 와서 러셀의 강의를 들으면서 수리논리적인 분석철학을 연구하게 되었고, 그 결과물로 볼 수 있는 『논리철학 논고』를 제1차 세계대전 종군시기에 탈고하여 출판한 이후에는 그의 철학적 연구가 더 이상 해결할 문제가 없을 정도로 완성된 것으로 생각하고 있었다는 점이다.

그가 제1차 세계대전 종전 후에 런던으로 돌아오지 않고 고향인 오스트리아의 초등학교에서 교사생활을 하게 되었다는 점은 이를 방증한다고 볼 수 있다. 이 시기에 비트겐슈타인은 교사생활을 하는 동안 아이들을 이롭게 할 목적으로 철자와 함께 발음이 표기된 42페이지 정도의 얇은 『어린이를 위한 사전』(1926)을 오스트리아 빈(Wien)에서 출판하기도 하였다.

그런데 이 시기 동안 비트겐슈타인은 비교적 조용한 시간을 보내게 되면서 지금까지 자신이 연구해온 논리적 원자론의 언어분석방법이 오류가 많다는 점을 깨닫게 되었는데, 이점은 분석철학사에서 또 다른 전환점을 제공하게 된다. 비트겐슈타인이 이러한 착상을 하게 된 시기는 공교롭게도 1926년 4월에 11살 소년을 심하게 처벌했다는 이유로 고발당하면서 교직을 그만두고, 수도회에서 정원사로 일했던 시기와 맞물렸다.

그리고 남는 시간에는 셋째 누나인 그레틀을 위한 새집을 건축하면서 논리실증 학파(비엔나 학파)를 이끌었던 모리츠 슐리크(Moritz Schlick, 1882~1936)를 비롯한 프리드리히 봐이스만(Friedrich Waismann) 등 비엔나 학파의 여러 학자들도 만나게 된다. 이때 소개된 『논리철학 논고』는 비엔나 학파의 논리실증주의 발전에 큰 영향을 준 것으로 보인다.

그러나 비트겐슈타인은 이 시기에 자신의 논리적 원자론의 언어분석 방법의 한계를 직시하고 있었고, 비엔나 학파와의 모임에서도 구성원들이 자신의 논리실증적 언어분석 방법을 제대로 받아들이지 않고 오해한다는 것을 알게 되자 방황하게 된다. 이러한 시점에 러셀을 비롯한 동료 지식인들로부터 케임브리지대학으로 복귀 요청이 이어지자 따르게 된 것이다. 결국 1929년에 케임브리지대학 트리니티 칼리지로 복귀한 후 과거 『논리철학 논고』에서 보인 천재다운 연구 성과를 인정받아 러셀과 무어의 심사로 박사학위를 받게 되고, 트리니티 칼리지에 연구원으로도 부임하게 된 것이다. 이러한 배경에서 비트겐슈타인은 이즈음부터 논리실증적 언어 분석철학에서 벗어나 일상언어적 분석철학 연구를 본격적으로 전개하게 된 것으로 볼 수 있다.

이 시기는 당시 케임브리지대학을 중심으로 전개되었던 과학적 철학 또는 논리실증주의와 대륙형 실존철학에서 보인 형이상학적 인식론에 반발하여 옥스퍼드대학에서도 일상언어 학파가 형성되었던 즈음이기도 하다. 초기의 일상언어 학파(옥스퍼드 학파)를 이끈 학자들은 길버트 라일(G. Ryle, 1900~1976), 존 랭쇼 오스틴(John Langshaw Austin, 1911~1960), 피터 프레드릭 스트로슨(Peter Frederick Strawson, 1919~2006) 등이었다.

이들은 처음에는 러셀과 비트겐슈타인의 논리실증주의적 언어분석 방법에 영향을 받으면서도 독창적인 학파로서의 일상언어에 대한 분석을 전개하고 있었다. 비트겐슈타인의 『철학적 탐구(*Philosophische Untersuchungen*)』(1953)보다 4년 전에 길버트 라일(Gilbert Ryle, 1900~1976)이 출간한 『마음의 개념(*The Concept of Mind*)』(1949)은 그러한 학파의 연구 성향을 대변하는 연구물인 것이다. 즉 일상언어 학파(옥스퍼드 학파)는 전통적인 형이상학적 문제가 인공적 언어가 아니라 일상언어 사용의 오해에서 생긴 것이기 때문에 이 오해를 정정하는 것에 목표를 삼았던 것이다.

이 시기에는 또 다른 일상언어 학파(옥스퍼드 학파) 학자인 스트로슨(P. E. Strawson)도 비트겐슈타인이 감탄했던 러셀의 기술이론(Theory of Descriptions)에서 언어의 지시체를 구분함으로써 '존재와 비존재의 문제'를 해결할 수 있다고 주장한 것을 비판하고 있었다. 즉 스트로슨은 〈언급에 관하여(On Refering)〉(1950)이라는 논문에서 러셀의 이러한 기술이론적인 언어분석에서의 지시체(reference) 혹은 기술(description)이 단순히 '의미'만을 담고 있는 것이고, 다양한 의미의 언급이 포함되어야 한다는 점에서 비판하였던 것이다. 이것을 또 다른 의미에서 보면 러셀이 수학이나 논리학, 즉 수리논리적인 언어분석에만 몰두한 나머지 단어와 문장에만 의미를 부여하고 있는 한계점을 비판하고 있는 것이다.

한편, 비트겐슈타인이 『철학적 탐구』(1953)에서 새롭게 주장하는 언어분석의 방법은 흔히 '언어게임이론(language-game theory)'으로 표현이 된다. 이는 그의 초기 사상이 '언어그림이론'으로 상징되는 것과 달리 비트겐슈타인의 후반기 사상을 대변하는 일상언어분석 방법의 핵심적 이론이다. 이 책에서 그가 제시한 언어게임이론은 일상언어의 '의미용도론(use theory of meaning)'에서 다루어지고 있는데, 역시 사후에 출간된 『확실성에 관하여(*On Certainty Revisited*)』(1969)에서도 다루어지고 있다.

그런데, 비트겐슈타인의 언어게임이론(theory of language-game)은 그의 '언어그림이론(picture theory of language)' 혹은 '의미그림이론'도 마찬가지이지만 자신이 붙인 이름이 아니라 후기분석철학자들에 의해 지칭이 된 이름이다. 즉 사람의 언어를 이해하기 위해서는 사람(화자, speaker)이 그 말(언어)을 사용할 때의 구체적인 상황이나 맥락이 중요하며, 그것은 운동경기와 같은 역동적인 체계로서 언어라는 게임에 직접 참여함으로써 이해할 수 있다는 의미를 '언어게임이론'으로 표현한 것이다. 이는 언어게임을 통해 언어의 일반적 개념성에 대한 갈망에서 벗어나고, 정의(개념성)를 내리거나 설명(기술)을 하지 말고 다양한 언어게임들 사이에 발견되는 유사성에 주목하라는 의미인 것이다.

이처럼 『철학적 탐구(*Philosophische Untersuchungen*)』(1953)에서 나타나고 있는 비트겐슈타인의 주장은 그가 『논리철학 논고(*Tractatus Logico-Philosophicus*)』(1921, 1922)에서 제시했던 '언어그림이론(picture theory of language)'과는 상당 부분 달라진 견해이다. 그가 『논리철학 논고』의 서문에서 "여기에 적힌 사고의 진리성에 대해서는 공격이 불가하며 완결적이다."라고 했던 것에 비하면, 중세 초기의 성 어거스틴(Aurelius Augustinus, 아우구스티누스)이 그의 『고백론』(397~401)에서 자신의 과거 잘못된 행적을 소회하고 있는 것처럼 '언어게임이론(language-game theory)'으로 내놓은 것으로 해석할 수 있다.

비트겐슈타인이 설명하고 있는 언어게임은 '언어'와 '행위(행동)'들로 구성이 되는데, 아이들의 원초적이고 단순한 언어들도 의사소통 체계를 이루는 역동성을 가지고 있으므로 단지 정적인 상징체계(그림)가 아니라 인간의 행위(행동)와 뗄 수 없는 역동적 체계(게임)이라는 것이 언어게임이론(language-game theory)의 맥락이다.

이는 비트겐슈타인이 『논리철학 논고』에서 언어와 세계의 구조가 대응하는 그림 체계를 이루고 언어가 세계를 반영하는 기능을 한다고 보았던 것과는 달라진 것이다. 즉 철학(생각하는 것)은 논리적인 말(언어)로 표현할 수 있어야 하고 제대로 생각할 수 없는 것, 이를테면 신과 같은 대상에 대해서는 말할 수 있는 논리성도 없기 때문에 '침묵(silence)'해야 한다고 단언한 자신의 과거 견해를 스스로 반박(고백)하고 있는 것이다. 다시 말하면, 말에 사용되는 단어나 문장이 가지고 있는 의미는 그 말을 하고 있는 사람이 사용하는 언어게임의 맥락에서 찾아야지 원래부터 가지고 있는 하나의 의미 그림으로는 정답을 찾을 수 없다는 점을 강조하고 있는 것이다.

비트겐슈타인은 이 책에서 사람들은 아주 어릴 때부터 일상생활에서 언어게임을 자연스럽게 훈련해왔기 때문에 마치 새가 창공을 날아다닐 수 있는 능력을 가진 것과 마찬가지로 그저 '놀이(게임)'처럼 사용하고 있다고 언급하고 있다. 이것은 언어가 '단어의미(word-meaning)'와 '문장의미(sentence-meaning)'가 모두 고정된 개념(본질), 이념(생각)이 있는 것이 아니라 사람들은 자신만의 언어로 대상을 표현하고, 타자와 소통하며 세상을 표현하는 언어게임을 하고 있다고 간주하는 것이다.

그러므로 영국의 다니엘 디포(Daniel Defoe, 1660~1731)가 60세라는 늦은 나이에 발표한 첫 소설 『로빈슨 크루소(*Robinson Crusoe*)』(1719)에서 무인도의 로빈슨 크루소(Robinson Crusoe)가 사용하는 혼잣말이나 밖으로 표현되지 않은 상태의 언어는 큰 의미가 없다고 할 수 있다. 언어게임은 서로 상대가 있어서 주고받는 상황에서 일어나는 것이기 때문이다. 이러한 비트겐슈타인의 일상언어철학에 따르면 언어는 언어사용자의 전후 상황의 맥락과 상호관계 속에서 파악될 수 있는 것이며, 그것에 따라 역동적으로 사유하고 행동하는 언어사용자가 되어야 함을 알 수 있다.

이처럼 비트겐슈타인의 초기 분석철학은 러셀의 기술이론적 언어분석철학과 프레게의 수리논리학에서 영향을 받아 저술하여 독일어로 출간한 『논리철학 논고』(1921, 1922)로 대변이 되는데, 이는 비엔나 학파의 논리실증주의자들에 영향을 미쳐서 논리실증주의가 초기 분석철학을 대변하게 된다. 이 책에서 비트겐슈타인은 언어의 내적구조가 세계의 내적구조를 나타낸다고 혹은 그려낸다고 보는 '언어그림이론'을 제시했던 것이다.

이는 오스트리아에서 미국으로 이주한 루돌프 카르납(Rudolf. Carnap, 1891~1970)과 그의 제자 윌러드 밴 오먼 콰인(Willard Van Orman Quine, 1908~2000)으로 이어지는 인공언어 학파(언어분석 학파)로도 발전이 되어 분석철학의 다수파를 차지하게 된 배경이 될 수 있다. 하지만 비트겐슈타인이 자신의 견해를 전환하여 '언어게임이론'을 핵심으로 한 언어분석방법이 담긴 『철학적 탐구』(1953)를 사후 2년 뒤에 발간하면서부터는 옥스퍼드 학파인 일상언어 학파가 다시 주류 분석철학으로서 발전하게 되는 영향을 미치게 된 것이다.

이 외에도 비트겐슈타인이 일상언어 학파에 영향을 미친 저서를 보면 1933~1935년 사이에 케임브리지대학 강의노트를 사후에 정리하여 발간된 『청색 책 갈색 책(*The Blue and Brown Books*)』(1958)을 들 수 있다. 비트겐슈타인의 강의는 미리 준비한 강의안에 따라 진행하는 방식이 아니라 그가 평소에 사색하고 있었던 문제들을 소수의 학생들과 토론하는 형태로 이루어졌는데, 영어로 작성된 원고들이 나중에 청색표지와 갈색표지의 책 형태로 발간이 되면서 명칭이 된 이름이다. 이 책은 그의 대표작인 『철학적 탐구』의 원형과 그의 철학의 변모 과정을 보여주는 중요한 자료라고 할 수 있다.

이렇게 볼 때, 인공언어 학파에서 단어와 문장에서 잘 고안된 인공언어를 도구로 진리를 탐구할 수 있다는 관점의 사유방식을 보인 것은 러셀을 비롯한 초기 비트겐슈타인의 언어분석 방법인 논리실증주의에 배경이 있다. 이에 비하여 옥스퍼드 학파로 칭해지는 초기 일상언어 학파는 무어(G. E. Moore)의 상식철학을 비롯하여 언어적 분석철학과 연관이 있다.

그리고 후기 일상언어 학파는 비트겐슈타인의 『철학적 탐구』(1953)에서 영향을 받은 것으로 볼 수 있다. 따라서 양자 간에는 사유방식에도 차이가 있는데, 후기 일상언어 학파는 철학적 문제들이 일상언어 자체에서 발생

되는 것이 아니라 일상언어 자체가 정확성, 정밀성, 명료성 등을 결여하고 있기 때문에 인공언어를 필요로 하는 것이 아니라 일상언어를 명료하게 밝히면 된다는 관점을 보인 것이다. 특히 피터 스트로슨(Peter Frederick Strawson, 1919~2006)은 비트겐슈타인의 『논리철학 논고』에 나타나는 세계의 한계로서 형이상학적 자아관을 비판하면서 철학의 문제는 일상언어를 사용하는 화자(Speaker), 즉 사람의 일상언어 사용의 오류에서 비롯된다고 주장한다.

그러나 이러한 철학적 관점의 차이는 어디까지나 철학적 견해의 차이이며, 언어의 논리적 분석, 즉 언어분석(linguistic analysis)을 둘러싼 과학적 차이는 아니다. 현대 분석철학에서는 미국을 중심으로 한 인공언어 학파의 언어분석과 영국을 중심으로 하는 일상언어 학파의 언어분석으로 엄연히 발전하고 있기 때문이다. 특히 21세기는 과학적 철학 차원에서 보면 인공지능(Artificial Intelligence, AI) 분야가 지능적 컴퓨터를 만드는 과학과 공학이 핵심 영역을 차지하고 있고, 그 기초에는 수리논리학과 언어분석적 지식이 요구되는 것이다.

하지만 일상언어 학파에서의 언어분석방법은 언어의 '단어'나 '문장'인 지시체의 의미론이나 기술론이 아니라 결국 단어나 문장이라는 지시체에 한정되지 않는 일상언어의 분석, 즉 일상언어 자체보다는 일상언어를 사용하는 사람의 언어방식 오류에서 분석하려고 한다. 예를 들어 '착함(good)'이라는 개념의 의미를 언어적으로 명확한 정의를 하려면 일상생활 속에서 단어나 문장을 언어로 사용하는 사람(화자)의 심리적 문맥을 고려해야 한다는 점을 주장한다. 이러한 일상언어 학파의 관점에서 본다면 인공지능(Artificial Intelligence, AI)은 4차 산업혁명을 주도하는 기술이기는 하지만 심리정서적인 일상언어 분석에는 한계가 있다.

즉 인공지능이 공학 분야뿐만 아니라 인간의 고유영역이라고 할 수 있는 예술이나 문학 등 창작분야로 나아가기 위해서는 이미 주어진 데이트의 기계적 학습을 하여 기존의 의미를 묘사하여 재창조하는 정도로는 부족한 것이다. 일상언어 학파가 주장하는 세계관처럼 언어를 사용하는 사람(화자) 자체의 판단력이나 직관 등의 일상적 맥락의 창의성까지도 가능해야 하는 것이다.

이러한 맥락에서 비트겐슈타인이 일상언어 학파의 후기 사상에 미친 영향은 1970년대까지의 전성기를 지났지만 21세기의 오늘날에도 여전히 유의미성이 있다. 비트겐슈타인의 사상이 곧 '분석철학'을 의미하고 그중에서도 생의 전반기에 러셀의 영향으로 쓴 『논리철학 논고』가 '논리실증주의 학파(비엔나 학파)'의 바이블의 역할을 하였고, 후반기에 쓴 『철학적 탐구』는 '일상언어 학파(옥스퍼드 학파)'의 발전에 기여한 것은 분명하기 때문이다.

비트겐슈타인의 이러한 철학적 영향력은 1999년 미국의 시사주간지 〈TIME(타임)〉이 선정한 '20세기에 가장 영향력을 미친 100명'에 철학자로서는 유일하게 이름을 올리게 된 것으로도 방증이 된다.

제2절 루돌프 카르납의 생애배경과 논리실증주의적 언어분석철학

1. 루돌프 카르납의 생애배경과 과학철학의 관계

1) 루돌프 카르납의 생애배경

루돌프 카르납(Rudolf Carnap, 1891~1970)은 리본을 만드는 공장에 다니다가 사업가가 된 아버지와 교육개혁가이자 고고학자였던 빌헬름 도프펠트의 여동생인 어머니 사이에서 독일의 퀼른(Cologne) 근교인 부퍼탈(Wuppertal)에서 1891년 5월 18일에 태어났다. 그의 집안은 독실한 개신교 가정이었지만 성장한 이후에는 비신자가 되었다. 그는 예나(Jena)에 있는 바멘 김나지움(Barmen Gymnasium)과 캐롤로 알렉산드리눔 김나지움(Carolo-Alexandrinum gymnasium)에서 교육을 받고, 1910년부터 1914년까지는 예나대학(University of Jena)과 브라이스가우의 프라이부르크대학(University Freiburg)에서 수학 · 물리학 · 철학을 공부했으며 학위논문으로는 물리학에 대한 주제로 쓰고자 했다.

그러나 그는 예나대학의 브루노 바우치(Bruno Bauch)가 지도하는 과정에서 이마누엘 칸트의 순수이성비판에 대하여 수강하고, 극소수의 학생들이 참여하는 고틀로프 프레게의 수학적 논리학 과정의 강의를 듣게 되면서 많은 영향을 받게 되면서 철학으로 논문 주제가 바뀌게 된다.

세부적으로 보면, 대학 시절에 카르납은 독일 청년 운동에 매료되어 제1차 세계대전에 도덕적, 정치적 반대를 보였지만 독일 군대에서 복무해야 할 의무가 있다고 판단하여 3년간의 복무를 마쳤다. 군 복무 후인 1917~1918년에는 베를린대학에서 물리학을 공부할 수 있는 허가를 받았으며, 당시 알베르트 아인슈타인(Albert Einstein)은 이 대학에 새로 임명된 교수였다.

이 시기에 카르납은 예나대학에도 다니며 공간과 시간의 공리론을 정의하는 논문으로 1921년 예나대학에서 박사학위를 받았다. 당시 제출된 논문에 대하여 물리학부 교수들은 너무 철학적이라고 평가했고, 철학과 교수인 브루노 바우치는 그것이 순수 물리학이라고도 언급했다. 이는 예나대학의 수학자인 프레게의 강의를 듣고 연구하는 과정에서 버트란트 러셀의 논리와 철학에 대한 저작도 접할 수 있었던 카르납의 연구특성이 반영된 것에 대한 적절한 평가였던 것으로 보인다.

카르납은 1924년과 1925년에는 후설(Edmund Husserl)이 이끄는 세미나에 참석했으며, 당시 후설은 현상학의 창시자로서 논리적이고 긍정주의적인 관점에서 물리학에 대한 글을 지속적으로 쓰고 있었다. 카르납은 이즈음인 1923년의 한 컨퍼런스에서 저명한 베를린의 경험주의 과학철학자 한스 라이헨바흐(Hans Reichenbach)를 만나 친해지게 된다. 이러한 연유로 라이헨바흐는 1926년에 비엔나대학의 교수인 모리츠 슐리크(Moritz Schlick)에게도 카르납을 소개하게 된다.

이 해에 카르납은 비엔나대학에서 교수자격시험인 하빌리타치온(Habilitation) 논문을 제출하여 교수(강사)가 된다. 이로써 비엔나 서클(비엔나 학파)로 알려지던 비엔나의 지식인들과 함께 어울리며 한스 라이헨바흐(Hans Reichenbach)

의 학생이었던 커트 괴델(Kurt Gödel, 1906~1978)과도 가끔 모임을 가졌다. 그리고 비트겐슈타인이 1927년에 비엔나에 잠시 거주하며 비엔나 학파를 방문했을 때도 카르납은 그를 만나게 된다. 이를 연유로 카르납은 라이헨바흐와 함께 새로운 '과학철학'을 위한 학술 기관지로서 〈인식들(*Erkenntnis*, 에이켄트니스)〉(1930~1940)이라는 정기간행물을 베를린에서 발간하게 된다.

이즈음 오스트리아 비엔나는 프랑스의 나폴레옹에 의해 그동안 오스트리아의 합스부르크 왕가가 세습해왔던 신성로마제국이 1806년 8월 6일에 해체된 이후에도 오스트리아제국의 수도였고, 제1차 세계대전에서 패전한 후 성립된 제1공화국 시기(1919~1934)였지만 세계 문명의 중심지였다. 이 시기에 모리츠 슐리크(Moritz Schlick)를 중심으로 형성된 비엔나 학파(서클)는 급변하는 세계를 인간의 과학적 인식에 의해 완전하게 파악 가능하다고 보고, 경험적 연구결과들을 이어주는 공통의 언어(수학)가 발달하게 된다면 통합과학이 가능하다고 주장하게 된다.

1929년에 카르납은 오스트리아 제1공화국 시기(1919~1934)에 존재했던 비엔나 서클의 선언문(manifesto of the Circle)을 작성하는데도 참여했다. 당시 제1차 세계대전 이후의 오스트리아 비엔나의 지성계를 대표했던 논리실증주의자들은 칸트 이후 서양철학사의 흐름이 아인슈타인의 상대성 이론(Theory of relativity, 相對性理論)으로 대표되는 20세기 과학에 미루어볼 때 매우 뒤처져 있다고 인식하고 서클을 형성했던 것이다.

비엔나 학파는 한스 라이헨바흐, 칼 구스타프 헴펠 등이 주도한 독일의 경험주의자 집단인 베를린 학파(Berliner Gruppe)와 같이 논리실증주의적 분석철학 이념을 공유하며 활발한 교류를 펼쳤다. 그러던 중 비엔나 학파의 지도자격인 모리츠 슐리크가 1929년 봄에 미국 캘리포니아의 스탠퍼드대학의 객원교수로 갔다가 그해 가을에 돌아올 시기 동안 카르납은 『과학적 세계 파악, 비엔나 학파』라는 소책자를 간행하여 이 학파의 창립역사, 참여 학자, 강령(선언문) 등을 담았다. 즉 모리츠 슐리크가 없는 동안의 비엔나 학파를 지탱하는 역할을 카르납이 한 것이다. 그중의 하나는 한스 라이헨바흐와 함께 새로운 '과학철학'을 위한 토론지 성격의 〈인식

(Erkenntnis)〉(1930~1940)이라는 정기간행물을 만든 것을 예로 들 수 있다.

이러한 업적에 힘입어 1931년에 카르납은 당시 독일의 프라하의 게르만대학(German University)[13] 교수로 임명되었다. 그러나 사회주의와 평화주의자로서의 신념을 가졌던 카르납은 나치 독일 정부의 유대인 말살정책이나 배타적인 학술정책으로 위험에 빠지게 되자 1935년에 미국으로 이주하게 된다. 그리고 1936년[14]부터 시카고대학의 철학교수로 임용되어 1952년까지 재직하였다. 그 기간 중인 1940~1941년에는 하버드대학의 객원교수로도 있었다.

시카고대학 재직 중 카르납은 인공언어(형식언어)적 분석철학에 관하여 유명한 저작들을 출간했다. 시카고대학에 부임한 직후부터 카르납은 비엔나 학파의 동료였던 오토 노이라트(Otto Neurath) 등과 함께 『통일과학의 국제백과전서(*International Encyclopedia of Unified Science*)』라는 제목의 책들을 발간했다. 1938년부터 출간된 이 책은 과학철학의 일반 문제와 수학이나 개별 경험과학과 관련된 철학 문제를 다룬 논문을 실었다.

다른 한편으로, 카르납은 버트런드 러셀(Bertrand Russell)이나 러셀로 대표되는 영어권의 분석철학을 계승한 미국의 대표적인 학자였던 윌라드 콰인(Willard Quine, 1908~2000)을 포함한 토론 그룹에도 적극적인 참여를 하였다. 시카고대학을 그만둔 1952년부터 1954년까지는 프린스턴에 있는 고등연구소에서 근무한 후, 1954년에 캘리포니아대학 로스앤젤레스(UCLA) 철학과 소속으로 들어가 과학적 지식에 관한 글들을 썼다.

이 시기에 그가 쓴 글들은 1970년(79세)에 사망한 이후에 유작으로 출판되었다. 한편, 카르납의 가정사를 보면, 엘리자베스 쇤두베(Elizabeth Schöndube)와의 첫 결혼으로 네 자녀를 두었는데, 카르납이 비엔나 학파의 일원으로 열성적으로 참여했던 1929년에 이혼했다. 그리고 1933년에 두 번째 아내

---

13) 프라하대학은 스위스의 베른 특허청 직원에 불과했던 아인슈타인에게 1911년 4월에 교수직을 부여하여 그가 과학계에 큰 발을 들여놓는 발판을 제공한 대학이기도 하다. 아인슈타인의 제자이자 프린스턴대학의 Michael D. Gordin 교수는 아인슈타인이 체코 프라하에 머물렀던 1911년부터 1912년까지의 시기를 엮은 『보헤미아의 아인슈타인(Einstein in Bohemia)』라는 제목의 책을 2020년 2월 11일 발간하였다.

14) 같은 1936년에 비엔나로 돌아온 모리츠 슐리크는 정신병이 있었던 자신의 과거 제자에게 살해되었는데, 나치 독일의 사주였다는 소문이 있었다.

엘리자베스 이나 스토거(Elizabeth Ina Stöger)와 결혼했지만, 그녀마저도 1964년에 자살하는 불운을 겪었다.

2) 포퍼, 쿤과의 과학철학적 관계

루돌프 카르납은 20세기 초반에 영국의 경험주의와 비트겐슈타인의 논리실증적 분석철학에 영향을 받아 형성된 대두된 비엔나 서클의 주요 인물이기도 하지만 노년기에 쓴 『과학철학 입문(*An Introduction to the Philosophy of Science*)』(1966)이라는 책으로 과학적 철학, 즉 과학철학에서 알려진 인물이다. 따라서 여기서는 논리실증주의와 맞닿아 있는 그의 과학철학적인 업적에 대하여 논쟁적인 입장에 섰던 칼 포퍼 등의 과학철학자들과의 관계를 파악하고자 한다.

칼 포퍼(Karl Raimund Popper, 1902~1994)는 이러한 귀납적이고 경험적인 원리를 추종하는 논리실증주의에 반론을 제기하며 이른바 '반증주의(falsificationism)'를 주장한 과학철학자에 속한다. 그는 카르납보다 10여 년 뒤인 1902년 7월 28일에 오스트리아- 헝가리제국의 비엔나에서 태어난 포퍼는 제1차 세계대전 중에 김나지움에 다니다가 1918년에 비엔나대학에 입학하여 1922년에 대학을 졸업하면서 초등교사 자격증을 취득했다.

그러나 교사 자리가 없어 2년 동안 캐비넷을 제작하는 공장에서 견습공 생활을 했으며, 그 후에는 고아들을 돌보는 사회사업 분야에도 얼마간 일하게 된다. 그러다가 1925년에 다시 비엔나대학 사범대학에 입학하여 1928년에 〈사유심리학의 방법론 문제(Zur Methodenfrage der Denkpsychologie)〉라는 논문으로 철학박사학위를 취득하고, 1929년에는 중등학교 수학 및 물리학 교사 자격증을 취득했다.

포퍼는 1930년 초에 잠시 중학교 교사로 생활하면서 과학의 본질에 관한 탐구에 몰두하는 한편, '비엔나 학파'의 리더 격인 모리츠 슐리크(M. Schlick)나 카르납과도 관계를 가졌다. 그러한 과정에서 1934년에는 비엔나 학파에서 발행하는 『과학적 세계관 총서』의 한 권으로 그의 처녀작인 『탐구의 논리(*Logik der Forschung*)』(1934)를 출간하게 된다. 하지만 포퍼는 이 책에서 귀납추론의 원리에 따르는 비엔나 학파의 주된 입장과 견해를 달리하게 된다.

포퍼는 슐리크와 카르납이 비트겐슈타인의 영향을 받아 경험적 사실의 축적을 통해 과학의 진보를 설명하려는 연구방법에 동의하지 않았던 것이다. 포퍼는 기본적으로는 모든 지식의 근원에 경험적 귀납추론의 원리가 놓여 있음을 인정했다. 그러나 경험적 사실을 프랜시스 베이컨(Francis Bacon, 1561~1626)식으로 하나하나 모아 일반 명제로 귀납을 하는 경험주의 방식이 아니라 개별 과학자의 자유로운 연역을 통해 제안된 가설을 경험적 증거가 반증(falsify)되는 방식을 통해 과학이 발전해야 한다고 본 것이다.

아울러 포퍼는 논리실증주의자들이 숭모하는 비트겐슈타인에 대해서도 공개적으로 반감을 표명한 것으로 인해 카르납을 비롯한 비엔나 학파의 여러 구성원들과 사이가 좋지 못했다. 포퍼의 『탐구의 논리』는 논리실증주의에 대한 비판을 체계적으로 전개함으로써 후에 '비판적 합리주의(critical rationalism)' 혹은 '반증주의(falsificationism)'라고 일컫게 되는 그의 철학적 입장에 초석을 마련했다고 평가된다. 그 주된 이유는 카르납이 귀납추론을 적극적으로 받아들인 논리실증주의의 과학철학을 주장한 것에 대하여 포퍼는 이 책에서 귀납추론을 과학의 정당한 추론 방식으로 받아들이는 것을 거부하고 있다는 점이다. 다시 말하면 귀납추론이 아니라 연역추론만이 합당한 과학적 추론 방식이라고 주장한 것이다.

포퍼가 귀납추론적인 가설이 과학적으로 옳지 않다고 들고 있는 예를 보면, 관찰자가 매일 학교에 가는 학생의 경험적 자료를 근거로 그 학생이 "그 학생은 늘(반드시) 학교에 간다."고 예측하는 가설은 어떤 얼마든지 경험적 데이터에 의해서 "그 학생이 늘(반드시) 학교에 가지 않을 수도 있다."라고 반증(falsify)할 수는 있다는 것이다.

이러한 포퍼의 비판적 합리주의(Kritischer Rationalismus, [영] Critical Rationalism) 사상은 신경험주의로 불린다. 또 다른 예로서 포퍼는 "신은 존재한다."는 가설이 그 어떤 경험적 데이터를 사용하더라도 그 가설이 틀렸다는 것을 반증 가능하지 않다는 측면에서 "신은 존재한다."는 가설은 비과학적이라고 설명한다. 이 말은 어떤 과학적 실험에서 완벽하게 반증할 수 있느냐 없느냐가 과학인가, 비과학인가를 판가름하게 된다는 의미이다.

이처럼 포퍼가 부각시킨 신경험주의적인 '비판적 합리성'은 21세기 현대사회가 자본주의 시장경제체제와 자유민주주의 정치제도, 그리고 다원주의적 문화구조의 열린 사회로서의 구조가 제대로 정착되고 발전하기 위해서는 당위적 사유체계라고 볼 수 있다.

한편, 그의 『탐구의 논리(*Logik der Forschung*)』[15]가 지성계에 서서히 알려지면서 포퍼는 영국의 케임브리지대학과 옥스퍼드대학 등에서 강연 초청을 받게 된다. 이후 케임브리지대학과 뉴질랜드의 캔터베리대학의 철학교수로 동시에 초빙되었던 것도 그러한 평가의 결과로 볼 수 있다. 결국 뉴질랜드 캔터베리대학으로 가기로 결정하고, 1937년(35세) 3월에 철학교수가 된 포퍼는 과학적 인식론에 대한 본격적인 연구에 몰두하게 되었다. 그러나 제2차 세계대전이 발발하기 직전인 1938년 3월에 히틀러는 오스트리아를 다시 침공하여 병합하고 11월부터 유대인 대학살을 시작하는 상황에 직면하게 된다.

그리고 1939년 9월 1일에 나치 정권의 독일군이 폴란드를 침공하고 소련도 곧바로 폴란드 동부를 침공하자 이틀 후인 9월 3일에 폴란드와 동맹관계에 있던 영국과 프랑스 양국이 독일에 선전 포고함으로써 시작된 제2차 세계대전이 일어나게 되는 상황이 전개된 것이다. 이에 포퍼는 뉴질랜드에 머물면서 정치사회철학 저서인 『역사(법칙)주의의 빈곤』(1944)과 『열린 사회와 그 적들(*The Open Society and It's Enemies*)』(1945)을 출판했던 것이다. 포퍼는 이러한 책에서 급진적이고 독단적인 이상주의인 마르크스주의를 경계하고 있다.

마르크스주의는 변증법적 유물론이라는 형이상학적 교리에 '과학적'이라는 형용사를 차용해서 합리성을 가장하고 있으며, 역사적 예언으로서 '열린

15) 『탐구의 논리』가 『과학적 발견의 논리(*Logic of Scientific Discovery*)』(1959)라는 영역판으로 출판됨으로써 그의 중심 사상이 광범위하게 소개되면서 이미 쇠퇴기에 접어든 논리실증주의에 치명적인 타격을 입힌다.

사회(The Open Society)'의 대척점에 있는 '폐쇄 사회'를 지향하고 있다는 점을 지적한 것이다. 이는 청소년 시절에 포퍼가 관심을 가졌던 마르크스주의에서 자유주의로의 전환점을 의미한다.

포퍼는 1946년 1월에 같은 오스트리아 태생의 영국의 경제학자 프리드리히 하이에크(Friedrich Hayek, 1899~1992)의 주선으로 런던 경제정치대학의 강사로 자리를 옮겼으며, 1949년에 논리학 및 과학적 방법론 정교수가 된 이래 정년퇴직 때까지 자유주의를 대변하는 글을 쓰며 머물렀다. 대학을 은퇴한 후에도 포퍼는 삶을 마감할 때까지 런던 근교에 살며 영국 왕실로부터 학문적 공로를 인정받아 귀족 작위를 받고, 92세의 나이로 1994년 9월 16일 세상을 떠났다.

이러한 포퍼의 업적 중에는 "철학은 과학과 분리될 수도 없고 결코 분리되어서도 안 된다."고 주장한 과학철학적 입장이 대표적이다. 이러한 그의 과학철학적 입장은 20세기 전반의 논리실증주의와 20세기 후반 인공언어적 분석철학 및 과학철학 간의 교량 역할을 하는 것으로 받아들여진다.

그러나 이러한 포퍼의 견해는 과학철학의 입장에서 보면, 1960년대 이후 그보다 20년 정도의 후학자인 토마스 새뮤얼 쿤(Thomas Samuel Kuhn, 1922~1996)의 도전에 직면하게 된다. 토머스 새뮤얼 쿤은 하버드대학에서 물리학을 전공하여 1949년에 물리학 박사학위를 받은 미국의 과학철학자로 과학 연구가 진행되는 방식에 대해 포퍼와는 다른 견해를 제시하여 대척점에 섰기 때문이다.

토마스 새뮤얼 쿤은 그의 저서 『과학혁명의 구조(*The Structure of Scientific Revolutions*)』(1962)에서 근대의 계몽사상을 인정하지 않으며, 더 나아가 과학이 인간사회에 진리나 진보를 제공한다는 생각 자체를 오류라고 지적한다. 즉 토마스 쿤의 관점에서 보면 세계관은 기존 과학의 발전에 의한 것이 아니라, 새로운 사상이 기존의 사상을 대체한다는 의미가 되는 것이다. 이를 쿤은 '패러다임의 전환(Paradigm shift)'이라고 칭하고 있다. 이러한 그의 패러다임 이론은 사회현상이 일반적으로 발전한다는 것이 아니라 〈정-반-합〉의 변증법적인 과정을 거치면서 전혀 새로운 사회나 문화로 급진적으로 변한다는 주장의 이론(radical theory change)이다. 이는 오스트리아 출생의 영국 철학자 칼 포퍼가 마르크스주의를 철저히 비판하고 사회진화론도 어느 정도 수용했다는 점과는 견해 차이가 있다.

2. 루돌프 카르납의 논리실증주의적 언어분석철학 체계

루돌프 카르납(Rudolf. Carnap, 1891~1970)은 비엔나 학파 모리츠 슐리크(Moritz Schlick, 1882~1936)에 의해 시작된 논리실증주의(Logical Positivism)[16] 철학을 인공언어(형식언어)적인 분석철학으로 발전시킨 과학자, 철학자, 수학자들 중에서도 가장 뛰어난 인물로 평가를 받는다. 아울러 논리실증주의적 언어분석철학자 중에서도 카르납은 인공적인 기호논리학에 의해 명제의 분석을 철저히 한 사람으로 알려지고 있다.

좀 더 세부적으로 본다면 비트겐슈타인이 『철학적 탐구』(1953)를 출간한 이후에는 일상언어의 분석으로 전환함으로써 옥스퍼드 학파로 칭해지는 일상언어 학파에 영향을 주었지만, 1935년에 미국으로 이주한 루돌프 카르납은 그의 제자 윌러드 밴 오먼 콰인(Willard Van Orman Quine, 1908~2000)과 함께 논리실증주의의 다수학파인 인공언어 학파(언어분석 학파)로 발전시키게 된 것이다.

카르납은 오스트리아에 있었을 때는 프레게와 러셀, 초기의 비트겐슈타인 사상에 영향을 받아 기호논리학에 기초한 '세계의 논리적 구성' 파악에 집중했지만, 나치 정부의 유대인 핍박을 피해 미국으로 망명 이주한 시기에는 같은 오스트리아 출신의 미국 수학자이자 논리학자인 괴델(Kurt Godel, 1906~1978)의 영향을 받게 된다. 그 결과 단어 결합으로 이루어지는 문장의 구조나 구문 요소를 분석하고, 각 문장 성분이 구성되는 규칙을 연구하는 언어의 통사론(syntax, 統辭論)을 논리실증주의적으로 다루는 인공언어 학파로의 전환을 보였다. 즉 논리실증주의적 분석철학은 영국에서는 길버트

16) 논리경험주의(論理經驗主義)로도 지칭이 되며, 과학의 논리적 분석방법을 철학에 적용하고자 하는 사상으로 주류 분석철학의 하나이다.

라일(Gilbert Ryle)을 중심으로 소수 학파인 일상언어 학파로 발전했다면, 미국에서는 카르납을 중심으로 인공언어 학파가 다수 학파로서 풍미하게 된 것이다.

일상언어 학파는 철학의 임무는 언어의 논리를 분석하는 것이라는 견해를 유지하면서도 이상적인 인공언어의 구성을 단념하고 일상언어에 입각하여 개념의 의미를 분석하고, 논리적인 구조를 찾아내는 것에 초점을 두었다고 볼 수 있다. 이에 비하여 인공언어 학파는 그러한 형이상학적인 태도에 반대하고 비트겐슈타인이 초기에 주장한 '언어그림이론'을 중시하면서 완벽한 인공언어(형식언어)를 창안하겠다는 의지를 보이며 발전했다고 볼 수 있다. 논리실증주의의 기본적인 기치가 반형이상학, 언어의 논리적 분석, 과학주의 등에 있었다고 본다면 인공언어 학파는 이를 충실히 따랐다고 볼 수 있는 것이다.

1) 『세계의 논리적 구조』, 〈검사가능성과 의미〉에서의 논리실증주의적 언어분석철학 체계

『세계의 논리적 구조(*Der logische Aufbau der Welt*)-철학에서의 허위문제』(1928)는 카르납의 첫 번째 대작이다. 이 책에서 카르납은 경험주의적 환원가능성이라는 테제를 엄밀하게 해석하고 있다. 이 책에서 전개한 카르납의 해석에 따르면 실제적이거나 가능한 경험사실을 기술하는 데 적합한 모든 용어는 오직 직접적인 경험의 측면만을 지시하는 용어에 의해서 완벽하게 정의될 수 있기 때문에 모든 경험적 진술은 직접적인 경험에 관한 진술로 완전히 번역될 수 있다는 입장이다.

카르납의 이러한 주장은 이 책을 출간하기 직전에 동료들과 벌인 토론에서 논의되었고, 일부의 지지를 받아 당시의 비트겐슈타인식의 논리실증주의가 경도되어 있던 경험주의를 좀 더 자유롭게 해석하게 된 것이다. 카르납의 이러한 생각은 프라하의 게르만(German)대학의 자연철학교수로 부임한 이후에도 더욱 발전되었다.

그 결과 카르납은 『과학철학, 제4권 1호(*Philosophy of Science, 4-1*)』(1937)에 실린

그의 논문 〈검사 가능성과 의미(Testability and Meaning-Continued)〉에서 이러한 해석을 더욱 자세히 전개하고 있다. 카르납은 이 논문에서 경험과학의 용어가 순수 경험적인 용어로 완전히 정의될 수 없지만 적어도 부분적으로는 '환원문장'과 '관찰문장'[17]에 의해 정의될 수 있다고 제시하고 있다. 카르납은 이러한 검사가 일반적으로 경험적 진술을 엄밀하게 증명하거나 반증할 수는 없고, 어느 정도의 '확증'을 가능하게 한다고 주장한다.

이러한 카르납의 견해에 따르면 관찰을 통해 검사하거나 확증할 수 없는 문장은 경험적으로 의미가 없게 된다. 즉 경험적 의미의 유무를 가리는 '검사 가능성'이라는 기준에 따라서 카르납은 사변적 형이상학과 신학의 다양한 이론들은 의미 있는 주장을 하지 못한다는 이유로 거짓임을 밝히고자 한 것이다.

2) 『언어의 논리적 구문론』, 『의미와 필연』에서의 논리실증주의적 언어분석철학 체계

비엔나에서 활동했던 시절부터 카르납은 모리츠 슐리크 등과 비엔나 학파를 이끌며 언어철학의 논리적 접근문제에 연구와 토론을 해왔다. 그러한 과정에서 그는 당시의 철학적 혼란이 종종 언어를 잘못 사용하거나 오해하는 것에서 비롯된다는 러셀과 비트겐슈타인의 논리실증주의적 인식에 동의하게 된다. 그리고 그것을 '언어에 대한 논리적 분석'을 통해 해결할 수 있다고 주장하기에 이른다. 이러한 견지에서 카르납을 비롯한 비엔나 학파가 지향한 관점은 처음에는 영국에서 시작된 분석철학의 일파인 '일상언어 학파'와 의견이 같았다고 볼 수 있다.

그러나 비엔나 학파에 참여한 학자들은 일상언어 학파와는 달리 더욱 전문적인 문제, 즉 과학철학이나 수학의 문제는 모호한 일상언어의 용법만으로는 적절하게 취급할 수 없다는 관점을 보임으로써 일상언어 학파와는 차이성을 나타내기에 이른다. 일상언어에 대한 논리적 분석에는 한계가

17) 카르납이 제시한 환원문장은 논리적인 형태의 조작적 정의이며, 관찰문장은 직접적인 관찰을 통해 참인 것과 거짓인 것을 검사할 수 있는 문장을 의미한다.

있으며, 논리적 기호로 정식화되고 이른바 언어의 구문론과 의미론의 규칙에 따라 엄격히 규정된 언어구조와 의미를 갖는 인공언어(형식언어)를 사용하여 명확하게 해결할 필요가 있다고 본 것이다. 카르납의 이러한 인공언어적 논리실증주의 철학은 『언어의 논리적 구문론(*Logische Syntax der Sprache*)』(1934)과 『의미와 필연(*Meaning and Necessity*)』(1947, 1956) 등에서 이론적인 틀이 구체화 되었다.

3) 『확률의 논리적 기초』에서의 논리실증주의적 언어분석철학 체계

카르납은 『의미와 필연(*Meaning and Necessity*)』(1947, 1956)을 출간하기 직전인 1945년경부터 귀납(induction) 추리와 합리적 믿음, 결정의 문제를 다루는 것에 연구 초점을 두었다. 즉 귀납논리의 형식체계를 세우는 것에 주된 연구목적을 둔 것이었다. 따라서 카르납이 귀납논리(Inductive logic)의 형식체계에서 기초를 이루는 중심 개념은 연역추리에 의한 함언(含言) 개념이 아니라 확률적인 함언이라는 개념에 있었다. 합리적 신뢰의 정도 또는 어떤 증거들이 제안된 가설을 지지하는 확률의 논리적 정도를 나타내는 개념인 것이다.

이러한 연구 성과는 그의 『확률의 논리적 기초(*Logical Foundations of Probability*)』(1950)에서 충실히 제시되고 있다. 이 책에서 카르납은 귀납논리는 확률이 가설(conclusion, 결론)과 요인(evidence, 증거) 두 가지 유형 간의 논리적 관계(logical relation)라는 확률(probability)에 기반을 두고 설명되고 있다. 따라서 귀납에 관한 이론은 순수한 논리적 분석(pure logical analysis)에 의해 특정 증거가 주어진 가설을 확인할 수 있을 만큼 충분한 방법을 설명할 수 있어야 한다는 입장이다.

카르납은 『확률의 논리적 기초(*Logical Foundations of Probability*)』(1950)를 출간한 이후인 1952~1954년 프린스턴의 '고등연구소'에서 확률적 함언에 관한 연구를 계속하였다. 곧이어 로스앤젤레스 캘리포니아대학의 교수로 부임하게 되면서부터는 이 책에서 나타나고 있는 자신의 귀납논리를 수정하고 폭넓게 확장하는 일에 몰두하게 된다.

이 시기에 카르납은 인공언어에 대한 관심을 바탕으로 학술 교류와 국제적 이해가 용이하도록 에스페란토(Esperanto)와 인터링구아(Interlingua) 등 국제 보조언어(국제적인 커뮤니케이션을 도와주는 언어)[18]를 사용하자고 주장하기도 하였다. 이러한 그의 주장은 21세기의 인터넷 포털사이트를 주도하고 있는 구글(Google)이 현재 사멸된 라틴어(Latin)와 거점 국가가 존재하지 않는 인공어 에스페란토(Esperanto), 인터링구아(Interlingua)도 검색 언어에 포함하고 있는 것과도 상통한다.

18) 국제보조어의 매력은 배우기 쉽다는 점이다. 한국어로 '가다'의 과거동사형은 '갔다'이지만, 특별한 이유도 없이 '하다'의 과거형은 '핬다'가 아니라 '했다'로 불규칙 활용된다. 국제보조어들은 대부분 불규칙 활용이 되지 않는다는 장점이 있기 때문이다.

Part 02

20세기 전반 이후의 실용주의

프롤로그
실용주의의 흐름

서양철학사에서 20세기 전반 이후는 제2차 세계대전 종료를 전후하여 유럽대륙의 현상학과 실존주의 흐름이 퇴색하고, 영국과 미국 중심의 영미 철학으로 볼 수 있는 실용주의와 분석철학이 풍미하는 흐름을 나타낸다. 그중에서도 실용주의의 흐름을 보면 찰스 퍼스로부터 창안되어 윌리엄 제임스에 의해 발전 · 확산되었으며, 존 듀이와 리처드 로티에 의해서는 다소 변형된 실용주의의 발전과정을 보인다.

실용주의를 의미하는 프래그머티즘(Pragmatism)이라는 용어가 처음 공식적으로 실린 인쇄물은 1898년 윌리엄 제임스가 버클리에 있는 캘리포니아대학에서 행한 '철학적 견해와 실제의 결과에 관한 강의'에 사용된 〈철학 개념과 실행 결과〉이다. 하지만 1870년대에 이미 찰스 퍼스와 윌리엄 제임스 등은 자신들의 철학적 관점을 나타내는 신조어로써 프래그머티즘이라는 용어를 이미 사용하고 있었다는 점에서 본다면 분석철학이 대두된 시기보다는 다소 빠르다고 볼 수 있다.

제임스는 1877년부터 1878년 사이에 찰스 퍼스가 〈월간 대중과학(Popular Science Monthly)〉 지에 〈과학 논리의 도안들(Illustrations of Logic of Science)〉이라는 시리즈 형태의 기고 논문을 연재한 것을 실용주의의 공식적인 출발점으로 언급하고 있는데, 그 시리즈 가운데에는 찰스 퍼스가 1877년(38세) 11월에 발표한 〈신념(믿음)을 확정하는 방법〉(1877)과 1878년 1월에 같은 잡지에 발표한 〈우리들의 관념(아이디어)을 명확하게 하는 방법〉 등의 논문들이 포함되어 있다.

그러나 미국에서 실용주의가 태동한 배경에는 하버드대학 출신 학자들을 중심으로 구성되었던 '메타피지컬 클럽(형이상학 모임)'[1]이라는 학술토론 모임에 참석했던 일군의 철학자를 비롯해서 자연과학, 법학, 역사학, 신학, 심리학 등 여러 전문 분야의 인사들이 융복합적으로 관여했다는 점을 들 수 있다. 그러므로 실용주의(프래그머티즘)는 찰스 퍼스나 윌리엄 제임스라는 걸출한 두 인물의 노력이나 재능에 의해서만 이루어졌다기보다는 당시의 미국적 현실에서 정초되었다고 규정할 수 있다.

하지만 프래그머티즘이라고 해서 유럽의 전통적인 사상과는 관련이 없는 것이 태동한 것으로는 볼 수 없다. 유럽의 경험론이나 과학주의의 흐름을 따르면서도 종래의 추상적·관념적인 여러 논쟁을 지양하려는 것에서 독자성을 찾고자 했던 것으로 보아야 하기 때문이다.

이는 찰스 퍼스가 단순한 사변이나 데카르트식의 방법론적 회의주의가 아닌 실제적 회의를 가지는 의심이라는 관념(아이디어)을 발전시키고, 이러한 방법론을 '실용적 극대'라고 이름을 붙인 것에서도 드러난다. 특히 〈신념(믿음)을 확정하는 방법(The Fixation of Belief)〉(1877)이라는 논문에서는 철학의 방법으로 고집의 방법, 권위의 방법, 선험적(先驗的) 방법, 과학적 방법의 네 가지를 들고, 그중에서 '과학적 방법'만이 바른 것이라고 주장한 것에서도 알 수 있다. 즉 퍼스는 철학은 애매한 관념이나 언어의 의미를 논리적으로 분석하고 명석하게 하는 것이 과제라고 본 것이다.

그런데 관념은 언어로 표현이 되고, 언어는 기호(sign)로 표현되기 때문에 결국 퍼스의 철학은 기호의 의미를 확실히 정하고 기호체계를 분석하는

1) 하버드대학의 영문학과 교수 루이스 메넌드는 『메타피지컬 클럽』이라는 작품으로 2002년 퓰리처상 역사 부문 수상을 했는데, 오늘날 프래그머티즘 혹은 실용주의라고 불리게 된 미국의 정신이 그 선조들의 강렬한 삶으로부터 형성되는 과정을 역사적으로 그려내고 있다.

'기호논리학'이나 '분석철학'의 선구자적 위치에 있다고도 볼 수 있다. 아울러 인간을 기호를 사용하는 존재로 보고, 인간이 곧 기호라고 정의함으로써 언어의 실용적 측면을 강조하고 있다는 측면에서는 페르디낭 드 소쉬르(Ferdinand de Saussure, 1857~1913)에서 비롯된 대륙기호학과 대립되는 영미기호학인 '실용주의적 기호론'을 개창한 철학자라고도 규정할 수 있다.

찰스 퍼스가 데카르트의 『방법서설(*Discourse on the Method*)』(1637)에서 제시된 데카르트적 사유방식에 대해서 반대하고 자신의 '방법으로서의 프래그머티즘'을 제시한 것은 〈월간 대중과학(월간 파퓰러 사이언스)〉에 발표한 두 편의 논문 〈신념(믿음)을 확정하는 방법〉(1877)과 〈어떻게 우리들의 관념을 명석하게 만드는가?〉(1878)보다 8년 전인 1869년(30세)에 〈사변철학 잡지〉에 게재한 두 편의 짧은 논문에서도 살펴볼 수 있다. 이 두 편의 논문에서 데카르트의 근대 인식체계에 따르면 '사고하는 인간'이라는 주체는 절대 의심할 수 없는 존재라고 볼 수 있지만, 과학적인 인식체계에 따르면 '기호에 종속된 인간'이 된다는 점을 주장한다. 이는 퍼스가 인간이라는 주체도 의심의 대상이 되는 것으로 보고 있다는 점에서 실용적 기호론(pragmtic semiotics)을 제시하고 있다고 볼 수 있다.

퍼스의 이러한 실용적 기호론을 이론적으로 살펴보면 삼원적 기호관계론(triadic sign relation) 혹은 기호의 삼각관계(triadic relation)로 설명될 수 있다. 즉 퍼스는 기호체(sign), 의미체(thing signified), 인식체(cognition produced in the mind)의 3요소를 통해 진리(지식)의 타당성과 객관성을 과학적으로 확보하려고 한 것이다. 여기에서 기호체는 의미체와는 별개의 기호를 구성하고 있는 정신적 형상(manifact)이고, 의미체는 기호체가 지칭하고 있는 기호의 내용인 지시체(referent)를 말하며, 인식체는 기호 사용자(sign-user)의 마음속에서 기호체와 의미체가 연관되어 생성되는 또 하나의 사상단위(the unit of thought)를 말한다.

이처럼 찰스 퍼스는 실용주의를 창시한 사람으로서 업적이 지대하지만, 실제로 그것을 공식적으로 발전시키고 확산하는 역할은 찰스 퍼스와 함께 하버드대학 로렌스 과학부에서 같은 학과의 3년 후배였던 윌리엄 제임스가 맡았다고 볼 수 있다. 윌리엄 제임스는 학부에서는 화학을 전공하고 대학원에서 의학을 전공하여 미국 최초로 하버드대학 심리학과 교수가 된 사람이기도 하다. 아울러 1890년에 최초의 과학적 심리학 저서로 인정되는 『심리학 원리(*The Principle of Psychology*)』[2]를 발간하여 실험심리학에 지대한 업적을 세워 독일의 빌헬름 분트와 함께 현대 심리학의 창시자로도 일컬어진다. 그러나 1880년에는 철학 조교수가 된 후 『믿음의 의지(*The Will to Believe*)』(1897)를 발간하면서부터는 철학으로 학문적 전환을 하게 된 것이다. 하지만 심리학이나 철학이 모두 인간의 존재를 어떠한 관점으로 바라다보는가에 관심이 있는 학문이라는 점에서는 학문적 전환이라기보다 자신의 학문의 폭이나 깊이를 확장한 것으로도 볼 수 있다.

아무튼 '실용주의'라는 새로운 철학적 사조는 윌리엄 제임스가 하버드대학 심리학 교수를 그만두고 철학 교수직을 수행하게 되면서 본격적으로 발전되고 확산되기에 이른다. 특히 제임스가 실용주의라는 주제로 그의 학문적 정체성을 확립했던 시기에는 이미 찰스 퍼스는 학계에서 활동을 그만두고 펜실베이니아주의 시골 밀퍼드(Milford)에서 은거하고 있었던 시기였다는 점에서도 그러하다.

아울러 찰스 퍼스가 실용주의를 '관념의 의미를 명석하게 하는 방법'으로서 유용성을 들고 나온 것에 비하여, 윌리엄 제임스는 '관념의 진리성(眞理性)을 판정하는 방법'으로 그 유용성을 변형시키고, 논리보다는 말 그대로의 실용 세계로 이끌어낸 업적이 있다. 특히 그가 하버드대학을 은퇴한 해인 1907년에 발간한 『실용주의 : 구식 사고방식의 새로운 이름(*Pragmatism: A New Name for Some Old Thinking*)』은 바로 찰스 퍼스가 의미의 논리성에 따라 제시했던 실용주의를 진리성에 따라 새롭게 변혁시킨 결과물이라고 할 수 있다. 이 책의 서문에서 윌리엄 제임스는 그에게 처음으로 프래그마틱(pragmatic)한 마음의 넓이를 알게 해준 영국의 공리주의 철학자 존 스튜어트

---

2) 제임스가 2권으로 발표한 『심리학의 원리』는 사회심리학, 교육심리학 등 여러 분야로 세분화되기 전에 심리학 전반에 걸쳐 쓴 책이라는 점에서 생리학과 의학, 생물학, 철학, 심리학 등을 두루 공부한 그의 인간 정신세계가 담겨 있다고 볼 수 있다.

밀(John Stuart Mill, 1806~1873)에게 이 책을 헌정한다고 기록하고 있다.

당시 윌리엄 제임스는 이 책의 제목과 논지가 퍼스의 견지와는 다른 것임을 밝혔지만 퍼스는 제임스의 이론이 실용주의를 대변하게 되는 상황에 이르자 퍼스에 대하여 상당히 비판적인 입장에 섰다. 찰스 퍼스 자신의 실용주의는 의미이론이자 인간관계에 관련된 객관적인 것이지만 제임스의 실용주의는 진리 이론이자 개인주의적이며 주관주의적이라는 점을 비판하고 나온 것이다. 이런 이유를 근거로 찰스 퍼스는 자신의 실용주의 이론이 제임스의 실용주의 이론과는 다르다는 점을 강조하기 위하여 자신의 이론을 '프래그머티시즘(Pragmaticism)'이라고 개칭하기도 하였다.

한편, 이러한 실용주의 흐름은 존 듀이(John Dewey, 1859~1952)에 의해서 그 행동적 요소가 더욱 강조되었고 개인적 관심에서 보다 사회적 관심으로 발전을 거듭하게 된다. 존 듀이는 『논리학-탐구의 이론(*Logic; The Theory of Inquiry*)』(1938)에서 모든 사유체계는 불확실한 것을 명확한 것으로 바꾸려는 노력(탐구)이며, 그것은 논리학을 통해 모든 분야에서의 탐구 규범을 분명히 할 수 있다는 점을 주장하였다. 즉 탐구란 문제해결을 위해 노력하는 과정으로서, 탐구에는 상식적 탐구와 과학적 탐구가 있으며, 본질적으로는 양자 모두 동일한 과정 · 구조 · 기능을 갖는다는 점을 강조하고 있다.

따라서 이 책은 듀이가 시카고대학 재직시절 이후 자연과학에서 사용되는 실험적 방법(experimental method)을 인간의 경험 영역으로 가져와서 '논리'를 건설적이고 생산적인 도구로 끊임없이 재구성하고자 시도했던 그의 노력의 정점이었다(Rockefeller, 1991)는 평가를 받는다. 이러한 차원에서 듀이의 철학은 흔히 '도구주의(Instrumentalism)' 또는 '실험주의(Experimentalism)'라고 불린다. 그 이유는 우리의 모든 관념이나 사상은 우리의 현실 생활에서 일어나는 문제해결을 위한 도구에 지나지 않는다고 보는 관점을 가지고 발전시켰기 때문이다.

러셀이 그의 주저 『서양철학사(*A History of Western Philosophy*)』(1945)에서 찰스 퍼스, 윌리엄 제임스와 함께 존 듀이를 실용주의를 대표하는 세 사람으로 서술하고 있는 것도 같은 맥락에서이다. 그중에서도 윌리엄 제임스(William

James, 1842~1910)의 심리학적이고 철학적인 사상이 존 듀이에게 미친 영향이 가장 크다고 볼 수 있다. 그 이유는 윌리엄 제임스가 그의 심리학 이론에서 자아를 물질적 자아, 사회적 자아, 정신적(영적, 심리적) 자아로 분류하여 논의한 점에 대해 존 듀이가 많은 영향을 받았다고 볼 수 있기 때문이다. 하지만 20세기 중반에 오스트리아와 독일에서 분석철학의 일파로 출발한 논리실증주의(논리경험주의)가 미국으로 들어와 분석철학이라는 큰 흐름 속에서 언어적 철학(linguistic philosophy)으로 확산되자 실용주의라는 미국식 사상은 미국사회 내에서도 조명을 받지 못하게 된다.

그러나 시카고대학과 예일대학에서 철학사와 현대분석철학을 공부한 후에 프린스턴대학에서 철학을 가르치고 있었던 리처드 매케이 로티(Richard McKay Rorty, 1931~2007)가 1960~1970년대 들어서 실용주의를 재조명하면서 '실용주의'는 '신실용주의(Neo pragmatism)'로 재현되기에 이른다. 로티는 그 이전의 찰스 퍼스나 윌리엄 제임스와 같이 자신의 철학을 뚜렷하게 '신실용주의'라는 새로운 철학사상으로 지칭한 것은 아니었지만, 존 듀이가 자신의 새로운 입장을 '도구주의(실험주의)'로 지칭한 것과 마찬가지로 고전적 실용주의와 대비시켜서 '신실용주의'로 표현하였기 때문이다.

로티의 사상은 그의 논문 〈잃어버린 세계(The World Lost)〉(1972)를 시발로 하여, 1979년에는 로티를 세계적으로 알리게 된 『철학과 자연의 거울(*Philosophy and the Mirror of Nature*)』(1979)에서 분석철학적 관점을 일대 전환시키면서 실용주의를 계승하여 신실용주의로 나아가고 있다는 점은 분명해 보인다. 이어서 1982년에 발간한 『실용주의의 결과(*Consequences of Pragmatism*)』(1982)에서는 자신의 철학적 입장을 '실용주의'를 잇고 있다는 점을 분명히 규정하였다는 점에서도 그러하다.

Chapter

4

퍼스 / 제임스의 실용주의

제1절 찰스 퍼스의 생애배경과 실용주의 개척

1. 실용주의 개념과 공리주의 및 생의 철학과의 관계

실용주의(實用主義, pragmatism)는 미국에서 남부 11개 주에서 노예제도의 존속과 연방 분리를 통한 독립을 주장하며 일으켰던 남북전쟁(American Civil War, 1861~1865)으로 남부에서는 노예제도가 폐지되고, 북부에서도 지적이고 문화적으로 참상을 겪었던 시기에 대두된 철학이다.

남북전쟁은 미국의 16~17대 대통령 링컨(Abraham Lincoln)[1)]이 취임한 1861년 3월 4일에서 한 달이 지나지 않았던 1861년 4월 1일에 일어나 1865년 5월 10일까지 약 4년간 지속되었다. 남북전쟁은 미국에서 산업화가 이

1) 링컨은 1864년 11월에 재선에 성공하였으나 남북전쟁이 끝난 지 5일 후인 1865년 4월 14일 밤 10시경에 워싱턴의 포드극장에서 아내와 함께 <우리 미국인 사촌(Our American Cousin)>이라는 공연을 보다가 남부맹방 지지자이자 가톨릭교도인 존 윌크스 부스 일당에게 암살당했다.

루어진 이후 일어난 최초의 전쟁이었으므로 기차나 증기선, 자동화기 등이 사용되어 많은 희생자가 발생했다. 군인 사망자만 해도 75만 명이었고 일반인의 피해는 북부의 경우 20~45세의 남자인구 중 10퍼센트가 죽었으며, 남부의 경우는 18~40세의 남자인구 중의 30퍼센트가 이 전쟁으로 희생된 것으로 밝혀지고 있다.

남북전쟁을 전후한 시기의 미국 사상계는 영국의 식민지 시대부터 이어져 온 독일 관념론에 의해서 지배되어 왔다. 당시 유럽은 말 그대로 '헤겔주의자 향수(Hegelian perfume)' 냄새로 진동하던 때였다. 당시 하버드대학 철학과에는 헤겔과 영국의 브래들리(F. H. Bradley)의 관념론에 경도되었던 윌리엄 제임스의 동료이자 하버드대학 교수로 재직했던 조사이어 로이스(Josiah Royce, 1855~1916)가 있었다. 이러한 연유로 로이스는 영국의 이류 철학자들이 미국에 와서 활동한 지 100여 년 만에 자연신학과 인문학 강좌를 대표하는 스코틀랜드의 기퍼드 강연(Gifford Lecture, 1898~1900)[2]에서 〈세계와 개인(The World and the Individual)〉이라는 주제로 강연할 수 있었다.

그러나 남북전쟁 이후에 급속한 발전을 했지만 미국의 자본주의는 여전히 매우 혼란했고 그것은 정치나 경제뿐만 아니라 사상 면에서도 유럽으로부터 벗어나 미국의 독자성을 확립할 필요성이 있었다. 이러한 시대적 배경을 바탕으로 미국 중심으로 성립된 철학적 결실이 실용주의라고 볼 수 있다.

윌리엄 제임스가 〈종교적 경험의 다양성(The Varieties of Religious Experience)〉이라는 주제로 조사이어 로이스에 이어서 기퍼드 강연(Gifford Lecture, 1901~1902)에서 발표할 수 있었던 것도 같은 맥락에서 이해할 수 있다. 실용주의로 번역이 되는 영어의 'pragmatism'은 그리스어 'pragmatikos'와 라틴어 'pragmaticus'[3]에서의 '프래그마(pragma)'에서 나온 말이며, '활동, 행위, 실천'의 의미가 있

2) 영국의 스코틀랜드 상원인 애덤 로드 기퍼드(Adam Lord Gifford)의 기부에 의해 1888년부터 시작된 유명 대중강좌로 매년 스코틀랜드의 네 개 대학(에버딘, 글래스고, 에든버러, 세인트루이스)에서 돌아가면서 개최된다.

3) 그리스어 'pragmatikos'는 active, business-like 등의 의미가 있고, 라틴어 'pragmaticus'는 skilled in business의 의미가 있다.

는데, 그리스어 'praxeis(프락세이스)'와 같은 어원에 속한다.

실용주의(프래그머티즘)가 일상적 용어가 아닌 철학적으로 대두되기 시작한 것은 1872년 보스턴 근처의 케임브리지(Cambridge District)의 하버드대학에서 찰스 샌더스 퍼스(Charles Sanders Peirce, 1839~1914)를 비롯한 일단의 반형이상학적인 젊은 지식인들의 모임인 '형이상학 클럽(Metaphysical Club)'에서 비롯되었다. 이 모임은 2주에 한 번씩 모여서 의미와 진리에 관한 이론을 연구한 논문을 읽고 토론하는 형식이었는데, 주로 찰스 퍼스의 서재에서 이루어졌지만 때로는 제임스의 서재에서도 모였다고 전해진다.

따라서 자연스럽게 모임의 토론에서 논의되었던 사상적 방법들은 찰스 퍼스가 정리하였고, 그러한 연구방법을 상징하는 의미로 '실용주의(Pragmatism)'라는 단어를 사용하면서 시작된 것이다. 당시 프래그머티즘이라는 말은 퍼스가 칸트의 『순수이성비판』에서 빌려온 말이라고 전해지는데, 칸트에 따르면 인간은 어떤 상황에서 무엇을 믿어야 하는지 확실히 알지 못할 때도 어떤 것을 믿어야 할 때가 있다고 주장한 것에 대응하여 퍼스는 경험이나 실험에 의한 믿음, 즉 실용적 믿음(pragmatic belief)일 수밖에 없다는 견해를 제시한 것이다.

그러므로 역사적으로 볼 때 실용주의는 대개 1872년부터 1874년 사이에 일어난 철학사상이라고 추정할 수 있으며, 퍼스가 1870년대에 '형이상학 클럽(메타피지컬 클럽)'이라는 모임의 활동과정에서 사용한 '실용주의'라는 용어는 일종의 의미이론과 '방법론'을 의미하고 있었다고 볼 수 있다. 따라서 당시 퍼스가 실용주의를 '방법론'이라고 명칭을 한 이유를 짐작해보면 퍼스에게 있어서는 실용주의가 그의 사상 전체를 의미하는 것이 아니라 그를 대변하는 사상인 기호학에서의 한 방법 또는 기술에 해당된 것이라고 볼 수 있다.

그러나 찰스 퍼스가 강단철학자로 제대로 자리를 잡지 못하여 결국 학계에서도 약 20년간 이론적 정립이 되지 않고 있던 즈음에 윌리엄 제임스(William James, 1842~1910)가 실용주의에 관한 글을 다시 발표하면서 확산이 되기에 이른다. 그러므로 철학 사조로서의 실용주의는 윌리엄 제임스에 의해서 발전이 되고 확산이 되었다고 볼 수 있다. 제임스는 많은 강연과 저술을 통해 실용주의를 의미이론에 국한한 것이 아니라 하나의 진리관 내지는 세계관으로 천명하여 철학적 사조로서의 견지를 표명하였던 것이다. 이로 인하여 퍼스는 제임스와 논쟁을 벌이게 되며, 자신이 주장하는 실용주의를 프래그머티즘(Pragmatism)이 아니라 '프래그머티시즘(Pragmaticism)'이라는 다른 이름으로 고쳐 부르게 된다.

그리고 그 뒤의 존 듀이(John Dewey, 1859~1952)는 자연주의적인 실험적 경험론의 입장에서 실용주의를 전개하여 실험주의(Experimentalism)[4] 혹은 도구주의(기구주의, Instrumentalism)라고도 불리는 독특한 사상으로 발전시키게 된다. 하지만 오늘날의 실용주의란 말은 사유방법적인 원칙보다는 행동방법상의 실용성을 중시하는 제국주의적 정치 태도나 정치이념을 가리키는 말로도 혼용이 되고 있다.

그러나 정치이념이 아닌 철학적 사조의 맥락으로만 보면 실용주의는 주로 독일에서 영국을 거쳐 미국으로 건너간 게르만족 계열인 앵글로색슨족(Anglo-Saxons) 국가들에 확산되어 있는 주관적 관념으로 볼 수 있다. 따라서 영국의 공리주의나 진화론적 관념은 미국의 실용주의로 이어졌다고도 볼 수 있는 것이다.

특히 미국의 실용주의(Pragmatism) 사상을 확산시킨 윌리엄 제임스는 영국의 제러미 벤담(Jeremy Bentham, 1748~1832)과 존 스튜어트 밀(John Stuart Mill, 1806~1873)이 제시한 공리주의의 영향을 받았으며, 그 뒤의 존 듀이는 찰스 다윈(Charles Darwin, 1809~1882)의 진화론(進化論, Evolution theory)의 영향을 받은 것으로 보인다. 그 이유는 찰스 퍼스를 비롯한 윌리엄 제임스, 존 듀이에 이르기까지 실용주의자들은 자연과학을 전공한 후 철학을 공부한 경로를 걸었다는 점에서도 미루어 짐작할 수 있다. 이들이 주장하고 있는 실용주의의 방법론적 맥락도 관념론의 방법론이 아니라 진화론이 당시 학계의

4) 존 듀이는 자신의 이론을 실험적 과학에 적용되는 방법으로 이해하고, 어떤 진술이 참이라는 판정을 받으려면 그 진술이 경험적으로나 실험적으로 확증되는 실용성을 보여야 한다는 견해를 보였다.

관심사로 떠올랐던 관념론에 제동을 걸었던 것과 같이 상식적이고 과학적인 사고로 접근했다는 점에서도 그러하다.

그리고 시대적으로 보면 실용주의(Pragmatism)는 제국주의 정치이념시대에 등장했던 부르주아철학의 세계관적 사조인 생의 철학(Philosophy of life)[5)]의 한 형태에도 속한다고 볼 수 있다. 생의 철학은 19세기까지 독일의 이마누엘 칸트(Immanuel Kant, 1724~1804)의 관념론적인 합리주의에 기초하여 물질에 가치를 두는 자본주의체제의 정치이념에서 벗어나 비합리주의, 주관적 관념, 인식비판주의, 방법상의 상대주의를 지향한 사상이다. 그리고 실증주의(Positivism)와 생물학의 개념을 사회과학에 기계적으로 적용하려는 생물학주의(Biologism)의 혼입 등을 그 특징으로 한 '합리적 자연주의(rational naturalism)'로 대두하였는데, 실용주의는 이러한 생의 철학의 영향을 받았기 때문이다(한국철학사상연구회 편, 1997 : 679-680 참조 재수정).

하지만 실용주의가 19세기 후반까지 철학적 문화적 자산을 통해 권위를 형성하고 세계를 주도하던 기성세력이었던 유럽철학의 사유에서 벗어나 미국이 독자적으로 사유체계를 세웠다는 점에서는 대변혁이었다고 볼 수 있다. 즉 19세기까지만 해도 미국은 유럽의 변방이었기 때문에 미국인들은 독일을 비롯한 유럽의 문화와 학문을 미국에 도입하는 것에 관심이 있었다. 특히 독일은 칸트(Immanuel Kant) 이후 철학과 과학의 중심으로 성장한 나라였기 때문에 미국 정치계나 지성계에서는 독일로 유학을 다녀와서 미국의 대학에서 가르치는 패턴을 유지하고 있었던 실정이었다는 점에서도 그러하다.

한편, 생의 철학이 앵글로색슨족 국가인 미국에서는 실용주의로 이행이 되었다면, 유럽에서는 파시즘(Fascism)[6)]에 영향을 미쳐서 개인들은 국가가 명시한 국민의 통합된 뜻에 따르고, 국가를 상징하는 카리스마적인 지도자에게 복종하여 자유주의적 민주주의 등의 가치관은 낮게 평가되는 정치이

5) 생의 철학은 자본주의가 20세기의 제국주의 단계로 이행하는 현상과 밀접한 관계를 맺고 형성되었으며, 자본주의의 보편적 위기를 표현하는 세계관이며 반동적인 세계관으로 대두하였다.

6) 이탈리아어 낱말 파쇼(fascio)에서 나온 말로 '느릅나무나 자작나무 등의 묶음'을 뜻하는데, 국가, 민족, 인종이 개인의 자유보다 중요하다고 주장하는 특징이 있으며, 국가를 상징하는 지도자를 찬양하는 정치 관념을 띤다.

념으로 자리 잡게 된다. 이탈리아에서는 베니토 무솔리니(Benito Mussolini, 1883~1945)의 파쇼정권이 수립되었고, 폴란드, 헝가리, 포르투갈에서는 이미 1920년대에 파시즘적인 경향을 띤 정권이 수립된 것이 그 실제적인 예이다. 그리고 독일에서는 제1차 세계대전 이후인 1933년에 아돌프 히틀러(Adolf Hitler, 1889~1945)의 파시스트 정당 나치스(Nazis) 정권도 들어서게 된다. 이처럼 실용주의와 같은 시기에 나타난 정치이념인 파시즘과 국가사회주의(나치즘)는 국가주의적이고 전체주의적인 정치운동으로 나타나 유럽을 중심으로 정권을 차지했던 것이다.

세부적으로 보면, 이탈리아의 파시즘은 무능한 정부와 희망을 주지 못하는 지도자와 제1차 세계대전이 끝난 뒤 경제혼란 상황에 대한 국민의 환멸 속에서 무솔리니(Benito Mussolini, 1883~1945)의 쿠데타에 의해서 일어났다. 그리고 독일의 나치즘(Nazism)은 제1차 세계대전 후에 보다 강력한 반자유주의적 국가주의의 분위기 속에서 히틀러(Adolf Hitler, 1889~1945)[7]에 의해서 일어나 인종차별주의와 반유대주의(Racism and Anti-Semitism)로 이어졌다.

그리고 스페인(에스파냐)에서는 프란시스코 프랑코(Francisco Franco, 1892~1975) 장군이 주도한 파시즘 정당 팔랑헤 당(Falange Espaola)이 1939년 2월에 파쇼정권을 시작하여 그가 사망한 1975년까지 이어졌다. 일본에서는 천황의 존재와 강한 군국주의 전통이 1930년대 파시즘이 확산하는 데 필요한 요소가 되었다. 독일과 마찬가지로 일본도 미개한 지역의 인종들을 정복하여 무사(武士)적 가치관의 정당성을 입증하는 임무가 그들에게 있다고 생각했던 특징이 있었던 것이다.

이러한 과정을 거쳐 형성된 이탈리아, 독일, 일본 3국 동맹체제의 파시즘 정권은 1939년 9월 1일, 나치 독일군대가 폴란드를 침공한 것을 시작으로 제2차 세계대전을 일으키게 된다. 일본도 독일의 동맹국(3국 동맹)으로서 프랑스, 영국, 소련, 미국의 연합국에 대항하여 아시아-태평양전쟁(Asia-

7) 히틀러의 나치당(1919~1945)은 제1차 세계대전의 평화협정인 베르사유 조약에 강력히 반대해서 지지를 얻어 정권을 획득했으며, '아리아인', '게르만인'이나 '독일인' 등의 인종우월주의를 주장하였다. 나치당의 정책은 25개조에 달하는 나치당 강령에 드러나고 있다.

Pacific War)을 벌였다. 하지만 전쟁상황이 서서히 3국 동맹국에게 불리하게 전개됨에 따라 파시즘은 몰락하게 된다. 먼저 무솔리니는 이탈리아의 반파쇼 의용군에게 코모 근처 한 호반 마을에서 체포되어 1945년 4월 8일에 그의 애인 클라라 페타치와 함께 사살된다. 이후 전세가 불리해진 히틀러도 1945년 4월 30일(56세)에 지하 벙크에서 그의 애인 에바 브라운(Eva Braun)과 동반하여 권총 자살하였다[8]. 당시 에바 브라운은 33세의 나이였으며 청산가리 캡슐로 자살을 선택한 것으로 알려지고 있다. 그리고 일본 제국의 쇼와 천황(昭和天皇 1926~1989 재위) 히로히토(裕仁)도 일본이 1932년에 중국 만주에 세운 괴뢰정부인 만주국을 소련이 공격해오고 미국이 1945년 8월 6일 히로시마, 8월 9일 나가사키에 원자폭탄을 투하하자 1945년 8월 15일에 라디오방송으로 항복 선언하여 패하게 된다.

이러한 제국주의 시기에 양차에 걸쳐 일어난 세계대전은 제1차 세계대전(1914~1918)에서 4년간 1,000만여 명이 사망했을 정도로 치열했고, 제2차 세계대전(1939~1945)에서는 6년간 군인 약 2,500만 명과 민간인 약 3,000만 명이 희생될 정도로 파괴적이었다. 이는 유럽 국가들의 몰락을 의미했고, 전승국에 속한 미국 중심의 실용주의가 풍미하게 되는 시대적 배경이 되었다.

한편, 이들 파시즘과 나치즘(국가사회주의)의 핵심적 이데올로기는 극단적인 반공산주의 노선[9]에 두고 전체주의, 인종주의, 사회다윈주의(Social Darwinism), 신 맬더스주의(Neo Malthusianism) 이론과 결합하여 공산주의와 자본주의국가들에 대한 공격적 태도를 취하였다는 공통점을 들 수 있다. 제2차 세계대전으로 독일의 나치즘과 이탈리아의 파시즘은 몰락했지만 제2차 세계대전 이후에도 신 파시즘적이고 우익 급진주의적 정당과 단체가 형성되어 활동

8) 영국 작가 제라드 윌리엄스와 사이먼 던스틴이 쓴 『그레이 울프 : 아돌프의 탈출』(2011)에서는 히틀러가 자살로 위장한 채 아르헨티나로 도망가서 노년까지 살았다고 주장하고 있다.

9) 1917년 러시아에서는 레닌이 주도한 볼셰비키(Bolshevik) 혁명 이후 1920년대 들어 공산주의가 지식인과 노동자를 중심으로 '국제 노동자협회(International Working Men's Association)'를 중심으로 노동자 권익운동이 퍼지게 된다. 독일에서도 공산주의와 함께 노동자들의 권익운동이 일어나게 되자 독일 내 중산층 및 소생산자들은 급진적인 이런 공산주의를 매우 위험하게 생각하였다. 이에 히틀러는 독일 내 중산층 및 소생산자들의 광범한 지지를 얻기 위해 공산주의를 부정하게 된다.

하고 있는 것이 현실이다. 이들 신 파시스트(네오 파시스트)들은 서유럽인과 북미사람들이 인종적으로 다른 민족보다 문화적·도덕적으로 우세하다는 유럽주의(Europeanism)와 아메리칸주의(Americanism)를 주장하고 있다는 점에서 파시즘의 맥을 잇고 있는 것으로 볼 수 있는 것이다(한국철학사상연구회 편, 1997 : 1323-1324 참조 재수정).

이렇게 볼 때 실용주의뿐만 아니라 파시즘이나 나치즘(국가사회주의)도 합리주의에 반기를 든 생의 철학의 여러 갈래와 함께 자본주의가 제국주의(Expansionism)로 이행되는 과정에서 대두된 이념이라는 점에서는 상통한다. 다만 파시즘이나 나치즘은 생의 철학의 철학적 모티브들, 특히 니체와 파레토의 철학[10)]에 나타나는 철학적 모티브들을 그들의 사상에 악용하였다는 차이가 있다.

그럼에도 불구하고 실용주의나 파시즘 등이 이념적으로 절대적이고 객관적인 윤리규범보다는 상대적이고 주관적인 도덕관을 갖는다는 점에서는 유사하다. 윤리 측면에서의 상대주의는 보편타당한 도덕규범은 거부하는 것이기 때문이다. 이것은 현대의 부르주아철학인 실증주의, 실존주의, 실용주의 등이 공통적으로 가지고 있는 윤리적 가치이기도 하다. 그러므로 이들 철학은 절대적이고 합리적이라고 할 수 있는 '일원주의(monism)'보다는 다원성 혹은 다수성에 기초하는 다원주의(pluralism)의 입장에 있는 것이다. 자본주의 체제를 비판하는 마르크스주의자들의 견해에 따르면 '제국주의 철학'이기도 한 것이다.

실용주의적 노선은 적어도 세계적으로 신보수주의(신자유주의)적 사조가 구체화되기 시작하는 1970년대까지는 미국을 비롯한 자본주의국가의 사회정책 배경 철학으로서 역할을 하게 된다. 왜냐하면 1970년대부터는 석유파동 등의 요인으로 1960년대까지의 낙관적 경제주의가 퇴조하고 경기침체

---

10) 이탈리아의 경제학자 파레토(Vilfredo Pareto, 1848~1923)은 자원이 분배된 현재 상태에서 모든 참여자들의 효용이 더 이상 개선될 수 있는 기회가 없는 경우의 분배 상태를 이른바 '파레토 최적(pareto optimality)' 혹은 파레토 효율(Pareto efficiency)이라고 개념화하였다. 즉 '파레토 최적(효율)' 상태에서는 어떤 사람이 이익을 보기 위해서는 반드시 다른 어떤 사람이 손해를 보게 된다.

로 인한 감속경제 이행기에 접어들었고, 복지의 관점에서도 비관적 흐름이 뚜렷했기 때문이다.

하지만 실용주의(프래그머티즘)는 제2차 세계대전 당시 상대국들의 정치 체제 이념이었던 파시즘이나 나치즘의 본질을 이해하지 못함으로써 적절하게 대처하지 못했다는 비판을 받게 되면서 쇠퇴의 길을 걷게 되었다고도 볼 수 있다. 즉 파시스트나 나치스트들의 이데올로기에 대응한 앵글로색슨족의 실용주의는 지적인 변호에서 허약하였기 때문이다.

결국 이러한 이유로 프래그머티즘이 쇠퇴한 이후 미국의 주류철학은 영국에서 출발하여 논증을 중시하는 분석철학이 차지하게 된다. 그러나 미국의 리처드 로티(Richard Rorty)와 프랑스의 장 프랑수아 리오타르(Jean-François Lyotard) 등은 분석철학자로 출발했지만, 서서히 네오프래그머티즘(신실용주의)을 내세우며, 그 맥을 이어가게 된다.

2. 찰스 퍼스의 생애배경과 실용주의 개척 체계

1) 찰스 퍼스의 생애배경

찰스 샌더스 퍼스(Charles Sanders Peirce, 1839~1914)는 미국의 실용주의(Pragmatism)를 창시한 철학자로 미국 동부의 매사추세츠주의 보스턴(Boston)에서 5km 정도 떨어진 케임브리지(Cambridge)에서 미국 최초의 대학인 하버드대학 교수였던 벤자민 퍼스(Benjamin Peirce, 1809~1880)와 어머니 사라 밀즈 사이에서 4형제 중에서 차남으로 태어났다. 당시 케임브리지는 하버드대학 중심의 도시였다. 찰스 퍼스의 아버지인 벤자민 퍼스는 1829년에 하버드대학을 졸업하고 1833년 하버드대학교에서 석사학위를 받고 24세에 수학 및 자연철학교수로 하버드대학에 임용되어 수학과 천문학 분야에서 일련의 교재와 학술논문을 쓴 유명한 교수였다.

아울러 그는 당시 미국의 대표적인 지식인들의 클럽이었던 '새터데이 클럽(Saturday Club)'을 통하여 윌리엄 제임스의 아버지인 헨리 제임스 시니어

(Henry James Senior), 훗날 윌리엄 제임스의 스승이 되는 반 진화론자 루이 아가시(Louis Agassiz, 1807~1873) 등과도 학계의 인맥을 갖춘 사람이었다. 그러나 어릴 때부터 명석함을 보였지만 만성적인 안면신경증으로 평생 모르핀과 코카인을 복용해야 할 정도로 신체적으로는 허약한 사람이기도 했다.

따라서 찰스 퍼스는 어린 시절부터 교수인 그의 아버지로부터 수학을 배우며 성장하였다. 12세 정도부터는 형의 논리학 책을 빌려보기 시작하면서 논리학과 사고의 규칙이 되는 추론에 관심을 가지고 하버드대학에 진학하여 1859년에 졸업했다. 그리고 미국연안측량학회에 가입하여 현장파견대에서 1년간 근무했다. 이후 1860년에는 아버지의 권유로 하버드대학 로렌스 과학부에 입학하여 화학을 전공하였고, 1863년에는 최우등으로 학사학위를 받았다. 따라서 찰스 퍼스의 사상적 주요 관심은 과학적 탐구로 어떤 측면을 명료하게 만드는 데 있었다고 할 수 있다. 그 이유 중의 하나는 찰스 퍼스가 대학 졸업 후 측량학회에 가입하여 아버지 벤자민 퍼스가 연구한 천문학 분야의 관측 계산조수로 하버드대학 천문대에서 일했던 경험에서도 찾을 수 있다.

그 외에도 1873~1886년까지 찰스 퍼스는 미국연안측량학회에 재가입하여 유럽과 미국의 20여 개 지역에서 중력을 정확하게 측정하기 위한 수단이 되는 진자운동(pendulum motion) 실험에 종사하고 그 결과를 보고서나 논문형태로 발표하였다. 그러나 찰스 퍼스는 보고서나 논문으로 작성하는 과정에서 학회관리자들과 의견충돌로 인하여 1891년 말부터는 학회에서 탈퇴하였다. 그로부터 학회가 추진하는 직무에도 참여할 수 없었기 때문에 1914년 75세로 사망할 때까지 고정된 수입이 없이 가난하게 살아야 했다.

하지만 찰스 퍼스의 학문적 열정은 사망하기 직전까지도 이어졌는데, 1878~1911년까지 국립과학원에 38편의 논문을 제출할 정도로 뛰어난 업적을 보였다. 그 이유 중의 하나는 찰스 퍼스의 학문적 능력은 1876년에 미국학술원 회원이 되면서 인정을 받기 시작하였고, 1877년 국립과학원 회원을 거쳐 1880년에는 런던수학학회 회원으로도 선출될 정도로 수학, 측지학, 물리학 분야에서 인정을 받고 있었기 때문이기도 하였다.

그러나 찰스 퍼스가 이러한 자연과학적 분야에서만 학문적 경력을 쌓은 것은 아니었다. 지성사에서 찰스 퍼스의 위치를 자리매김하는 두 가지의 주제어는 '실용주의(프래그머티즘)'와 '기호(논리)학'이기 때문이다. 그는 대학의 전공을 수학적 재능을 바탕으로 화학을 선택했지만 수학적 사유방식에 의한 기호논리학 분야에서도 뛰어난 업적을 보였고, 대학 시절부터 철학적 모임에서도 활발히 활동했던 것이다.

우선 기호학(記號學, semiotics)[11]에서의 찰스 퍼스가 남긴 역할은 20세기 기호학이 스위스의 구조주의 언어학자 소쉬르(Ferdinand de Saussure, 1857~1913)와 미국의 철학자 찰스 샌더스 퍼스로부터 창시되었다고 지칭이 될 정도이다. 두 사람은 서로 교류한 적이 없었으나 비슷한 시기에 기호학을 연구하기 시작했던 것이다. 따라서 소쉬르 기호학과 퍼스 기호학은 매우 다르다고 볼 수 있다.

소쉬르가 『일반 언어학 강의』(1916)에서 보인 '언어 기호학'의 중심사상은 언어기호의 자의성과 선형성(線型性, linearity), 그리고 네 가지 이항대립(二項對立, Binary Opposition)의 쌍, 즉 기표(시니피앙)와 기의(시니피에), 랑그와 파롤(Langue & Parole), 공시성과 통시성(synchrony and diachrony), 계열체(syntagme)와 통합체(paradigme) 등 한 쌍을 이루는 두 요소 간의 대립구조에 있다. 이는 소쉬르의 기호학 체계가 기표(기호 표현, Signifiant), 기의(기호 의미, Signifié)라는 두 가지 구성요소로 이루어진다는 점을 의미한다.

이에 비하여 퍼스가 주장하는 '논리기호학'에서의 의미작용은 기호(sign), 대상(object), 해석체(interpretant)의 3항으로 이루어진다. 이는 퍼스가 논리학을 기호에 관한 일반이론인 기호학과 동일시했다는 점을 말해준다. 그가 〈기호학으로서 간주되는 논리체계(A System of Logic, Considered as Semiotic)〉라는 제목의 미완성 저서(논문)를 통해 이 문제를 다루려고 시도했다는 점도 그러하다. 이러한 이유로 이후의 기호학자들은 두 창시자의 이론을 토대로 접점을 찾으며 기호학을 계승하고 발전시키게 되는 것이다.

11) 기호학은 언어구조에서 간단한 기호에서부터 복잡한 기호를 연구 대상으로 언어의 구조와 그 의미를 연구한다는 의미에서 언어학 분야와 맞닿아 있지만, 비언어 기호 체계도 연구 대상으로 삼는다.

그리고 실용주의 철학의 창시자로서의 찰스 퍼스의 역할은 미국 지성사에서 획기적 사건이 되었다고 볼 수 있다. 찰스 퍼스는 1872년부터 '메타피지컬 클럽(Metaphysical Club, 형이상학 모임)'[12]에 참석하면서 실용주의를 탄생시키는 획기적인 역할을 했기 때문이다. 당시 미국사회는 남북전쟁(시민전쟁)에서 북부가 승리하여 노예가 해방되고 연방제는 살아남았지만, 전쟁은 민주주의의 쇠퇴, 문화의 쇠퇴로 이어졌던 시기였다.

따라서 새로운 사상과 사유방식을 찾아야 한다는 지성계의 과제가 있었고, 찰스 퍼스는 바로 '메타피지컬 클럽'에서 '실용주의(Pragmatism)'라는 새로운 미국정신(사상)을 창안해내는 역할을 했던 것이다. 즉 프래그머티즘(Pragmatism)이라는 용어는 퍼스가 여러 철학 사조의 주장들 가운데 진화론(進化論)을 기점으로 하여 19세기에 발달한 생물학과 심리학의 영향을 받아 과학적인 내용을 결합한 자신의 사상을 지칭한 신조어인 것이다. 그러므로 관념론의 아프리오리즘(apriorism, 先天主義)과는 대립되는 의미이다.

퍼스는 그리스어와 라틴어의 접두어인 '프라그마(pragma)'[13]를 기초로 칸트가 실천이성에서 선험적 혹은 정언적 명령의 의미로 제시한 프래그티슈(praktisch)와 경험적 또는 가언적 명령의 의미로 제시한 프래그매티슈(pragmatisch)를 참고하여 '프래그머티즘'으로 지칭한 것으로 볼 수 있다. 따라서 퍼스의 이론은 '의미의 이론'이라고도 불린다. 이러한 퍼스의 '의미의 이론'에 제임스는 더욱더 행동적 요소를 도입함으로써 프래그머티즘을 '진리의 이론'으로 전개한 사람이라고 할 수 있다.

당시 메타피지컬 클럽(형이상학 모임)은 매사추세츠주 케임브리지의 하버드대학에서 6명의 비공식 모임으로 만들어져서 1872년 1월부터 약 9개월 정도의 짧은 기간 지속되었다. 이후에는 다른 멤버들이 참여하면서 1879년까지도 유지되며 미국식 민주주의를 꽃피우는 데 철학적 역할을 다했다고

---

12) 메타피지컬 클럽은 주로 하버드대학 졸업생이나 재학생들에 의해 1872년에 결성되어 1879년 봄에 해체된 것으로 보이는데, 주요 멤버는 와르너(Joseph Warner), 그린(Nicholas St. John Green), 라이트(Chauncey Wright), 홈즈(Oliver Wendell Holmes Jr.), 제임스(William James), 그리고 퍼어스(Charles S. Peirce) 등의 6명이었다.

13) 그리스어로 프라그마(pragma)는 이루어진 사항 혹은 행동을 의미한다.

볼 수 있다.

이 모임에는 주로 하버드대학[14]을 졸업한 동문들이 참여했는데, 하버드대학 의학교수, 연방대법관, 평론가 등의 다양한 활동을 했던 올리버 웬들 홈스(Oliver Wendell Holmes, 1809~1894), 어린 시절부터 찰스 퍼스와 친구관계를 유지하면서 경제적인 도움을 주었던 윌리엄 제임스(William James)가 찰스 퍼스와 함께 주축이 되었다. 그리고 이들보다 연상이었던 세인트 존 그린(Nicholas St. John Green), 챈시 라이트(Chauncey Wright) 등도 멤버로 참여하였다. 이 중에서 챈시 라이트는 1865년 이래 10년간 특히 1870년과 1875년 사이에 찰스 다윈의 진화자연주의 철학을 널리 알렸던 인물이기도 하다.

이들의 뒤를 이어서는 제임스의 충실한 계승자였던 철학자 겸 교육학자 존 듀이에 의해서 실용주의가 '실험주의' 혹은 '도구주의'로 발전하게 된다. 흔히 '프래그머티즘의 네 거인'으로 올리버 웬들 홈스(Oliver Wendell Holmes Jr.), 윌리엄 제임스(William James), 찰스 샌더스 퍼스(Charles S. Peirce), 존 듀이(John Dewey)를 지칭하고 있는 것도 이러한 맥락에서 해석될 수 있다.

찰스 퍼스는 이러한 기호논리학과 실용주의적인 철학 활동의 결과로 1879년(40세)에는 존스 홉킨스대학의 논리학 강사로 임용이 되어 약 15년간 논리학 강의를 맡게 된다. 이 기간 중 듀이(John Dewey)는 대학원생으로 짧게 퍼스와 조우했던 것으로 알려진다. 그러나 찰스 퍼스는 1862년(23세)에 결혼한 해리엇 멜루사나 페이와 사이가 나빠져 새로운 여성과 교제하는 과정에서 사생활 문제나 다른 교수들과의 논쟁에 휘말려 1883년에는 존스 홉킨스대학에서 해임이 되었다. 이때부터 그는 대학교수직에서는 완전히 멀어졌으며, 연안측량부에서 일하며 저술활동을 이어갔던 것이다. 바로 이 시기에 찰스 퍼스는 프래그머티즘 사상의 문을 여는 글들을 본격적으로 쓰게 된다.

이후 찰스 퍼스는 첫 아내와 이혼에 합의하고 1883년(34세)에 줄리엣 푸

14) 하버드대학은 영국 식민지인 미국에서 최초로 설립(1673년)되었으며, 처음에는 '새로운 대학(New College)' 또는 '뉴타운대학(The College at New Town)'으로 불리다가 1638년에 '케임브리지대학'으로 개칭한 후, 그해 도서 400여 권과 재산의 절반인 현금 799파운드를 대학에 기부한 영국 청교도교회 목사 존 하버드(John Harvard, 1607~1638)의 성을 따서 1639년에 '하버드컬리지(Harvard College)'로 개칭하였다.

르탈라이(Juliette Pourtalai)와 결혼하여 펜실베이니아주 시골 밀퍼드에서 유산 자금으로 산 토지에 자신의 설계로 지은 집에서 살게 된다. 두 번의 결혼을 했지만 찰스 퍼스는 자식이 없었고, 부부만이 살면서 간혹 친구인 윌리엄 제임스가 하버드대학 등에 강의를 주거나 친척이나 친구들이 기금을 모아주는 등의 도움으로 가난하게 살았다. 따라서 겨울에는 난방을 하지 못하거나 빵 가게에서 팔지 못하고 굳어진 빵을 얻어 와야 할 정도였다. 이러한 이유로 국립과학원의 학술지에 다양한 주제의 논문을 기고하고도 남은 미발표 원고가 1,600편이 넘을 정도였지만 가난으로 생전에는 책으로 출판되지 못하였다.

이처럼 찰스 퍼스는 중년 이후부터 가난하게 살았기 때문에 그의 원고들은 1910년에 74세를 일기로 찰스 퍼스가 사망하고 난 뒤에 부인에 의해 하버드대학에 팔리게 된다. 그러나 하버드대학에서는 1930년까지도 그의 유고를 정리하지 않았기 때문에 찰스 퍼스의 사상은 알려지지 못했다. 그리고 1931년에 가서야 하버드대학 출판부에서 8권으로 구성된 『찰스 샌더스 퍼스 선집(*Collected Papers of Charles Sanders Peirce*)』이 발간되면서 뒤늦게야 빛을 보게 된 것이다.

이처럼 찰스 퍼스가 평생 가난하게 살며, 빚쟁이를 피해 천장 위의 다락방으로 숨어야 했고, 그러한 환경에서 자신의 사상을 출판하거나 대학 강단에서 전파할 수 없었던 사유 중의 하나는 그보다 다섯 살이 많고 하버드대학에서 수학 및 화학 교수를 거쳐서 40년간 하버드대학교 총장을 지냈던 찰스 윌리엄 엘리엇(Charles William Eliot, 1834~1926)과의 관계에서도 찾을 수 있다. 찰스 퍼스는 같은 화학을 전공한 윌리엄 제임스와는 평생 교우관계를 지속했지만 엘리엇과는 사이가 좋지 못했던 것이다. 이러한 이유로 퍼스가 모교에서 교수직을 원했지만 엘리엇이 1869년부터 1909년까지 하버드대학의 총장으로 재임하면서 찰스 퍼스의 교수직 시도가 번번이 막히게 되었던 것이다.

2) 찰스 퍼스의 실용주의 개척 체계

찰스 퍼스가 화학과 수학을 전공하였지만 철학자의 통로로 들어서게 된 계기는 미국의 연안측량부의 정식 기사로 일하기 시작할 즈음인 1872년부터 6명의 회원들로 구성된 '메타피지컬 클럽(형이상학 모임)'에 참여하면서부터이다. 퍼스는 이 모임에서 토론과 연구를 통해 회원들에게 공통된 사상과 연구방법론을 '프래그머티즘(Pragmatism)'이라고 명명하고, 그 사상과 방법론을 두 개의 논문으로 정리하여 잡지에 발표하는 데 주도적인 역할을 하였다.

찰스 퍼스가 1877년부터 1878년까지 〈과학 논리의 도안(예증)들(Illustrations of Logic of Science)〉이라는 표제의 시리즈로 『월간 대중과학(*Popular Science Monthly*)』이라는 저널에 발표한 것을 프래그머티즘의 시발로 보는 것이다. 1877년(38세) 11월에 발표한 〈신념(믿음)을 확정하는 방법〉(1877)과 1878년 1월에 같은 잡지에 발표한 〈우리들의 관념(아이디어)을 명확하게 하는 방법〉 등의 논문이 그것이다. 윌리엄 제임스도 바로 찰스 퍼스가 1877~1878년에 이 학술지에 게재했던 일명 〈과학 논리의 도안들〉이라는 제목의 시리즈인 〈신념(믿음)을 확정하는 방법〉과 〈우리들의 관념(아이디어)을 명확하게 하는 방법〉을 실용주의 사상의 출발점으로 보고 있다.

이는 퍼스가 단순한 사변이나 데카르트식의 방법론적 회의주의가 아닌 실제적 회의를 갖는 의심이라는 관념(아이디어)을 발전시켰다는 의미가 된다. 퍼스는 당시 자신의 이러한 방법론을 '실용적 극대'라고 이름을 붙이고 같은 제목으로 『실용적 극대』라는 소책자로 발간하기도 하였다. 후일 철학계에서는 바로 『실용적 극대』를 발간한 시점을 프래그머티즘의 시작점으로 보게 되는 이유이기도 하다.

특히 〈신념(믿음)을 확정하는 방법(The Fixation of Belief)〉(1877)이라는 논문에서는 고집의 방법, 권위의 방법, 선험적(先驗的) 방법, 과학적 방법의 네 가지가 있지만, 그중에서 '과학적 방법'만이 바른 것이라고 퍼스는 주장한다. 그 이유로는 과학적 방법에 의해 얻어지는 신념(belief)만이 연구자들에게 공개되어 최종적으로 의견일치를 볼 수 있다는 것이었다.

이는 철학은 애매한 관념이나 언어의 의미를 논리적으로 분석하고 명석하게 하는 것이 과제라고 본 것이다. 그런데 관념은 언어로 표현이 되고, 언어는 기호(sign)로 표현되기 때문에 결국 퍼스의 철학은 기호의 의미를 확실히 정하고 기호체계[15)]를 분석하는 '기호논리학'이나 '분석철학'의 선구자적 위치에 있다고도 볼 수 있다. 아울러 인간을 기호를 사용하는 존재로 보고, 인간이 곧 기호라고 정의함으로써 언어의 실용적 측면을 강조하고 있다는 측면에서는 소쉬르에서 비롯된 대륙기호학과 대립되는 영미기호학인 '실용주의적 기호론'을 개창한 철학자라고도 규정할 수 있다.

퍼스는 모든 인간 의사소통의 선천적 구조를 그의 실용적 기호론을 통하여 밝히고자 했는데, 기호를 의식과 사고에 적용시키고 있다는 점이 철학자의 위치로 자리매김하는 것이다. 이는 전통적으로 알려진 인간의 사고와 의식은 이성을 바탕으로 설명되어 왔지만 퍼스에 의하면 사고는 인간이 사용하는 기호에 종속적이며 자유로울 수 없다는 입장을 보인 것이다. 데카르트의 인식체계에 따르면 '사고하는 인간'이라는 주체는 절대 의심할 수 없는 존재지만, 퍼스에 따르면 '기호에 종속된 인간'이 된다는 점에서 인간은 의심의 대상이 되는 것이다.

퍼스의 기호학 혹은 논리학은 이론적으로 삼원적 기호관계론(triadic sign relation) 혹은 기호의 삼각관계(triadic relation)로 설명될 수 있다. 즉 퍼스는 기호체(sign), 의미체(thing signified), 인식체(cognition produced in the mind)의 3요소를 통해 진리(지식)의 타당성과 객관성을 과학적으로 확보하려고 하였기 때문이다. 여기에서 기호체는 의미체와는 별개의 기호를 구성하고 있는 정신적 형상(manifact)이고, 의미체는 기호체가 지칭하고 있는 기호의 내용인 지시체(referent)를 말하며, 인식체는 기호 사용자(sign-user)의 마음속에서 기호체와 의미체가 연관되어 생성되는 또 하나의 사상단위(the unit of thought)를 말한다.

이러한 기호의 삼각관계를 좀 더 체계화시킨 것이 그의 기호 구성체계이며, 그것은 기호(sign) 또는 기호의 형식적 측면인 표상체(representamen), 기

15) 퍼스는 기호(sing)가 표상체(표현체, representamen), 대상(object), 해석체(해석소, inter- pretant)의 삼항으로 구성된다고 보았다. 이러한 그의 실용주의사상은 의미이론(해석체이론)으로 불린다.

호(sign)가 상징하고 있는 물질적 혹은 정신적 형상인 대상체(object), 그리고 그 표상체(기호)가 어떤 대상을 지시하고 있는가를 해석 작용을 한 결과인 해석체(해석소, interpretant)의 세 가지 요소(항목)로 구성된다. 이를 퍼스의 '논리학으로서 간주되는 기호학(semiotics)'으로 정의할 수 있다. 그리고 크게는 '실용적 기호학(pragmatic semiotics)'으로도 지칭할 수 있는데, 여기에서 실용적 기호학이라고 하는 것은 무한하고 연속적인 기호학(semiotics)의 표상체, 대상체, 해석체라는 세 가지 항목의 관계를 해석하는 세미오시스(semiosis, 기호작용)의 실용성에 초점을 둔 표현이라고 할 수 있다.

〈어떻게 우리들의 관념을 명석하게 만드는가?〉(1878)는 '형이상학 클럽(메타피지컬 클럽)' 회원들이 토론한 결과에서 공통적 견해를 정리한 논문이다. 이 논문에서 퍼스는 실용주의의 격률(준칙, pragmatic maxim)로서, 말 그대로의 '관념을 명석하게 하는 방법'을 제시하고 있다. 즉 퍼스는 관념의 의미를 실험적 방법에 의한 결과에서 구해야 함을 주장하고 있다. 이는 데카르트가 사변적 방법으로 명료화하려고 한 것을 다분히 주관적이라고 비판한 것이며, 자신의 실험적 방법이 가장 확실한 객관적 인식방법임을 강조한 것이다.

따라서 앞서 발표한 논문 〈신념의 확정(The Fixation of Belief)〉(1877)의 견해의 연장선상에 있다고 볼 수 있다. 즉 신념(믿음)의 의미 내용이 관념이고, 신념이나 관념은 인간행동의 결과로 나타난다고 본 것이다. 따라서 퍼스는 관념을 명석하게 해석하려면 관념이 지시하고 있는 대상이 일으키는 행동결과를 생각하면 된다는 주장을 하고 있다는 점을 알 수 있다.

그러므로 이 논문에서 퍼스를 비롯한 '형이상학 클럽' 회원들이 주장하고 있는 실용주의(Pragmatism)의 격률(격언, 준칙)은 "어떤 대상(인간)이 실제로 어떠한 (행동)결과를 발생시키는지를 생각하면 관념의 의미 내용은 명석하게 해석될 수 있다."는 것이다. 여기에서의 '생각'은 데카르트의 '방법적 회의'나 '보편적 회의' 방식이 아니라 실험적이고 행위(해보는 것)적인 인식방식을 의미한다. 특히 찰스 퍼스는 기본적으로 과학적 교육을 받고 논리적, 수학적 사고에 경도된 사람이었다는 점에서 진리 문제에 관해 칸트나 헤겔의 정신주의적 접근을 배제했다는 점은 미루어 짐작할 수 있다. 즉 개념의 내적, 심리적 형성 과정보다는 과학적 검증의 방식으로 그 의미의 실질을 확보하는 사유의 방법에 주목하였던 것이다.

한편, 찰스 퍼스가 데카르트의 『방법서설(*Discourse on the Method*)』(1637)에서 제시된 데카르트적 사유방식에 대해서 반대하고 자신의 '방법으로서의 프래그머티즘'을 제시한 것은 '과학의 논리를 해명한다.'라는 표제로 『월간 대중과학(월간 파퓰러 사이언스)』에 발표한 두 편의 논문인 〈신념(믿음)을 확정하는 방법〉(1877)과 〈어떻게 우리들의 관념을 명석하게 만드는가?〉(1878)보다 8년 전인 1869년(30세)에 『사변철학 잡지』에 게재한 두 편의 짧은 논문에서도 살펴볼 수 있다.

즉 〈인간이라면 갖추어야 한다고 주장되어온 몇몇 종류의 능력에 대한 질문〉과 〈네 가지 능력의 부정과 귀결〉이라는 논문에서 "나는 생각한다. 고로 존재한다(코기토 에르고 숨, Cogito, ergo sum)."로 상징되는 방법론적 회의방식에 대하여 과감한 반론을 편 것이다. 따라서 찰스 퍼스가 비판의 대상으로 삼은 '인간이라면 갖추어야 한다고 주장되어온 몇몇 종류의 능력'이란 데카르트 이후 서양근대철학에서 공통적으로 확인되어온 인간의 인식능력을 의미하는데, 그것은 '내적인 관념의 지각으로서 사고(생각)'라는 것이 된다.

여기에서 찰스 퍼스가 반론을 편 것이 바로 그의 '기호론(기호학)적 사고능력'이다. 즉 생각하는 코기토(Cogito)[16]로서의 나는 없으며, 인간은 결국 사고(생각)가 기호적인 표현인 언어를 통해서 해석될 수 있다는 견해를 보인 것이다. 그리고 근대철학에서 공통적으로 인정되어온 인식능력을 '관념', '확실한 자기(자아) 인식', '기호가 없는 사고(생각)', '물 자체의 인식'으로 구분한 후, 이러한 인식능력을 부정하면 인간은 자신의 인식에 완전히 새로운 견해(사고)를 가질 수 있게 된다는 점을 설파한 것이다.

이 외에도 찰스 퍼스는 1905년(66세)에 잡지 『모더니스트』에 기고한 〈프래그머티즘이 무엇인가〉에서 프래그머티즘이 기존의 형이상학을 무조건 거부하는 것이 아니라 형이상학으로부터 교훈을 이끌어내어 우주론이나

---

16) "Cogito, ergo sum(나는 생각한다, 그러므로 나는 존재한다)."라는 구절의 약칭이다.

물리학, 도덕문제에 유용한 작용을 미칠 수 있다는 점을 주장하였다. 이는 프래그머티즘의 실험주의적인 특징과 데카르트적 관념론의 경향의 공존과 결합을 보여준 견해로 볼 수 있다.

하지만 1907년에 윌리엄 제임스가 발간한 『실용주의』가 세상에 알려지자 퍼스는 자신이 제시한 당초의 '실용주의'라는 개념과 사상적으로나 방법론적으로 차이가 있다는 점을 비판하였다. 퍼스는 그것을 위하여 자신의 실용주의 사상을 '프래그마티시즘(Pragmaticism)'으로 바꾸어 부르게 된다. 이는 제임스 등이 말하는 19세기의 일반적 실용주의(popular pragmatism)가 일반적이고 경험적인 기질의 표현으로서의 반지성적 혁명이라고 치부한 것이다.

반면에 자신의 실용주의(Pragmaticism)는 지성적이라는 점과 경험론의 역사를 지향하지만, 고전적 영국전통이나 독일 칸트의 반형이상학적 회의론과도 다른 것으로서 '의미의 개념'을 경험론의 방법론에 도입한 것이라는 점을 강조한 것으로 보인다. 이러한 맥락에서 퍼스의 이론이 '의미의 이론'이라고 지칭되는 이유도 여기에 있다. 그리고 퍼스의 '의미의 이론'에 더욱더 행동적 요소를 도입함으로써 프래그머티즘을 '진리의 이론'으로 전개한 사람은 윌리엄 제임스라고 할 수 있는 것이다.

제2절 윌리엄 제임스의 생애배경과 실용주의 발전

1. 윌리엄 제임스의 생애배경과 메타피지컬 클럽과의 관계

1) 윌리엄 제임스의 생애배경

윌리엄 제임스(William James, 1842~1910)는 찰스 퍼스보다는 3살이 적었으며, 엄격한 칼뱅주의에 반대하는 신학자로 비교적 유랑과 방탕한 삶을 살았던 헨리 제임스 시니어(Henry James Senior)의 다섯 자녀 중 맏이로 태어났다. 헨리 제임스 시니어는 스웨덴의 신학자이자 신비주의 사상가 에마누엘 스베덴보리(Emanuel Swedenborg, 1688~1772)를 연구한 학자이자 개방적인 교육관을 가졌던 인물이었다.

그는 철학자 에머슨(Emerson)과 칼라일(Carlyle)의 친구였고 신학과 종교적 운동을 전개했으며, 그의 둘째 아들이자 윌리엄 제임스의 동생이며 모더니즘 문학의 선구자 역할을 했던 헨리 제임스(Henry James, 1843~1907)[17]와 구별하기 위해 지칭하는 이름이다. 그는 주관이 뚜렷하였고 당시 미국 사회체제에 대한 환멸감을 가지고 '국제사회'를 열광적으로 옹호했기 때문에 자식들이 한 지역의 학교에 오래 다니는 것을 선호하지 않았다.

윌리엄 제임스의 아버지가 장남 윌리엄과 차남 헨리를 어릴 때부터 데리고 몇 달 동안 영국과 파리를 여행했던 것도 같은 이유에서였다. 아울러 한 해에도 여러 번 이사하거나 뉴욕주 내에서만 이사 한 것이 아니라 스위스, 프랑스, 독일, 영국 등의 여러 국가를 옮겨 다니며 자식들을 교육시킨 것도 그러한 이유에서 비롯된 것이었다. 후일 윌리엄 제임스가 자신은 제도적인 교육을 제대로 받아 본 적이 없다고 회고하고 있는 점도 그러한 아버지의 가치관이나 교육관과 상관된 경험을 상징적으로 표현한 것이라고 볼 수 있다. 그러나 윌리엄 제임스나 그의 동생 헨리 제임스가 미국과 유럽을 오가는 생활 속에서 프랑스어와 이탈리아어를 모국어처럼 구사하면서 국제적 감각을 익히며 성장했다는 점도 자명하다.

이러한 성장과정에서 윌리엄 제임스는 1861년(19세)에야 하버드대학의 로렌스 과학부 화학과에 입학하면서부터 어느 정도 정착된 환경에서 공부할 수 있게 된다. 당시 로렌스 과학부는 진화론 반대론자였던 스위스 출신 미국 동물학자 루이 아가시(Louis Agassiz)가 이끌고 있었기 때문에, 제임스는

17) 헨리 제임스는 112편의 중단편소설을 써냈으며, 『데이지 밀러』(1878)와 『나사의 회전』(1898)이 대표 걸작이다. 『데이지 밀러』는 너새니얼 호손의 『주홍 글씨』, 스콧 피츠제럴드의 『위대한 개츠비』와 더불어 미국적 여성상을 대표하는 여주인공을 창조해 낸 소설로 꼽히며, 『나사의 회전』은 세계 문학사를 통틀어 호메로스의 『일리아드』와 『오디세이』, 단테의 『신곡』 셰익스피어의 『햄릿』을 제외한다면 영미권역에서 가장 많이 논의되는 작품으로 알려져 있다.

1865년 아가시를 따라서 당시의 미개국으로 받아들여졌던 브라질을 탐사하기도 하였다. 이를 바탕으로 루이 아가시는 찰스 다윈이 『종의 기원』에서 주장한 진화론적 일원발생론을 반대하고, 모든 생물이 창조주에 의해 처음부터 현상대로 계획되고 만들어졌다는 다원발생론을 전개하여 주목을 받게 된다. 그러나 제임스는 성격적으로 다소 우유부단하고 우울증도 있었기 때문에 아가시가 취한 반 진화론적 과학자로서의 길에 대해서도 회의감을 드러내어 갈등을 빚기도 하였다.

그렇지만 로렌스 과학부에서 같은 화학을 전공했으면서도 수학적이고 논리적인 사유에 관심이 있었던 3세 연상의 찰스 퍼스에게서 깊은 인상을 받게 된 것은 그가 후일 철학자로서의 길로 접어들게 한 계기로 작동하게 된다. 찰스 퍼스는 윌리엄 제임스와는 달리 청년 시절부터 뚜렷한 자신의 가치관과 논리를 갖추고 있었기 때문에 우유부단하고 불안에 시달렸던 윌리엄 제임스에게는 심리적인 안정감을 주었던 것으로 보인다.

그러한 과정에서 윌리엄 제임스는 다시 하버드대학 의학부에서 의학공부를 시작하여 1867~1868년에는 그 당시의 선진 의학을 공부하기 위해 독일로 가서 의학을 공부하는 틈틈이 심리학과 철학서적들도 폭넓게 접하게 된다. 물론 이때까지만 해도 그의 학문적 관심사는 심리학이나 철학이 아니라 의학에 집중되어 있었다는 점은 분명하다.

왜냐하면 1868년 11월에 1년 6개월간의 독일 유학생활을 마치고 미국으로 귀국할 때까지 생리학자 헤르만 폰 헬름홀츠, 병리학자 루돌프 피르소, 의학자 클로드 베르나르 등의 강의를 수강하면서 건강을 해칠 정도로 공부를 했다는 점에서도 알 수 있다. 결국 미국으로 돌아온 윌리엄 제임스는 1869년 6월에 27세의 나이로 하버드대학에서 의학박사 학위를 취득할 수 있었지만 신체적으로 무기력하게 된다. 더구나 당시만 해도 '영혼의 병'으로 불렸던 우울증이 심해져서 개업을 하지 못하고 아버지 집에서 독서를 하면서 지내야 할 정도였던 것이다.

1873년에 어느 정도 건강과 심리적 안정을 찾게 된 윌리엄 제임스는 하버드대학 해부학, 생리학 전임강사로 임명이 되었고, 그곳에서 1876년까지 연구와 강의를 하였다. 이때는 이른바 후일 실용주의(Pragmatism)의 산실로 상징이 되는 '메타피지컬' 클럽의 회원으로 참여했던 시기이기도 하다. 다른 한편으로는 그가 독일에서 접했던 심리학과 철학적 관심에서 비롯된 학문적 영감으로 생리학이 아니라 심리학(생리심리학)으로 관심이 전환되는 시기이기도 하다. 따라서 이 시기에는 그의 강의도 생리학 · 심리학 · 철학을 넘나들며 개설되었다.

특히 1875년에는 심리학 강의를 시작하면서 그의 주저인 『심리학 원리(*The Principle of Psychology*)』라는 제목으로 출판사와도 계약을 하게 된 것은 큰 전환점이었다. 그러나 당초 예정과는 달리 교과서 형식이 아니라 개별적으로 발표한 논문들이 가필되면서 강의방식에 맞는 교재 출판은 늦어지게 된다. 이처럼 출판이 늦어지게 된 또 다른 이유 중의 하나는 1877년부터 심리학 강의가 철학과로 이전이 되자 강의를 할 수 없게 되어 교수직을 그만두게 된 것과도 상관이 있었다.

그리고 1878년에 기븐스(Alice Howe Gibbens)와 결혼을 한 후인 1879년에 가서야 다시 철학과에서 심리학 강의와 철학 강의를 할 수 있었다. 이 당시에 그의 철학 강의를 수강한 학생으로는 존 듀이를 들 수 있고, 심리학 강의를 수강한 학생으로는 고양이를 이용하여 실험을 한 행동주의 심리학자 에드워드 손다이크(Edward Thorndike, 1874~1949) 등을 들 수 있다. 아울러 미국 클라크대학 개교 20주년 기념행사에 스탠리 홀(G. Stanley Hall, 1844~1924)의 초청으로 1909년에 미국을 방문한 오스트리아의 정신분석학자 지그문트 프로이트(Sigmund Freud, 1856~1939)도 칼 융을 대동하여 제임스와 교류를 맺기도 하였다.

그리고 1880년에 철학과 조교수로 발령된 후 1885년에 철학과 교수로 자리를 잡으면서부터는 종교, 도덕, 심리, 철학 등의 저작과 강의를 하면서 1890년에는 1,400여 페이지에 달하는 『심리학 원리(*The Principle of Psychology*)』[18)]

18) 『심리학 원리(*The Principle of Psychology*)』가 출판된 2년 후인 1892년에는 제자들인 그랜빌 스탠리 홀(Granville Stanley Hall, 1844~1924), 조지 레드(George T. Ladd, 1842~1921), 제임스 카텔(James Cattell, 1860~1944)과 함께 매사추세츠주에서 미국심리학회를 창설하였다.

를 두 권의 형태로 출간하게 된다. 그는 1907년 퇴임 때까지 하버드대학에서 교수로 봉직하였다. 1897년 『믿음의 의지』, 1898년 『인간의 불멸성』, 1902년 『종교적 경험의 다양성』, 1907년 『프래그머티즘』 등의 철학서를 출간한 후 1907년에 하버드대학 교수직에서 은퇴하게 된다.

이처럼 윌리엄 제임스는 결혼 후 심리적 안정 상태에서 대학교수직과 활발한 학술활동을 전개할 수 있긴 했지만, 신체적으로 심장판막증이 1900년경부터 악화된다. 따라서 퇴임 후에는 유럽과 미국에서 요양생활을 하면서 지냈으며, 은퇴 후 3년 뒤인 1910년 8월 26일 68세의 나이에 심장이상으로 사망할 때까지 힘들게 저술활동을 지속하였다. 사망 직전 해에 발간된 『다원적 우주론(*A Pluralistic Universe*)』(1909)과 『진리의 의미(*The Meaning of Truth*)』(1909), 그리고 사망 후에 유고를 모아 출간된 『근본적 경험론(*Essays in Radical Empiricism*)』(1912)이 그 결과물이다.

2) 메타피지컬 클럽과의 관계

윌리엄 제임스는 어린 시절에 주로 집에서 가정교육을 받았으며, 공식교육기관에서는 비정기적으로 교육을 받았다. 그리고 청년기인 1861년에 하버드대학 로렌스 과학부에서 화학을 전공하게 되면서 한 학년 선배이자 3살 연상인 찰스 퍼스와 만나서 친구가 되었다.

제임스가 1861년(19세)에 하버드대학 로렌스 과학부에 입학하면서 퍼스를 처음 만났던 때에는 퍼스의 아버지 윌리엄 벤저민 퍼스는 같은 1861년에 하버드대학의 자연철학 교수로 임용되어 스위스 출신의 미국 자연과학자 루이 아가시(Jean Louis Rodolphe Agassiz, 1807~1873) 등과 함께 강력한 학계의 인맥을 가지고 있었다.

루이 아가시는 스위스에서 목사의 아들로 태어나 오스트리아 비엔나에서 김나지움을 마치고 취리히대학 · 하이델베르크대학 · 뮌헨대학에서 공부한 후 에를랑겐대학에서 철학박사 학위를, 뮌헨대학에서는 약학박사 학위를 받았다. 그리고 스위스의 뇌샤텔 아카데미에서 자연사 교수로 강의를 하며 동물과 어류연구로 성공을 거둔 후 1846년에 미국으로 귀화하여 1847

년부터 하버드대학의 동물학 교수로 명성을 얻게 된 사람이었다. 이러한 맥락에서 찰스 퍼스 역시 강력한 후광을 가지고 있었다고 볼 수 있다. 따라서 자연스럽게 제임스는 퍼스와의 대화에 깊은 인상을 받아서 그의 논리를 노트에 적어가면서 그의 논리를 좇아가려고도 했지만, 한동안은 퍼스의 설명을 이해할 수가 없었다고 고백하고 있다.

이러한 환경에서 찰스 퍼스는 일찌감치 아버지를 통해 만난 학자들에게도 영향을 받아 토론하는 문화에 익숙했고, 그러한 가운데 정립된 자신의 논리와 지식을 동료와 후배들에게도 과시하는 성격이었다. 이에 비하여 윌리엄 제임스는 비교적 소심하고 우울 성향이 있었다는 점에서 자신감이 없었다고 볼 수 있으므로 찰스 퍼스로부터 철학적 모티브를 얻는 입장이었던 것으로 보인다. 이러한 과정에서 제임스는 학문적으로 화학을 비롯한 여러 분야를 전전하다가 1864년에 의학부로 옮겨서 1869년 6월에 의학박사 학위를 받았다. 하지만 곧바로 우울증에 빠져들자 자연스럽게 의학보다는 심리학과 철학에 관심을 보이며 1872년 정도까지 별로 하는 일이 없이 보내게 된다.

제임스가 우울증을 앓고 있을 즈음에도 찰스 퍼스와는 여전히 교류하고 있었는데, 1872년은 바로 미국 실용주의의 산실로 볼 수 있는 '메타피지컬 클럽(형이상학 모임)'이 하버드대학 출신 학자들을 중심으로 토론이 진행되었던 시기이고, 여기에 제임스도 찰스 퍼스와 함께 멤버로 참여하게 된 것이다.

당시 이 모임에는 그들보다 연상이었으며 메타피지컬 클럽의 중심인물이었다고 볼 수 있는 챈시 라이트(Chauncey Wright)와 니콜라스 세인트 존 그린(Nicholas St. John Green) 등이 후일 제임스가 확산시킨 실용주의(프래그머티즘)의 기초적인 사상적 틀을 제공하고 있었다. 따라서 제임스는 사실상 이 모임의 토론과정을 통해 그의 우울증세를 완화하고 치료하게 된 것으로도 짐작이 된다.

특히 챈시 라이트(Chauncey Wright)는 회의론자로서 이미 그가 27세였던 1857년부터 18세였던 퍼스와 교류하기 시작하였다. 라이트는 퍼스의 아버지 벤저민 퍼스의 하버드대학 제자이면서 벤저민 퍼스에게 기대어 계산원으로 일하면서 생계를 꾸려가고 있었기 때문이다. 그는 40대(1875년)에 요절하였으며, 일관된 주장은 항상 모든 것은 변화하며 예측할 수 없다는 회의론에 있었다. 그러므로 자연스럽게 찰스 퍼스에게는 메타피지컬 클럽이 운영되기 이전 시기부터 영향을 주었을 것으로 보인다.

다만 제임스에게는 그로부터 영향을 받은 퍼스를 통해서 간접적으로 대화 속에서 전달이 되다가 본격적으로는 메타피지컬 클럽이 결성된 1872년이 되어서야 그의 사상이 흘러들었을 것으로 보인다. 당시 미국사회는 1865년에 4년간의 남북전쟁이 끝난 시점에서도 매우 혼란스러웠고 군인뿐만 아니라 많은 시민들도 독단론의 폐해와 희생을 경험한 시기였다. 북군이 승리하여 흑인노예해방이 되자 멕시코처럼 스페인계 백인과 원주민 및 흑인과의 혼혈인이 인구의 다수를 차지하게 될 것이라는 점도 당시의 젊은 지성인들의 고민이 되었던 것이다. 따라서 지식층이나 젊은이들에게는 챈시 라이트의 회의론적인 철학은 매력적이었다고 볼 수 있다.

챈시 라이트는 당시 '케임브리지의 소크라테스'라고 별칭이 될 정도로 인기가 있었고, 특히 제임스와 마찬가지로 우울증에 시달리면서도 하버드대학의 강의에서 인간이 무엇인가를 안다고 생각하는 것은 착각이라고 학생들에게 회의적인 태도를 견지하도록 했다고 전해진다. 그는 학교 내의 강의에서뿐만 아니라 학교 주변의 지식인들과 학술적 토론모임을 만들어 특유의 달변으로 자신의 그러한 철학을 설파하는 것에도 시간을 투자했는데, 메타피지컬 클럽도 그와 같은 연장선상에서 만들어진 토론그룹으로 볼 수 있다. 제임스도 찰스 퍼스와 함께 이 모임에 참여하면서 인간이 도대체 어떻게 무엇인가를 안다고 할 수 있는가 하는 의문점에 대한 철학적 욕구를 해결하고자 했던 것이다.

그런데 1875년경의 이 모임에서 챈시 라이트가 제임스에게 분노하는 일이 생긴다. 윌리엄 제임스가 이 모임에서 열(Heat)과 일(Work) 간의 관계를 설명하는 열역학 제2법칙[19]에 대한 어떤 이론을 평하면서 이 이론은 그럴듯하

19) '에너지 보존의 법칙'인 열역학 제1법칙과는 달리 열역학 제2법칙은 어떤 뜨거운 물체가 있을 때 뜨거운 물체에서 나오는 열에너지는 주변의 낮은 온도의 물체로 열에너지가 이동할 뿐 스스

지 않지만 증명이 불가능한 것(모르는 것)이라도 불합리한 것은 아니라는 주장을 하게 된 것에서 비롯되었다. 이러한 제임스의 주장은 챈시 라이트의 회의적인 입장에 대해 또다시 회의론을 제기한 것처럼 인식된 것이다.

이에 챈시 라이트가 자신에 대한 인신공격이라면서 분노했다고 후일 제임스는 술회하고 있다. 특히 그해(1875년)는 챈시 라이트가 마약남용으로 40대에 하숙집에서 요절한 채로 발견되기도 했기 때문에 제임스도 충격을 받은 것으로 전해진다. 하지만 아이러니하게도 제임스는 이 일이 자신의 우울증을 벗어나게 되고 철학적 견해의 안정을 찾은 계기가 되었다고 주장하고 있다. 결국 모르는 것을 기반으로 아는 것을 만들어서는 안 된다고 챈시 라이트가 주장한 것에 비하여 제임스는 인간이 무엇인가를 알기 위해서는 어떤 믿음과 가설이 필요하다는 실용적 인식을 하게 된 것으로 볼 수 있다.

2. 윌리엄 제임스의 실용주의 발전 체계

윌리엄 제임스는 하버드대학에서 1869년에 의학박사 학위를 취득하고 우울증으로 한동안 방황 시기를 보낸 후 1872년부터는 하버드대학에서 해부학과 생리학 전임강사로 학자의 길로 들어섰다. 그러나 5년 정도가 지나면서부터는 아버지인 헨리 제임스 시니어로부터 어린 시절부터 교육받은 종교·도덕적 지식배경과 함께 과거 하버드대학 로렌스 과학부에서 화학을 전공하면서 같은 학과의 3년 선배였던 찰스 퍼스와의 형식논리학적인 토른 등의 영향으로 자신의 전공보다는 철학에 대한 관심을 가지고 학문적으로 전환하게 된다.

따라서 제임스에 대한 학술적 평가는 그의 주된 전공인 의학 영역보다는 철학과 심리학에서의 성과가 뚜렷하게 회자된다. 이러한 그의 학문적

로 일을 하지는 못한다는 법칙을 말한다. 따라서 열에너지로 일을 할 수 있는 장치인 열기관도 열이 높은 온도의 물체에서 낮은 온도의 물체로 저절로 흘러가 버리기 때문에 공급한 열에너지의 100%를 일로 바꾸지 못하게 된다.

전환의 여정은 지난 20세기의 학문적 경향이 적어도 강단 아카데미에서는 특정한 전공으로 고착되어 왔던 흐름에서 21세기에 접어들면서부터는 학제 간 융합(convergence)이 다시 강조되고 있다는 점에서 본다면 그다지 특별한 경우로 치부할 수는 없다고 볼 수 있다.

우선 제임스의 심리학적 업적을 보면, 1875년에는 하버드대학 심리학 교수가 되었는데, 이는 미국 최초의 심리학 교수직이었다. 이 시기인 1876년에 윌리엄 제임스는 현대 심리학의 시초로 지칭이 되는 독일 라이프치히 대학 빌헬름 분트(Wilhelm Wundt, 1832~1920)[20]가 1879년에 심리학 실험실을 설치한 것보다 3년 앞서서 실험심리학을 시작한 것도 같은 맥락이다. 제임스는 프로이트의 『꿈의 해석』(1900)보다 10년이 빠른 1890년에 최초의 과학적 현대심리학 저서로 인정되는 『심리학 원리(*The Principle of Psychology*)』를 발간하였다는 점도 지대한 업적이다. 이 책에서 그는 '사고의 흐름(Stream of Thought)'이라는 말을 처음 만들어 낸 후, 1892년에는 심리학의 개념을 '의식의 흐름(Stream of Consciousness)'이라고 정립한 것도 그러하다. 이러한 그의 업적은 독일의 빌헬름 분트(Wilhelm Maximilian Wundt, 1832~1920)와 함께 근대 심리학의 창시자로 일컬어지는 근거가 되고 있다.

독일 라이프치히대학의 분트(Wundt)와 그의 제자인 미국의 티치너(Titchener)는 영국 경험론에 영향을 받은 구조주의자로서 '사고'를 물리적 용어들로 설명하려고 노력하였는데, 복잡한 경험들을 실험을 통하여 기본적인 감각들로 분석하려고 시도하였다는 점에서 후학자들은 이들 심리학파를 구조주의(構造主義, structuralism) 내지는 내성주의(introspectionism)라고도 칭한다. 바로 이즈음에 사고와 학습에 대한 새로운 이론이 미국에서 형성되었는데, 윌리엄 제임스와 그의 제자 존 듀이는 마음(심리)을 '일련의 기능들'로 보고, 의식을 '상호작용하는 사건들의 역동적인 흐름'으로 보았다는 점에서

20) 분트에 의해 시작된 초기 심리학은 마음의 구성요소와 구조에 대한 실험과 언어적 내성법(內省法, introspection)을 통해 알고자 했던 구조주의(structuralism) 심리학이었다. 이에 비하여 제임스는 마음의 구조(구조주의)보다 마음이 어떻게 기능하는지를 알고 싶어 했던 기능주의 심리학(Functionalism)을 먼저 제시하였다.

기능주의(functionalism) 학파로 불리게 된 것이다.

1892년에 윌리엄 제임스는 2살밖에 차이가 나지 않았지만 하버드대학의 박사학위 제자이기도 했던 스탠리 홀(Stanley Hall, 1844~1924)을 초대회장으로 미국심리학회(American Psychological Association, APA)[21]가 창립되는데도 기초를 제공하게 되었다고 볼 수 있다는 점도 그러하다. 이렇게 보면 윌리엄 제임스는 심리학의 역사에서 지그문트 프로이트(Sigmund Freud, 1856~1939)가 정신분석이론을 제시하면서 심리학에 혁명을 일으키면서 행동주의, 인간중심주의, 인지주의로의 발전을 가져오게 한 것보다 먼저 심리학 발전의 정점에서 역할을 했다고도 평가할 수 있다.

그러나 윌리엄 제임스는 심리학, 특히 기능주의 심리학을 개창한 학자로서의 가장 권위가 있는 업적을 달성한 인물로서보다는 오늘날에는 실용주의 철학자로서의 업적이 더욱 조망되고 있다. 왜냐하면 그는 실험이라는 틀에 박힌 연구방법보다는 자유롭게 사고할 수 있는 철학에 더 매료되었고, 그 시작은 이미 하버드대학 로렌스과학부 재학시절에 선배였던 찰스 퍼스와의 철학적 대화나 토론을 하면서 찰스 퍼스의 논리를 좇아가려고 노트에 받아쓰기를 할 정도로 열성적이었다는 점에서도 짐작이 간다.

이것은 윌리엄 제임스가 실용주의(Pragmatism)가 탄생된 '메타피지컬' 토론그룹에 참여하게 된 연결점이 되었다고 볼 수 있는 것이다. 하지만 제임스가 본격적인 철학자의 길로 접어든 것은 1880년에는 철학 조교수가 된 후 1897년에 『믿음의 의지(*The Will to Believe*)』를 발간하면서였다고 볼 수 있다.

그 후 1898년 버클리에 소재한 캘리포니아대학(University of California, UC)에서 행한 '철학적 견해와 실행의 결과에 관한 강의'에서 '실용주의(Pragmatism)'라는 용어를 처음 공시적으로 사용하며 철학적 방법론으로 정식화하게 된다. 물론 실용주의를 철학적 방법론을 최초로 제기한 사람은 찰스 퍼스였지만 이때부터 '실용주의'라는 새로운 철학적 사조는 윌리엄 제임스에 의

21) 현재 가장 큰 심리학회인 미국심리학회(American Psychological Association)의 창립 연도가 1892년으로 프로이트가 정신분석학을 정식으로 연구하기 시작한 때보다 몇 년 앞선다.

해서 전파되고 확산되었던 것이다.

특히 제임스가 실용주의라는 주제로 그의 학문적 정체성을 확립했던 시기에는 이미 찰스 퍼스는 학계에서 활동을 그만두고 펜실베이니아주 시골 지역인 밀퍼드(Milford)에서 은거하고 있었고, 간혹 제임스가 생계지원을 위해 배정한 하버드대학의 특강에만 참여할 수 있는 정도였기 때문이기도 하다. 아울러 찰스 퍼스가 실용주의를 '관념의 의미를 명석하게 하는 방법'으로서 유용성을 들고나온 것에 비하여, 윌리엄 제임스는 '관념의 진리성(眞理性)을 판정하는 방법'으로 그 유용성을 변형시키고, 논리보다는 말 그대로의 실용 세계로 이끌어낸 업적이 있는 것이다. 제임스의 이론이 '진리의 이론'으로 지칭이 되고 있는 이유도 여기에 있다.

제임스가 하버드대학을 은퇴한 1907년에 발간한 『실용주의 : 구식 사고방식의 새로운 이름(*Pragmatism: A New Name for Some Old Thinking*)』은 바로 찰스 퍼스가 논리성에 따라 제시했던 실용주의를 진리성에 따라 새롭게 변혁시킨 결과물이라고 할 수 있다. 이 책의 서문에서 윌리엄 제임스는 그에게 처음으로 프래그머틱(pragmatic)한 마음의 넓이를 알게 해준 영국의 공리주의 철학자 존 스튜어트 밀(John Stuart Mill, 1806~1873)에게 이 책을 헌정한다고 기록하고 있다. 윌리엄 제임스는 구체적인 이유를 제시하고 있지는 않지만, 밀의 여러 저작물 중에서도 『자유론(*On Liberty*)』(1859)에서 영향을 받은 것으로 보인다. 이 책은 토머스 홉스, 존 로크, 제러미 벤담 이래의 자유에 대한 견해를 집대성한 것으로 특히 기득권의 권력에 따른 개인의 자유침해문제를 비판하고 있다.

이는 윌리엄 제임스가 '메타피지컬 클럽(Metaphysical Club)'의 멤버로서 참여하면서 그보다 연상이었던 챈시 라이트, 리콜라스 세인트 존 그린 등으로부터 깊은 영감을 받았지만, 결국 그들이 발작이나 마약남용 등으로 요절하게 되자 자신의 '자유의지'에 따라 사유체계를 정립하게 되면서 정신적 안정감을 얻게 된 경험과도 연관된 것으로 보인다.

이러한 배경으로 윌리엄 제임스의 실용주의 철학관점은 종종 제러미 벤담이나 존 스튜어트 밀의 공리주의적 사상과도 연관되어 다루어지는 경향이 있다. 즉 벤담의 공리주의(Utilitarianism)의 영향을 받아 등장한 철학사조가 실용주의라고 보는 것이다. 그러나 제임스는 실용주의가 유럽의 경험론 사조와 합리론 사조의 조정자 역할을 하며, 언제 끝날지도 모르는 형이상학 논쟁을 해결하기 위한 방법론이 된다는 선에서 실용주의의 유용성을 주장하였다는 점에서는 차별성이 있다.

이처럼 윌리엄 제임스는 분석철학을 창시한 독일의 고틀로프 프레게(Gottlob Frege, 1848~1925)보다 여섯 살이나 더 많았지만 철학연구는 더 늦게 시작했으며, 제임스가 미국 실용주의 철학의 일인자로 자리매김하게 된 것도 하버드대학을 은퇴한 1907년에 출간된 그의 주저 『실용주의 : 구식 사고방식의 새로운 이름(*Pragmatism: A New Name for Some Old Thinking*)』이 알려지면서부터였다고 할 수 있다.

당시 윌리엄 제임스는 이 책의 제목과 논지가 퍼스의 견지에 다른 것임을 밝혔지만 퍼스는 제임스의 이론이 실용주의를 대변하게 되는 상황에 이르자 다소 비판적 입장에 섰다. 찰스 퍼스 자신의 실용주의는 '의미의 이론'이자 인간관계에 관련된 객관적인 것이지만 제임스의 실용주의는 '진리의 이론'이자 개인주의적이며 주관주의적이라는 점을 비판하고 나온 것이다. 이런 이유를 근거로 찰스 퍼스는 자신의 실용주의 이론이 제임스의 실용주의 이론과는 다르다는 점을 강조하기 위하여 자신의 이론을 '프래그머티시즘(Pragmaticism)'이라고 개칭하기도 하였다.

Chapter

5

듀이 / 로티의 신실용주의

제1절 존 듀이의 생애배경과 실용주의적 도구주의

1. 존 듀이의 생애배경과 제임스와의 관계

1) 존 듀이의 생애배경

존 듀이(John Dewey, 1859~1952)는 찰스 퍼스(Charles Sanders Peirce, 1839~1914)가 대학을 졸업했던 해인 1859년[1] 10월 20일에 미국 북동부의 대서양 연안에 있는 뉴잉글랜드(New England) 지역의 6개 주 중 하나인 버몬트주(Vermont State)의 농촌 지역인 벌링턴(Burlington)에서 태어났다. 이 해는 프랑스의 생(生)의 철학자 베르그송(Bergson)과 독일의 현상학자 후설(Husserl)이 태어났던 해이기도 하다. 그의 부모는 찰스 퍼스나 윌리엄 제임스의 집안과는 달리

1) 1859년에 태어난 주요 철학자로는 미국의 듀이, 독일의 후설(Husserl, 1859~1938), 프랑스의 베르그송(Bergson, 1859~1941)을 들 수 있다. 이 세 철학자들은 각기 자신이 속하는 지역적 문화에 따라 다른 철학을 전개해 나갔으며, 러셀(Russell, 1872~1970)은 이들보다 13년 후 출생하였다.

학자 가문이 아니라 대를 이어 버몬트에서 평범한 농부로 일했다. 따라서 듀이의 아버지 아치벌드 스프래그 듀이(Archibold Sprague Dewey)는 그러한 집안에서 벗어나고자 농촌지역이었지만 벌링턴에서 소규모 식료품 가게를 열었다. 그러나 중년에 이르기까지 성공하지 못하고 결혼도 못 하다가 앵글로색슨족 프로테스탄트교도(청교도)의 후손으로서 20년 연하인 루시나 리치(Lucina A. Rich)를 만나 4명의 아들을 두었다.

그중에 존 듀이는 셋째 아들이었으며, 존 듀이가 6세 때 남북전쟁이 일어나자 아버지가 북군으로 참전하였기 때문에 가난하여 신문 배달을 하면서 어린 시절을 보내야 했다. 그 사이에 첫째와 둘째 형이 집에서 사고 등으로 어린 나이에 죽게 된 영향으로 어머니는 칼뱅파 개신교로 개종했으며 남은 자녀들에 대한 교육열이 높았다. 따라서 넉넉지 않은 집안 사정에도 늘 양서들이 많았고, 듀이도 어릴 때부터 양서들을 접하면서 독서열이 높았다.

그 결과 1867년에 공립초등학교에 입학하여 5년 만에 졸업하고, 1872년에 벌링턴 고등학교에 들어가서 라틴어, 그리스어, 프랑스어, 영어, 수학 및 문학을 공부하여 4년 과정을 3년 만에 마칠 수 있었다. 그리고 1874년(15세)에는 이른 나이에도 버몬트대학에 진학해서 철학 · 종교 · 정치 · 경제 등의 수업에서 지적 관심을 넓힐 수 있었던 것이다. 그중에서도 칸트의 『순수이성비판』 강의를 하였던 당시 버몬트대학의 철학 교수 헨리 어거스터스 피어슨 토레이(Henry Augustus Pearson Torrey, 1837~1902)의 수업에 흥미를 보였다.

1879년(20세)에 학과 차석으로 버몬트대학에서 문학사 학위를 받고, 1879년(21세)에 3년간 펜실베이니아주 오일시(Oil City, Pennsylvania)에서 한 달 40달러의 급여를 받으며 고등학교에서 라틴어, 대수학, 과학 등의 교사로 재직하게 된다. 이후 듀이는 고향에서 직장을 구할 생각으로 사직하였다. 그러나 여의치 않자 숙모에게서 500달러를 차용하여 1882년(24세) 가을 즈음에 메릴랜드(Maryland)주에서 가장 큰 도시인 볼티모어(Baltimore)에 소재한 존스홉킨스대학의 철학대학원에 진학하였다.

이곳에서 듀이는 철학, 심리학, 역사 분야를 공부하였는데, 특히 미시간 대학 초빙교수였던 조지 실베스터 모리스(George S. Moris)로부터 헤겔사상을 교육받고, 신헤겔주의 철학에 심취하게 된다. 그 결과 대학원에 진학한 지 2년 만인 1884년(26세)에 〈칸트의 심리학〉이라는 제목의 논문으로 철학박사(Ph. D) 학위를 취득할 수 있었다.

같은 해 듀이는 시카고대학 강사를 거쳐서 모리스 교수의 추천으로 미시간대학에서 철학과 심리학을 강의하는 교수가 될 수 있었다. 미시간대학에서 9년간 재직하면서 듀이는 1888년에 그의 생애 첫 저서 두 권을 출간했는데, 『심리학(*Psychology*)』(1888)과 『라입니즈의 인간 이해에 관한 새로운 에세이(*Leibniz's New Essays Concerning the Human Understanding*)』(1888)는 모두 초창기 듀이의 영국식 신헤겔류 철학에 대한 업적에 해당한다.

1890년에는 윌리엄 제임스(William James)의 『심리학의 원리들(*Principles of Psychology*)』(1890)을 접하고 지대한 영향을 입게 된다. 그 결과 이 시기에 듀이는 주로 헤겔사상을 연구하는 한편으로 윌리엄 제임스와 그의 제자격인 스탠리 홀(Stanley Hall)이 제시한 실험(생리)심리학에도 관심을 가지게 된다. 아울러 이 과정에서 아동심리학과 교육철학에도 연구관심이 넓어지게 되었다.

한편, 듀이가 미시간대학에서 아동심리학과 교육철학 분야에 관심을 가지게 된 배경에는 그의 강의를 여러 차례 수강하고 외향적 성격으로 듀이에게 친숙하게 다가왔던 헤리어트 앨리스 치프먼(Harriet Alice Chipman)이라는 여학생의 학문적 관심에 영향을 받은 점도 있다. 미시간대학 생활이 만 2년이 되어갈 무렵인 1886년 7월 28일(28세)에 두 사람은 같은 나이로 결혼하였고, 교육에 관심이 많았기 때문에 슬하에 여섯 명(아들 3명과 딸 3명)의 자녀를 두었다.

그러나 아들 2명은 유년기에 사망하게 되는데, 둘째인 모리스(Morris)가 1896년 가족이 함께한 유럽여행 중에 디프테리아에 걸려 사망하였고, 1904년의 유럽여행 중에는 여덟 살짜리 셋째인 고르돈(Gordon)이 장티푸스로 사망했던 것이다. 이로 인하여 같은 여행 기간에 8세인 이탈리아의 소년 사비노(Sabino)를 양자로 삼기도 한 것으로 알려진다.

존 듀이는 미시간대학 교수생활 10년 차이던 1894년(36세)에 석유재벌 록펠러(John Davison Rockefeller, 1839~1937)의 기부금으로 1890년에 설립된 미시간주 시카고대학의 교수로 자리를 옮겨서 그의 전성기를 시작하게 된다. 시카고대학의 초대 총장 윌리엄 레이니 하퍼(William Rainey Harper, 1856~1906)는 1894년 7월에 듀이를 초빙하여 심리학과 교육학을 포함한 철학과 교수 및 학부장으로 임명했던 것이다.

이에 듀이는 교육학의 학문적 지위를 높이고자 그 배경이 되는 철학과 심리학과의 연결과 융합을 시도하게 된다. 그리고 하퍼 총장 역시도 교육학에 깊은 관심을 표명하고 있었기 때문에 미시간주 및 시 단위의 초·중등교육기관과 깊은 관계를 가지기 위해 교육자와 교육전문가들을 캠퍼스에 초청하기도 했다. 그 결과 듀이를 중심으로 1896년에는 대학 내에 실험학교(University Laboratory School)를 설립하여 후원자와 대학의 재정지원으로 7년 반 동안 운영하게 된다.

'듀이 스쿨'로도 불렸던 이 학교에서 듀이는 자신의 경험주의적 신념과 학교제도에 대한 실험주의적인 주장과 연구로 유명세를 탔다. 듀이가 실험학교를 열게 된 배경의 하나로는 스위스 교육사상가인 페스탈로지(Pestalozzi, 1746~1827)의 사상을 이어받아 초등학교 이전 시기인 유아교육을 정립했던 독일의 교육자 프뢰벨(Fröbel, 1782~1852)[2)]의 교육사상에 영향을 받은 것으로도 보인다. 아울러 아내 해리엇 앨리스 치프먼의 학문적 관심이 주로 사회·교육문제였고, 듀이도 그녀의 영향을 받아 이 문제에까지 관심을 넓히게 되었다는 점도 배경이 된다.

그 결과 듀이가 1897년(39세)에 『나의 교육신조(*My Pedagogic Creed*)』를 발간한 후에 1903년(43세)에 『논리이론에 관한 연구(*Studies in Logical Theory*)』를 동료 7명과 함께 논문집 형태로 발간했다. 이러한 성과로 인하여 하버드대학 교

---

2) 최초의 유치원은 1837년에 독일 교육자 프리드리히 프뢰벨에 의해 설치되었으며, 유치원이라는 말도 프뢰벨이 만들었다. 유치원을 뜻하는 영어단어인 Kindergarten은 원래 독일어 단어이며 '어린이의 정원'이라는 의미이다.

수직에서 물러나 노년 생활을 보내고 있었던 실용주의 철학자 윌리엄 제임스(1842~1910)로부터 시카고 철학 학파가 탄생했다는 격려를 받기도 했을 정도였다. 그 외 이 시기에 존 듀이가 교육에 관한 발간한 저서로는 40세에 쓴 『학교와 사회(*The School and Society*)』(1899)와 43세에 쓴 『어린이와 교과과정(*The Child and Curriculum*)』(1902)을 들 수 있다.

다른 한편으로 존 듀이는 미국 최초로 설립된 인보관(settlement house, 지역사회복지관)인 '헐 하우스(Hull House)'[3]의 임원으로도 참여하면서 이 시설의 설립자로서 미국 여성 최초로 1931년에 노벨평화상을 수상하게 되는 제인 애덤스(Jane Addams, 1860~1935) 여사와도 친분을 유지하였다. 이처럼 존 듀이는 시카고대학에 재직하는 동안에는 학문적 연구뿐만 아니라 교육이나 지역사회복지문제 등의 사회적 참여 행동을 병행하면서 많은 업적을 쌓았다. 그러한 배경에는 그의 명성에 걸맞은 특별대우도 한 몫을 차지했다. 대학에서는 듀이에게 4학기제에서 3개월에서 9개월까지의 휴가제를 주었던 것이다.

그리고 그는 1904년(45세)에 10여 년간 재직한 시카고대학을 떠나 자유의 도시로 상징되는 뉴욕시에 있는 컬럼비아대학 철학교수직으로 옮겨서 1930년(70세)까지 25년간 재직하게 된다. 이 시기에는 1915년에 미국 대학교수협의회의 제1대 회장으로 당선되기도 했다. 이처럼 그가 시카고대학을 이직하고 컬럼비아대학으로 옮기게 된 원인으로는 젊은 나이에도 불구하고 듀이가 대학 내에서나 지역사회 영역에서 자신의 진보적 교육사상을 전개하면서 실험학교 교육프로그램의 실행과 재정문제로 초대 총장이었던 윌리엄 레이니 하퍼(William Rainey Harper)와 불화를 겪은 것에 있었다고 전해진다. 듀이는 은퇴한 이후에도 1952년 1월 6일 92세로 사망할 때까지 명예교수직을 22년간 유지하여 총 47년간이나 컬럼비아대학에 재직한 것으로 볼 수 있다.

---

3) 세계 최초의 지역사회복지관은 1886년 영국 런던시 동부 빈민 지역에 사회개혁가 아놀드 토인비(1852~1883)의 이름을 따서 설치된 토인비 홀(Toynbee Hall)이다. 미국에서는 1889년에 의과대학생 출신이었던 Jane Adams 여사와 Ellen Gates에 의해 시카고에 헐 하우스가 설립되었다. 아울러 한국에서는 1906년 원산에서 인보관운동으로 사회복지관 사업이 태동되어 1921년에 서울에 태화여자관이 설립되고, 원산에는 1926년에 보혜여자관이 설립되었다.

윌리엄 레이니 하퍼 총장과의 불화로 시카고대학을 이직했다는 점에서 결국 듀이가 한때 열성을 다했던 시카고대학의 실험학교는 실패했다고 볼 수 있다. 듀이는 컬럼비아대학으로 옮긴 이후에는 적어도 주변인들과 겉으로 드러나는 갈등문제는 겪지 않게 된다. 그렇다고 사상가일 뿐만 아니라 행동가이기도 했던 존 듀이가 그의 성향을 변화시킨 것은 아니었지만 어느 정도 중년의 나이에 접어든 원숙함과 함께 이미 미국 사회에서 그의 유명세가 인정을 받게 되었던 것도 대학 당국과의 갈등요인이 줄어들게 된 배경이 되었다고 볼 수 있다.

한편, 컬럼비아대학으로 옮긴 이후부터 존 듀이는 본격적으로 성숙된 도구주의적 실용주의 철학사상을 발표하기 시작했다. 그로 인해 컬럼비아대학에서 25년간 강의하는 동안 국내외에서 수천 명의 학생이 수강하였고, 재임기간 연구한 논문이나 저서는 미국 내의 어느 학자도 추종할 수 없을 정도의 성과를 보였다. 그의 사상은 논리학 · 인식론 · 심리학 · 교육학 · 사회철학 · 미술 · 종교에 이르기까지 광범위한 주제에 걸쳐 전개되었으며, 해당 분야에 관한 저작들이 매년 출간될 정도였던 것이다.

그중에서 70세에 명예교수로 은퇴하기 직전까지 발간된 주요 저서를 보면, 1916년(56세)에 발간한 『민주주의와 교육(*Democracy and Education*)』, 1921년(61세)에 발간한 『인간성과 행위(*Human Nature and Conduct*)』, 1925년(65세)에 발간한 『경험과 자연(*Experience and Nature*)』, 1927년(67세)에 발간한 『대중과 그 문제(*The Public and its Problems*)』, 1929년(69세)에 발간한 『확실성의 탐구(*The Quest for Certainty*)』가 있다.

그리고 은퇴한 이듬해인 1931년(71세)에 발간한 『철학과 문명(*Philosophy and Civilization*)』, 1934년(75세)에 발간한 그의 주저 『경험으로서의 예술(*Art as Experience*)』, 1935년(76세)에 발간한 『자유주의와 사회적 행위(*Liberalism and Social Action*)』, 1938년(79세)에 발간한 『경험과 교육(*Experience and Education*)』, 1939년(80세) 『자유와 문화(*Freedom and Culture*)』, 1949년(90세)에 발간한 『아는 것과 알려진 것(*Knowing and the Known*)』이 있을 정도로 생애 40여 권의 저서를 남기는 왕성한 저작활동을 이어갔다.

뿐만 아니라 이러한 저작물 이외에도 시사문제에 관심을 가지면서 자유주의 경향의 잡지인 〈뉴 리퍼블릭(The New Republic)〉 등에 정기적으로 기고하였다. 이처럼 존 듀이가 다작을 집필하고 사회활동을 활발하게 할 수 있었던 배경에는 청교도적인 근면성실성과 타고난 건강이 뒷받침되었다고 볼 수 있다.

1927년 7월 14일(67세)에 아내 앨리스 치프먼이 죽고 심리적인 불안 시기가 있었지만 여전히 사회활동과 저술활동은 지속되었다. 제1차 세계대전의 참상을 세계에 전파하는 '전쟁불법화' 운동에 참여하여 1928년 8월 27일에는 국가의 정책수단으로 전쟁이 사용되는 것을 불법화하는 소위 부전조약(不戰條約, Treaty for the Renunciation of War)이 파리에서 15개국이 참여하여 체결되는데도 지대한 역할을 하였다는 점에서도 그러하다.

아울러 1929~1939년까지 북아메리카와 유럽을 중심으로 전 세계 산업지역에서 광범위하게 지속된 경제대공황(經濟大恐慌, Great Depression)으로 일어난 사태에 대하여 미국 의회의 양대 정당인 공화당과 민주당이 제 역할을 못 하고 대기업의 하수인 역할에 머문다는 입장에 서서 제3정당의 창립에도 주력하기도 했다. 하지만 민주당 출신의 프랭클린 델러노 루스벨트(Franklin Delano Roosevelt, 1882~1945)[4] 미국 제32대 대통령이 1933년~1936년에 추진하기 시작한 뉴딜(New Deal) 경제정책에 대해서는 지지하기도 했다.

그 외에도 존 듀이는 1933년에 유럽의 독일을 비롯한 나치즘의 전체주의 국가에서 박해를 피해 망명을 신청한 학자(망명자, Asylum Seeker)들을 위한 소위 '망명대학'을 미국에 설립하는 일에도 조력했다. 1932년 '전국교육협회' 명예회장, 1938년 '미국철학회' 종신 명예회장직을 맡은 것도 이러한 그의 행동가적 사상가 기질을 보여준 것으로 볼 수 있다. 아울러 국내외 대학 13개 대학에서 명예박사 학위를 받은 것도 같은 맥락에서 파악될 수 있다.

그중에서도 몇 가지 사례를 보면, 1904년 위스콘신대학에서 명예법학 박

4) 미국 대통령 중에서 처음이자 마지막으로 대통령직에 네 번이나 당선되어 12년간 장기 집권자 하면서 임기 동안 대공황과 제2차 세계대전을 경험한 20세기의 중심인물 중 한 사람이다. 그의 업적은 뉴딜 정책으로 미국이 대공황에서 벗어나도록 이끌었으며, 제2차 세계대전에 연합군으로 참여하여 나치 독일제국과 이탈리아 왕국, 일본 제국을 상대로 전쟁을 수행하여 승리로 이끌었다.

사학위를 받았고, 1910년에는 그의 학부 모교인 버몬트대학에서, 그리고 1913년에는 미시간대학에서 각각 명예법학 박사학위를 받았다. 이어서 1930년 11월에 파리 소르본대학[5)]에서 가장 심오하고 완전한 미국적 천재로서 지칭되며 명예박사 학위를 받았다. 1932년 6월 23일에는 하버드대학으로부터도 살아있는 철학자 중 가장 뛰어난 사람이라는 평가로서 명예법학박사 학위를 받았다(박봉목, 2005). 그리고 듀이는 1951년에 마지막으로 예일대학에서 명예철학박사 학위를 받았으며, 90세(1950년) 때에도『아는 것과 알려지는 것(*Knowing and the Known*)』의 출판기념회를 가질 만큼 왕성하게 연구하고 행동하는 삶을 살았다고 볼 수 있다.

아내 앨리스 치프먼과 사별한 지 20년 만인 1946년(87세)에 듀이는 42세의 미망인 로버타 그랜트(Roberta LowitzGrant)와 재혼하였다. 이후 듀이는 플로리다 남단 키웨스트의 별장에서 지내는 일이 많았고, 건망증도 있었지만 다른 사람에게 노인이라고 여겨지는 것을 몹시 싫어했다. 자식들에게도 의존하지 않았고 재혼 후 4~5년간에도 여전히 많은 강의나 사회활동에 참여했다는 점에서 성공적인 노후를 보냈다고 볼 수 있다. 물론 은퇴 이후에 자신의 사상을 비판하는 세력들에게도 적극적인 태도로 자신의 사상을 변호했다.

그러나 그의 생애 마지막 20여 년 동안은 그의 교육철학의 진보적 측면이 학계나 실천현장에서 수많은 비난을 받기도 했다. 그중에서 대표적인 사례를 보면, 1950년 4월 역사학 분야에서 권위 있는 학술지『미국 역사 검토(*The American Historical Review*)』에서 데스틀러(Chester McArthur Destler)가 비판한 것을 들 수 있다. 그는 〈현대 역사 이론에 대한 일부 관찰(Some Observations on Contemporary Historical Theory)〉이라는 논문을 발표하면서 듀이의 프래그머티즘

---

5) 소르본(Sorbonne)은 1257년 콜레주 드 라 소르본(Collège de la Sorbonne)이라는 신학대학을 설립한 로베르 드 소르본(Robert de Sorbon)이라는 신부이자 신학자의 이름을 따온 명칭이다. 1885년에 다시 파리대학으로 설립되어 1971년 13개의 대학으로 나뉘었으며, 소르본은 파리 제1대학(팡테옹-소르본), 파리 제3대학(소르본 누벨), 제4대학과 파리 제6대학이 통합된 소르본대학의 건물로 쓰인다. 소르본 도서관은 범대학적 도서관(파리 제1,3,4,5,6대학교)으로 파리 제1대학교 팡테옹-소르본이 그 관리를 맡는다. 전신인 파리대학은 이탈리아의 볼로냐대학, 영국의 옥스퍼드대학, 케임브리지대학과 더불어 서구권 최초의 대학 중 하나이다.

적인 역사관은 나치와 공산주의 체제의 전체주의 역사관과 다를 바가 없다고 신랄하게 비판하였던 것이다. 특히 데스틀러(Destler)는 듀이를 상대주의자로 규정하면서 미국의 상대주의자들은 이탈리아의 철학자이며 역사학자인 베네데토 크로체(Benedetto Croce, 1866~1952)의 역사에 대한 '현재주의적 접근'이 이탈리아 파시즘의 등장과 발전에 지적인 토대를 제공하였음을 간과하지 않아야 한다고도 비판하였다.

이처럼 90세가 된 1950년에 벌어진 데스틀러(Destler)의 비판에 대해서는 비교적 유순하고 쾌활했던 성격의 듀이였지만 여느 때와 달리 "매카시즘(McCarthyism)[6]이 정치에만 국한되지 않았다(Hickman, 1997)."라고 응수하면서 그의 불편함을 드러냈다. 즉 데스틀러를 비롯한 그 논문에 동조한 당시의 동료들에게도 1950~1954년 냉전 시대에 미국에서 공산주의자를 찾는다는 명목 아래 행해진 정치적 억압의 선동자로 몰아세운 것이다. 이러한 과정에서 듀이는 심한 스트레스에도 시달렸는데, 1951년 11월에 둔부를 다쳐 접골 수술을 한 후 뉴욕시 50번가 아파트에서만 갇혀 있다가 폐렴으로 1952년(93세) 6월 1일 저녁 7시에 사망했다.

2) 윌리엄 제임스와의 관계

존 듀이의 사상적 배경은 헤겔 사상에서 관심을 가지면서 시작되었지만 초기의 실용주의자들인 찰스 퍼스, 윌리엄 제임스에 이르는 연장선에 있다고 볼 수 있다. 영국의 분석철학자 러셀이 그의 주저이자 1,000여 페이지가 넘는 『서양철학사(*A History of Western Philosophy*)』(1945)에서 세 사람을 실용주의를 대표하는 것으로 서술하고 있는 것도 같은 맥락에서이다.

6) 매카시즘(McCarthyism)은 1950년 2월에 미국의 위스콘신주(州) 출신의 공화당 상원의원이자 정치선동가 조셉 매카시(Joseph Raymond McCarthy)에 의해 주장된 하나의 사상적 흐름으로 확실한 이유 없이 불충(不忠), 국가 전복, 반역을 고발하는 정치적 행위를 일컫는다. 그는 국무성 내부에 205명의 공산당원이 있다고 주장하고 청문회를 벌였다. 이때는 중국의 공산화가 이루어졌고, 직후인 6월에는 한국전쟁이 터졌기 때문에 공산주의 열풍을 가져왔다. 그러나 결국 개인적인 비리가 폭로되어 정계에서 제명되자 실의에 빠져서 술로 나날을 보내다가 1957년 48세에 간염으로 세상을 떠났다.

그중에서도 윌리엄 제임스의 심리학적이고 철학적인 사상이 듀이에게 미친 영향이 가장 크다고 볼 수 있다. 그 이유는 윌리엄 제임스(William James, 1842~1910)가 『심리학의 원리(*Principle of Psychology*)』(1890)라는 저서에서 세 가지의 자아론, 즉 물질적 자아, 사회적 자아, 정신적(영적, 심리적) 자아로 분류하여 그 기능을 논의한 점에 대해 듀이가 많은 영향을 받았다고 볼 수 있기 때문이다(임한영, 1977 재수정). 즉 제임스는 이 책에서 '심리학'을 '의식상태 자체의 기술과 설명'이라는 기능주의적 입장의 정의를 내렸던 것이다.

이와는 상대적으로 구성주의(structuralsim) 혹은 구조주의 심리학은 독일의 빌헬름 분트(Wilhelm Wundt, 1832~1920)로부터 시작되어 그의 제자이자 영국태생의 미국 심리학자 티치너(Edward Bradford Titchener, 1867~1927)에 의해 창안된 것으로 볼 수 있다. 분트는 라이프치히대학 측에 요구하여 학생들을 처벌할 때 쓰던 강당을 실험실로 사용하게 되면서 현대 심리학의 시초인 구성주의 심리학을 개척하게 된다. 당시 구성주의(구조주의) 심리학에서는 인간을 이해하기 위해서는 생리학에 배경을 두고 인간이 느끼고 있는 의식의 내용이 무엇인가를 밝혀야 한다고 생각하였던 것이다. 즉 구성주의란 인간의 의식을 기본적인 감각과 느낌이라는 구성요소로 쪼개어서 '마음의 요소'를 자기반영적인 내성법(Introspection, 자기성찰)을 사용하여 분석하는 방법을 말한다.

이처럼 주관적인 측정과 실험 제어를 통해 정신과 의식의 영역을 구성적인 요소 측면으로 분석하고자 했던 분트는 심리학과 철학을 구별시키는 역할을 했다고 볼 수 있다. 실험을 통한 이러한 방법은 후일 행동주의 심리학자들이 실험적이고 과학적인 접근을 하게 되는 계기로도 작용했던 것이다. 하지만 스키너 등의 행동주의 심리학자들은 내성법으로부터 얻은 결과는 주관적이고 관찰 가능한 행동만 측정하기 때문에 정확히 검증될 수 없다는 비판을 하였다.

그러나 제임스는 의식을 요소와 구조(내용)가 아닌 전체적인 기능으로 보았고, 심리학의 특징으로서 '의식의 흐름(stream of consciousness)'이라는 말을 사용하면서 '의식의 구성(내용)'보다는 '의식의 과정', 즉 기능을 중시했다는 점에서 차이가 있다. 다시 말하면 심리학이 의식을 감각과 감정의 복합으로 보고 그 내용을 분석하고자 하는 구성주의 관점이 아니라 의식이 어떻게 기능하고 있는지의 '의식의 흐름'에 관심을 두고 연구해야 한다는 기능주의(functionalism) 입장의 심리학을 열게 된 것을 의미하는 것이다.

이러한 기능주의 심리학은 독일의 분트로부터 시작된 구성주의 심리학과 비슷한 시기인 1890년대부터 일어났지만, 구성주의 심리학이 쇠퇴하면서 1910년대 후반부터는 기능주의가 주류로 떠오르게 된다. 다만, 영국 태생으로서 라이프치히대학에서 분트의 제자로 박사학위를 받은 후 미국 코넬대학의 교수가 되었던 티치너(Edward Bradford Titchener, 1867~1927)에 의해서 구성주의 심리학이 계승되기는 한다.

하지만 분트의 첫 번째 미국인 제자였던 하버드대학의 스탠리 홀(Granville Stanley Hall)도 윌리엄스 제임스의 영향으로 기능주의 심리학으로 돌아섰고, 분트의 또 다른 제자로서 최초의 심리학 교수로 칭해지는 펜실베이니아대학의 제임스 카텔(James McKeen Cattel, 1860~1944)도 영국의 찰스 다윈의 사촌인 갈톤(Galton, 1822~1911)과 함께 연구를 수행하면서 그의 영향을 받아 기능주의 심리학을 수용했던 것이다.[7)]

한편, 윌리엄 제임스가 제창한 기능주의 심리학을 논하기 위해서는 에드워드 손다이크(Edward Lee Thorndike, 1874~1949)에 대해서도 알아볼 필요가 있다. 왜냐하면 손다이크는 가정교사 생활을 하면서 하버드대학에서 2년간 윌리엄 제임스의 지도를 받으며 심리학을 공부하였고, 하숙집에서 병아리 실험을 하다가 쫓겨나 제임스의 집 지하실에서 실험을 진행했던 것으로도 전해지기 때문이다. 그러다가 뉴욕의 컬럼비아대학에서 장학금을 받고 분트의 제자이지만 기능주의를 수용했던 제임스 카텔(James McKeen Cattel, 1860~1944) 밑에서 연구하면서 병아리, 고양이, 개를 대상으로 수수께끼 상자(puzzle box)와 미로(maze) 등을 사용해서 주로 고양이들이 먹이를 취하기 위해 탈출

7) 기억의 실험연구를 개척한 독일의 심리학자 헤르만 에빙하우스(Hermann Ebbinghaus, 1850~1909)가 "심리학은 긴 과거를 지니고 있으나 그 역사는 짧다."라고 말한 것에서도 알 수 있듯이 많은 지식인들이 고대 그리스 시대로부터 심리학적인 주제에 관심을 두어왔으나, 심리학은 19세기 후반에 이르러 비로소 독립적으로 분리된 학문이라고 규정할 수 있다.

하는 원리에 대한 학습 실험을 했다.

손다이크의 실험에서 고양이들은 수수께끼 상자에서 먹이를 얻기 위해 다양한 탈출시도를 하여 '시행착오'를 겪으면서 문을 열었고, 실험이 계속될수록 시행착오의 정도는 점차 감소되었다. 이 실험을 통해 손다이크는 "긍정적인 결과를 기억하고 부정적인 결과를 잊으면서 행위와 결과 사이에 연결성을 구축하여 학습한다."라는 이른바 '효과성의 법칙(Empirical law of effect)'을 제시한다. 손다이크의 이러한 동물실험은 비슷한 시기에 러시아의 생리학자 파블로프(Pavlov, Ivan Petrovich, 1849~1936)가 개에 대한 실험을 했던 것에도 비유될 수 있다.

결국 손다이크는 실험의 결과들을 〈동물의 지능(Animal intelligence, an experimental study of associative process in animals)〉이란 논문으로 발표하여 1898년에 하버드대학에서 박사학위를 받았다. 이러한 손다이크의 실험결과는 오늘날 '통찰(insight)'의 능력을 중요시하는 심리학의 주류에서는 받아들여지기는 어렵지만 대표적 행동주의자인 버러스 프레더릭 스키너(Burrhus Frederic Skinner, 1904~1990)에게 미친 영향은 크다. 왜냐하면 손다이크의 방법에 영향을 받은 스키너가 '스키너 상자'의 배경적 기초가 된 실험상자를 통해 조작적 조건형성이론(operant conditioning theory)[8]에 기초한 학습이론을 정립하였기 때문이다. 하지만 손다이크는 기능주의 심리학파가 성립되기 이전에 활동했다는 점에서 기능주의 학파에는 속하지 않는다고 볼 수 있다.

이처럼 기능주의 심리학이 미국에서 대두되는 배경을 보면, 미국의 실용주의(pragmatism) 사상과 영국의 찰스 다윈이 주장한 진화론과 그에 전통을 둔 영국의 갈톤(Galton) 심리학에 영향을 받았다고 볼 수 있다. 진화론은 생물체와 환경과의 적응을 중심으로 하는 적자생존의 원리에 따른 이론이기 때문에 기능주의와 일치되는 점이 많았던 것이다.

이후 심리학에서는 오스트리아의 프로이트(Sigmund Freud)가 기존의 구성

8) 어떤 행동에 대해 보상이 주어지면 그 행동을 반복하고, 보상이 없거나 처벌을 받으면 그 행동을 중단하려 하는데, 이러한 일이 반복될 때 변화하고자 의도하는 어떤 목표에 이르게 할 수 있다는 이론을 의미한다.

주의나 기능주의 심리학과는 차별적이면서도 철학적으로는 구조주의(構造主義, structuralism) 입장의 '정신분석학'이라는 '정신역동주의' 이론을 제기하게 되면서 심리학의 제1심리학 세력으로서 자리를 구축하게 된다. 이어서 미국에서는 행동주의가 심리학계를 주도하기 시작하면서 1920년대 말부터 기능주의 심리학의 역할이 쇠퇴하기 시작하였지만, 실제적으로는 행동주의 심리학에 포함이 되어 그 맥을 이어가게 된 것으로 볼 수 있다.

그만큼 윌리엄 제임스가 『심리학의 원리(*Principle of Psychology*)』(1890)에서 주장한 프래그머티즘적 자아는 데카르트(Descartes)의 합리론 철학에서처럼 상징적으로 비유하자면, '나는 행동한다. 고로 나는 존재한다.'로 그 특징을 요약할 수 있을 정도로 행동적이었다고 볼 수 있다. 이는 사람이 자아를 새롭게 하는 과정은 행동에 의해서 자아를 끊임없이 변화시키고 수정해 나가는 것에 있음을 강조한 것이기 때문이다.

그러나 존 듀이는 그에게 영향을 준 윌리엄 제임스와 마찬가지로 심리학계에서는 뚜렷한 학파를 형성하지 못했기 때문에 심리학자로서보다는 철학자나 교육학자로 더 명성이 높은 실정이다. 이와는 반대로 오스트리아의 프로이트는 철학적인 사유방식에서 정신분석학이라는 과학을 시작했지만 심리학의 과학적인 측면을 강조했기 때문에 오늘날 '심리학의 아버지'로도 불리게 된다.

이러한 윌리엄 제임스의 기능주의 심리학은 존 듀이가 1896년에 발표한 매우 중요한 논문의 하나인 〈심리학에서의 반사호의 개념(The Reflex Arc Concept in Psychology)〉에서 제임스의 영향이 확연히 나타나고 있다. 그리고 전체적으로 보면, 듀이는 시카고대학에 교수로 취임하기 이전인 1888년에 발간한 『심리학(*Psychology*)』이라는 저서와 시카고대학 취임 이후 1896년에 발표한 〈심리학에 있어서의 반사호의 개념〉이라는 논문에서, 그리고 1900년 미국심리학회장을 역임하면서 기능주의 심리학파 형성에 많은 기여를 하였다고 볼 수 있다.

다른 한편으로는 듀이가 1894~1904년 사이에 시카고대학의 철학부에 취임하고, 미드(George Herbert Meed, 1863~1931)가 미시간대학에서 시카고대학의 철학과 조교수로 옮겨온 이후에 엔젤(James Rowland Angell, 1869~1949)이 철학과 심리학 실험실 담당교수로 임명되어 철학과가 강성해지면서 시카고학파(Chicago's School)가 형성된 것에서도 기능주의 사상은 확산되었다고 볼 수 있다.

한편, 이러한 과정에서 존 듀이의 기능주의 사상을 심리학 차원에서 확립한 사람은 제임스 로랜드 엔젤(James Rowland Angell)이었다고 볼 수 있다. 엔젤은 듀이의 『심리학』(1888)과 제임스의 『심리학의 원리』(1870)를 읽은 것을 계기로 심리학 연구와 교육행정에 일생을 바쳤기 때문이다. 엔젤은 시카고대학 교수 시절인 1894~1914년 사이에 심리학에 대한 연구와 교육 활동으로 시카고대학의 심리학과를 유명하게 만들었고, 티치너의 구성주의 심리학에 대응하여 기능주의 심리학이 더욱 확고하게 자리매김하도록 역할을 했다는 점에서도 그러하다.

기능주의 심리학이 구성주의 심리학과 다른 특징은 엔젤이 1906년 미국심리학회장으로 취임할 때 연설했던 '기능주의 심리학의 영역'이라는 연설문에도 적절하게 드러나고 있다. 이 연설의 요지와 구성주의를 비교해 보면 두 학파 간의 차이가 분명하게 드러난다. 첫 번째의 특징은 기능주의는 심적 요소를 중요시하여 마음의 요소를 분석하려는 내성법(introspection)의 구성주의 심리학에 대비되는 심적 작용(mental operations)의 심리학이라는 점이다. 두 번째의 특징은 의식의 기본적 효용(utility)에 관한 심리학이고, 세 번째는 심신 양면을 모두 인간의 습관적이고 반의식적(半意識的)인 작용도 연구대상으로 포함시킨다는 점이다.

한편, 존 듀이는 제임스 로랜드 엔젤과 함께 시카고대학에서 존 브로더스 왓슨(John Broadus Watson, 1878~1958)을 지도하였는데, 왓슨은 후일 구성주의와 기능주의를 거부하는 행동주의 심리학파를 창안하게 된다. 왓슨은 퍼먼대학(Furman University)을 졸업하고, 시카고대학원에 들어가 동물을 대상으로 심리학 연구를 하였다. 그 결과 1903년 시카고대학원에서 쥐의 미로학습에 관한 연구로 심리학 박사학위 취득하게 된다.[9] 왓슨은 박사학위를 취득한

9) 손다이크는 왓슨보다 4년 연상으로서 1898년에 하버드대학에서 박사학위를 취득했다는 측면에서 왓슨은 5년 늦게 박사학위를 취득했다. 따라서 러시아의 파블로프, 미국의 손다이크에 이어서 왓

후에는 볼티모어에 있는 존스 홉킨스대학에 자리를 잡았으며, 1913년에 발표한 〈행동주의 시각에서 본 심리학(Psychology as the Behaviorist views It)〉이라는 논문을 계기로 극단적 행동주의 심리학을 처음으로 선언하였던 것이다.

왓슨에게서 심리(행동의 단위)는 '자극(stimulus)'에 대한 '반응(response)'[10]이다. 즉 본능이나 유전보다는 '환경에 대한 인간의 반응'에 초점을 둔 관점인데, 1910년부터 1915년까지 『심리학 리뷰』의 편집자로 활동하며 그의 이러한 주장은 이론화가 이루어졌다.

이후 왓슨은 1918년에는 9개월이 된 어린 아동에 대한 연구인 '어린 앨버트 실험(Little Albert experiment)' 등을 시작하여 아동발달의 문제에 학습 원리를 적용시킨 최초의 주요한 심리학자가 되었다. 주요 실험내용을 정리하면, 9개월이 된 어린 앨버트는 방안에서 강아지와 흰쥐, 원숭이 같은 동물들, 사람 가면, 불타는 종이 등의 물건들을 처음으로 접하고는 두려움 없이 흰쥐에게도 손을 뻗쳐 만지려고 하는 호기심을 보인다. 이때 연구원이 망치로 쇠막대기를 두드려서 소음을 발생시키고, 소음에 놀란 어린 앨버트는 자지러지게 울면서 흰쥐를 무서워하는 장면까지 실험은 이어진다.

다시 두 달이 지난 다음에 11개월이 된 어린 앨버트에게 다시 흰쥐를 보여주고 앨버트가 흰쥐를 만지려고 할 때마다 같은 쇠막대기를 두드려서 놀라게 했다. 그리고 이러한 방법을 일주일에 2회 간격으로 일곱 번 반복하여 실험하게 된다. 그 결과 어린 앨버트는 처음에는 잘 만졌던 흰쥐를 보기만 해도 울면서 공포감을 드러냈으며, 흰색 털이 있는 동물과 물건, 심지어 산타클로스에까지도 공포감을 보이는 것이 관찰된 것이다.

이러한 실험을 바탕으로 왓슨은 러시아의 이반 파블로프(Ivan Petrovich Pavlov, 1849~1936)가 제시한 '고전적 조건화(古典的條件化, Classical Conditioning)' 이론이 인간의 감정에도 적용하여 학습이 가능하고, 인간의 행동은 특정한

슨은 20세기의 심리적 사고(심리철학)에 영향을 받아 초기 행동주의 이론을 정립하는 역할을 한 것으로 평가할 수 있다.

10) 이러한 자극반응이론은 몇몇 경제학자와 사회계획가에 의해서 변용이 되는데, 사람들은 사회복지가 처벌적이고 최소화되면 그들의 환경을 개선하기 위해 더 열심히 노력할 것이라고 본 것이다.

자극과 조건만 주어진다면 언제든지 통제하고 변화시킬 수 있다는 주장을 한다. 자신의 실험결과를 1920년에 『실험심리학회지(*Journal of Experimental Psychology*)』에 게재하여 행동심리학의 선두에 서게 된 것이다.

파블로프가 1890년대 개에게 먹이를 주면서 흘러나오는 침의 양을 측정하는 실험 중에 개에게 먹이를 주는 '무조건 자극(UnConditioned Stimulus, UCS)'에 따라 침이 나오는 '무조건 반응(UnConditioned Response, UCR)'에 종소리를 함께 내는 '조건 자극(Conditioned Stimulus, CS)'을 가하면 이후에는 먹이를 주지 않고 종소리만 내는 '조건 자극'에도 곧바로 침이 나오는 조건 반응이 학습된다는 것을 '고전적 조건형성이론'으로 정립했던 것을 인간에게도 적용한 것이다.

그러나 그의 학문생활에도 위기가 닥쳐왔는데, 1920년(42세)에 부인과 이혼하고 '어린 앨버트 실험(Little Albert experiment)' 등의 주요 공동연구자이자 대학원생이었던 20세의 로살리 레이너(Rosalie Raynor)와 재혼한 것이 물의를 일으키자 존스 홉킨스대학이 그를 해임시켰던 것이다. 이후 왓슨은 광고회사에 취업하여 부사장이 되기도 했는데, 왓슨과 레이너 사이에는 1921년에 태어난 '윌리엄 레이너 왓슨'과 1924년에 태어난 '제임스 브로더스 왓슨'이라는 두 아들을 두었다. 공교롭게도 두 아들의 이름을 합치면 바로 '윌리엄 제임스'라는 실용주의 철학자이자 기능주의 심리학자의 이름이 된다는 점에서 시대적인 사상적 배경을 유추할 수 있게 한다.

2. 존 듀이의 실용주의적 도구주의 체계

1) 『경험과 자연』에서의 실용주의적 도구주의 체계

『경험과 자연(*Experience and Nature*)』(1925)은 존 듀이가 자신의 형이상학적인 관점을 정교하게 밝히기 위하여 1916년에 출간한 『실험적 논리학 논집』을 기초로 10여 년간 자신의 철학체계를 다듬어 완성본으로 정리한 것으로 볼 수 있다. 그는 이 책에서 핵심적 개념으로 '경험'을 제시하고 근대문명에 깊이 스며있는 이원론적 사유체계를 해체시키려는 자연주의적 형이상학을 제시하고 있다.

존 듀이가 제시하고 있는 자연주의적 형이상학의 방법은 '명시적 경험의 방법(Denotative Empirical Method)'이었다. 즉 먼저 개념 혹은 의미를 규정하고 다음에 반성적 분석과 탐구로 밝혀진 결과를 확인한 후에, 그것을 다시 본래의 맥락 속에 되돌려 검토하는 방법이다. 그렇게 하지 않으면 분석과 탐구의 결과로 확인된 그대로가 우주 속에 있는 구성요소라고 전적으로 단정해 버리는 '주지주의적 오류'를 범하게 된다고 보는 것이다.

이는 인간이 분석과 탐구의 결과로 확인된 그대로가 실재 그 자체인양 동일시하는 '주지주의적 오류'를 범하는 한정된 경험에서 벗어나 본래의 개념 혹은 의미를 확인한 후에 인간의 의식 활동과는 독립하여 존재하는 자연과 경험을 연결한 실험적 경험에 따른 사유를 할 것을 주장한 것으로 볼 수 있다. 듀이는 이러한 명시적 경험의 방법이 서양철학에서 지속되어 온 여러 가지 이원론적 사고의 대안이 될 수 있다고 본 것이다.

이처럼 존 듀이는 찰스 퍼스로부터 시작된 실용주의 이론을 집대성한 업적과 철학일반뿐만 아니라 사회철학, 윤리학, 논리학, 심리학, 교육학 분야에 걸쳐 수많은 저작물을 남긴 20세기 최대 철학자로 지칭할 수 있다. 그 관련성을 정리해보면, 찰스 퍼스는 실용주의를 '의미의 이론(해석체이론)'으로서 인간이 관념을 명석하게 하기 위해서는 그 관념의 실제적 결과나 가능성을 고찰할 것을 주장한 철학자이다.

이에 비하여 윌리엄 제임스는 찰스 퍼스의 '의미의 이론'에 더욱더 행동적 요소를 도입함으로써 '진리의 이론'으로 실용주의를 전개한 것이다. 그리고 존 듀이는 행동적 요소가 더욱 강조된 실용주의로 나아갔다고 평가할 수 있다. 아울러 듀이에 이르러서는 실용주의가 개인적 관심에서 '사회적 관심'으로 발전되는 단계로 성숙되는 변화를 보인다. 존 듀이의 실용주의 철학 사조를 흔히 '도구주의(Instrumentalism)' 혹은 '실험주의(Experimentalism)'로 지칭하거나 '진보주의 교육'으로도 부르는 것도 이와 상관이 있다.[11)]

즉 인간의 관념이 참이냐 거짓이냐의 의미는 일상생활에서의 유용성에서 상대적으로 변화하고, 그것은 현실생활에서 일어나는 문제해결을 위한 '도구(instrument)'에 지나지 않는다는 것이 존 듀이의 철학 사조이다. 이로써 프래그머티즘은 진리를 실생활에 있어서의 유용성으로 결정된다는 점에서 더욱 공리주의(功利主義, Utilitarianism)에 가깝게 된다. 아울러 거슬러 올라가면 진리가 경험에 의해서 검증되고 상대적으로 변화한다는 관점에서는 근대 영국의 경험주의에도 뿌리를 두고 있다고 해석할 수 있다.

이러한 존 듀이의 도구주의적 실용주의 사상은 교육사상(교육철학) 연구에 집중이 되었던 시카고대학 교수시절(1895~1903)이 아니라 컬럼비아대학으로 이직한 1904년부터 1930년에 명예교수로 은퇴할 시기까지 25년간 집대성되었다. 오늘날 교육학계에서 그의 사상을 '진보주의 교육'으로 보고 있는 것도 이러한 배경에서이다.

그러나 전체적인 그의 철학적 배경은 헤겔에게서 출발하여 찰스 퍼스, 윌리엄 제임스의 사상을 잇는다고 볼 수 있다. 존 듀이가 은퇴 후 1931년(71세)에 쓴 자서전적 논문인 〈절대주의에서 실험주의에로(From Absolution to Experimentalism)〉에서 젊은 시절 자신에게 영향을 준 사상적 배경으로 헤겔(Hegel)과 함께 찰스 퍼스(C. S. Peirce)와 윌리엄 제임스(W. James)를 들고 있는 것을 보더라도 그러하다. 그의 논문이나 저서에 나타나고 있는 '절대주의'가 헤겔사상을 가리킨다면 '도구주의(실험주의)'는 퍼스와 제임스의 실용주의 사상을 지칭한다고 볼 수 있는 것이다.

이처럼 존 듀이는 많은 저서나 강연에서 자신의 실험주의(도구주의)를 설명하기 위해 자신의 학문적 경험을 들고 있다. 즉 버몬트대학 3학년 때 영국의 생물학자이자 철학자 토머스 헨리 헉슬리(Thomas Henry Huxley, 1835~1895)[12]가

11) 듀이는 퍼스와 제임스의 '실용주의'를 기초로 다윈, 스펜서, 헉슬리 등의 진화론적 사유를 수용하여 관념 혹은 진리를 '인간의 환경에의 적응'이라는 기능주의, 조작주의로 접근하고 있다.

12) 교사였던 조지 헉슬리와 레이첼 헉슬리의 8명의 자녀 중 일곱째로 태어나 초등교육을 제대로 끝내지 못했던 헉슬리는 왕성한 독서력으로 채링 크로스 병원 의학교에서 학위 과정을 마쳤으며, 불가지론(agnosticism)이라는 말을 처음으로 만들어 낸 인물이다. 전기 작가인 레너드 헉슬리가 그의 아들이고, 과학의 발달로 인간이 모두 인공적으로 제조되는 미래 사회를 그리고 있는 런던 배경의 미래소설인 『멋진 신세계(*Brave New World*)』와 『아일랜드』, 『크롬 옐로』, 『어릿광대 춤』 등을 쓴 올더스 헉슬리(Aldous Leonard Huxley)는 그의 손자이다.

쓴 『생리학 교본』을 공부하면서 헉슬리에게 영향을 준 찰스 다윈의 『종의 기원(*Origin of Species*)』(1859)의 논리성을 접했다는 점을 가장 먼저 언급한다. 그러나 다윈은 50세에 이 책을 출판하기에 앞서 15~16세가 어렸던 헉슬리의 의견을 구했다고 전해진다.

한편, 버몬트대학을 졸업한 후 존 듀이는 존스홉킨스대학원에 진학하면서 이곳에서 미시간대학 초빙교수 조지 실베스터 모리스의 영향을 받아 헤겔의 절대정신(Absolute Spirit)을 접하게 된다. 그 이후에는 찰스 퍼스와 윌리엄 제임스의 프래그머티즘에 심취하게 되면서 그의 실용주의적 정신철학인 '도구주의' 혹은 '실천적 이상주의(실험주의)'가 형성되었음을 밝히고 있는 것이다. 흔히 존 듀이의 실용사상을 퍼스나 제임스의 그것과 차별적으로 말할 때, 도구주의(Instrumentalism)나 실험주의(Experimentalism)로 지칭하고 있는 것도 그러한 듀이의 철학적 입장을 대변하는 것으로 볼 수 있다.

실제로 듀이는 자신의 철학을 '실용주의(Pragmatism)'라는 용어보다는 '도구주의'로 불렀는데, 그는 하나의 사물이나 생각은 '행동(실천)의 도구'라고 보았기 때문이다. 즉 어떤 생각(사고)이 진리인지 아닌지는 그것을 현실에 적용했을 때 그 유효성(有效性)에 따라 결정된다고 보는 관점이다. 이러한 사상은 신실용주의를 들고나온 리처드 로티(Richard McKay Rorty, 1931~2007)에게도 영향을 미치게 된다.

이러한 맥락에서 물리학계나 과학철학계에서 같은 용어로 사용되는 '도구주의(Instrumentalism)'가 관찰(관측)이 가능한 현상을 조직화·예측화하도록 하는 형식적 도구(장치)가 과학이론이며, 관찰이 불가능한 실재의 참모습은 알 수 없다고 여기는 개념과 존 듀이가 주장한 도구주의 사상은 구별되어야 한다. 과학철학계에서의 도구주의는 실험주의가 아니라 '과학적 실재론'이나 '형이상학'과 대립되는 개념으로 사용되기 때문이다. 존 듀이의 많은 저작 가운데도 그의 프래그머티즘인 '도구주의' 사상과 관련된 저작을 보면 1925년에 발간된 『경험과 자연(*Experience and Nature*)』이 대표작이며, 1938년에 출간한 『논리학-탐구의 이론(*Logic; The Theory of Inquiry*)』도 중요하다.

2) 『논리학-탐구의 이론』에서의 실용주의적 도구주의 체계

존 듀이의 『논리학-탐구의 이론(*Logic; The Theory of Inquiry*)』(1938)은 모든 사유 체계는 불확실한 것을 명확한 것으로 바꾸려는 노력(탐구)이며, 그것은 논리학을 통해 모든 분야에서의 탐구 규범을 분명히 할 수 있다는 점을 주장한 책이다. 즉 탐구란 문제해결을 위해 노력하는 과정으로, 탐구에는 상식적 탐구와 과학적 탐구가 있으며, 본질적으로는 양자 모두 동일한 과정 · 구조 · 기능을 갖는다는 점을 강조하고 있다.

따라서 이 책은 듀이가 시카고대학 재임시절 이후 자연과학에서 사용되는 실험적 방법(experimental method)을 인간의 경험 영역으로 가져와서 '논리'를 건설적이고 생산적인 도구로 끊임없이 정립해온 그의 노력의 정점이었다(Rockefeller, 1991)는 평가를 받는다. 그 전체적인 구성을 보면, 4개 부문으로 나누고 25개 장으로 편성되어 있다.

제1부에서는 '탐구의 기반(역사)'을 주로 논의하며, 자신의 논리학의 기본적 성격을 진술하고 있다.

제2부에서는 '탐구의 구조와 비판의 구성'을 주제로 탐구과정에서 나타나는 여러 단계를 하나씩 세부적으로 서술하며, 탐구가 통상적 인식 활동과 행위가 상호작용하는 과정임을 밝히고 있다. 탐구가 행해지는 주요 단계를 보면, 불안정한 상황에서 탐구가 개시되는 단계에서 시작되어 문제의 설정, 가설의 수립, 추론(推論), 실행(실험)의 단계를 거쳐서 안정 상황에 도달하는 순서이다. 물론 안정 상황에 도달하더라도 결코 탐구가 절대적으로 종료되는 것을 의미하는 것이 아니라 높은 개연성만 있을 뿐 탐구는 연속된다고 본다.

제3부의 '명제와 명사'에서는 논리학에 관한 전문적인 내용에 대하여 설명이 되고 있다.

마지막 부분인 제4부에서는 '과학적 방법 논리학'이라는 주제로 수학 · 자연과학 · 사회과학 등이 과학적 방법론으로 전개되고 있다. 그리고 역사적 탐구에서 '실험적 논리(experimental logic)'의 중요성이 두드러짐을 언급하면서,

역사와 역사기록에 대한 듀이 자신의 철학을 구체적으로 설명하고 있다.

이 외에도 존 듀이의 실용주의적 도구주의 사상은 그의 자유민주주의자로서 사회철학에도 나타나 있다. 국가의 정치학적 본질을 논한 『대중(공중)과 그 문제(*The Public and its Problems*)』(1927), 향후에 도래할 사회의 개인주의의 방향을 논한 『신구(新舊)의 개인주의』(1930), 『자유주의와 사회적 행위』(1935), '미국독립선언'을 기초한 토머스 제퍼슨(Thomas Jefferson, 1743~1826)[13]의 이상에 기초한 『자유와 문화』(1939) 등의 저작물이 여기에 해당한다.

아울러 〈심리학에서 반사궁(반사호) 개념(The Reflex Arc Concept in Psychology)〉(1896)이라는 논문에서는 '자극'과 '반응'에 관한 심리학의 행동주의 이론을 포함시켜서 환경에 적응하려고 노력하는 유기체에 초점을 맞추는 기능주의 심리학 이론의 효시적인 역할을 하였다고 볼 수 있다.

13) 미국 3대 대통령(재임 1801~1809) 제퍼슨은 1779년부터 1781년까지 버지니아 주지사로 재직하였으며, 1784년부터 1789년까지는 벤저민 프랭클린의 후임으로 프랑스 공사로 있었고, 조지 워싱턴 초대 대통령 아래서 초대 국무장관(1789~ 1793)을 맡았다. 이후 정치 공백기를 거쳐 1796년 대통령 선거에 민주공화당 후보로 출마하였지만 조지 워싱턴 아래에서 부통령직을 수행했던 존 애덤스 연방주의자당 후보가 선거인단 수에서 더 많은 인원을 확보하여 당선되었다. 당시는 최고득표자가 대통령, 차점자가 부통령이 되는 선거 방식이었기 때문에 차점자였던 제퍼슨은 제2대 부통령이 되었으며, 1800년에 실시된 대통령 선거에서는 뉴욕주 출신인 에런 버(Aaron Burr)를 부통령 후보로 지명하고 자신은 대통령 후보로 출마하였다. 그러나 제퍼슨과 에런 버가 대통령 선거인단 득표에서 각각 73표로 공동 1위가 되자 하원에서 에런 버와 적대관계에 있었던 알렉산더 해밀턴(Alexander Hamilton)의 지지를 얻어 대통령으로 결정되었다. 이에 에런 버는 자신을 비난하고 제퍼슨을 도와줘서 대통령으로 당선시킨 알렉산더 해밀턴에 결투를 신청하여 결투가 합법화된 지역인 뉴저지주 위호켄 외곽의 허드슨강 변의 바위 절벽 인근에서 1804년 7월 11일에 만나 결투를 벌였고, 해밀턴은 사살되었다.

제2절 리처드 로티의 생애배경과 신실용주의

1. 신실용주의의 개념과 분석철학의 관계

1) 신실용주의의 개념

실용주의(Pragmatism)가 19세기 중 · 후반기에 찰스 퍼스(Charles Sanders Peirce), 윌리엄 제임스(William James)에 의해서 제창되고 존 듀이(John Dewey)에 의해 도구주의로 발전됨으로써 미국은 19세기 말 이후부터 20세기 초반까지 유럽과는 독자적인 현대사상을 구축하게 되었다.

그러나 독일의 고틀로프 프레게(Gottlob Frege, 1848~1925)와 영국의 버틀런드 러셀(Bertrand Russell, 1872~1970), 루트비히 비트겐슈타인(Ludwig Josef Johann Wittgenstein, 1889~1951)의 분석철학에 영향을 받은 루돌프 카르납(Rudolf Carnap, 1891~1970) 등이 독일에서 나치당의 집권을 피해 미국으로 이민하여 활동하기 시작하면서 실용주의는 점점 유럽의 분석철학 세력에 밀리게 된다.

왜냐하면 미국이 독립과 근대화 과정에서 유럽의 종속된 사상에서 벗어나 독자적인 사상체계를 구축한 것은 분명하지만, 실용주의를 제창한 사람들은 결국 영국의 앵글로색슨 계통의 프로테스탄트를 비롯한 유럽 전역에서 이민 온 초기 이민자들의 후손이었다는 점에서는 완전한 독립성을 주장할 수 없는 정체성의 한계도 있었기 때문이었다.

이러한 상황에서 20세기 중반에는 오스트리아와 독일에서 출발한 논리실증주의(논리경험주의)가 미국으로 들어와 분석철학이라는 큰 흐름과 함께 언어적 철학(linguistic philosophy)이 확산되자 실용주의라는 미국식 사상은 미국 사회 내에서도 조명을 받지 못하게 된 것이다. 그러나 이러한 시대적 상황에서 시카고대학과 예일대학에서 철학사와 현대분석철학을 공부하고 프린스턴대학에서 분석철학을 가르치고 있었던 리처드 맥케이 로티(Richard McKay Rorty, 1931~2007)는 실용주의적인 전환을 시도하여 실용주의의 새로운 맥을 잇게 된다. 그는 당초에 분석철학자에 속했지만 1960~1970년대에 접어들어서는 실용주의를 재조명하면서 '신실용주의(네오 프래그매티즘, Neo Pragmatism)'로 재현되는 역할을 했던 것이다.

그러나 로티는 그 이전의 찰스 퍼스나 윌리엄 제임스와 같이 자신의 철학을 뚜렷하게 '신실용주의'라는 새로운 철학사상으로 지칭한 것은 아니었다. 하지만 존 듀이가 자신의 새로운 입장을 '도구주의(실험주의)'로 지칭한 것과 마찬가지로 고전적 실용주의와 대비시켜서 '신실용주의'로 표현하였다는 점에서 보면 자신의 사상을 뚜렷하게 제시한 것으로 볼 수 있다.

이렇듯 로티가 새롭게 재조명한 '신실용주의'는 철학사적으로는 기존의 고전적 의미의 실용주의 관점이나 방법과는 차이가 있지만, 오스트리아와 독일로부터 유입된 분석철학에 밀려 쇠퇴하던 것처럼 보였던 미국식 사유체계를 다시 이끌어나가는 역할을 맡게 된다. 그렇다고 로티의 '신실용주의'가 고전적 실용주의처럼 독자성을 뚜렷하게 들고 나왔던 것은 아니었다는 점에서는 차이점이 있다.

왜냐하면 로티는 자신이 존 듀이의 사상뿐만 아니라 헤겔(G. W. Hegel), 니체(Friedrich Nietzsche), 하이데거(Martin Heidegger), 다윈(Charles Darwin), 그리고 자신보다 다소 먼저 실용주의를 재조명하고자 시도하였던 미국 내의 힐러리 퍼트남(Hillary Putnam, 1926~2016) 등으로부터 사상적 영향을 받았다고 밝히고 있기 때문이다.

그리고 로티가 직접적으로 언급하고 있지는 않지만 그의 신실용주의적 사유방식은 퍼트남의 경우와 마찬가지로 비트겐슈타인(Ludwig Wittgenstein, 1889~1951)에 의해 정립된 후기 분석철학에도 힘입은 바가 크다고 볼 수 있다. 로티는 어쩌면 분석철학의 입장에서 신실용주의적 전개활동을 한 것으로도 볼 수 있기 때문이다. 특히 비트겐슈타인이 1930년경부터 집필하기 시작하여 사후 2년 후인 1953년에 출간하게 된 『철학적 탐구(*Philosophical Investigations*)』라는 저서에서 제시되는 일상언어의 규칙성에 영향을 받고 있다는 점도 그러하다. 이는 로티가 추구한 철학의 시초가 1950년대에 분석철학에 기초하여 철학적 문제와 방법론을 전개하고 있음에서도 미루어 짐작할 수 있다.

하지만 1970년대에 접어들면서 로티는 논문 〈잘 잃어버린 세계(The World Lost)〉(1972)를 시발로 하여, 1979년에는 로티를 세계적으로 알리게 된 『철학과 자연의 거울(*Philosophy and the Mirror of Nature*)』(1979)에서 분석철학적 관점을 일대 전환시키면서 실용주의를 계승하여 신실용주의로 나아가고 있다는 점은 분명해 보인다. 이어서 1982년에 발간한 『실용주의의 결과(*Consequences of Pragmatism*)』(1982)에서는 자신의 철학적 입장을 '실용주의'를 잇고 있다는 점을 확실하게 언급하였다는 점에서도 그러하다.

이처럼 로티는 분석철학의 한 갈래로서 실용주의를 시작하여 그의 '신실용주의'를 정립한 것이 그의 주된 사상적 흐름이다. 그리고 또 다른 측면에서는 로티와 논쟁을 벌였던 힐러리 퍼트남이나 프랑스 소르본대학에서 철학을 공부하고, 파리8대학을 거쳐 영국과 미국 등의 대학에서 활동한 장 프랑수아 리오타르(Jean-Francois Lyotard, 1924~1998)의 신실용주의(Neo-Pragmatism) 흐름도 신실용주의 흐름으로 들 수 있다.

퍼트남과 로티, 그리고 리오타르는 미국과 프랑스라는 상이한 지적·문화적 전통을 가지고 있지만 다른 포스트모던 철학자들과 마찬가지로 현대(modernity)에 대해 비판적이며, 그 경향이 다분히 실용주의적이라는 점에서 공통성이 있기 때문이다. 그러나 신실용주의는 구조주의적 전통을 사유의 출발점이자 표적으로 삼고 있는 미셸 푸코(M. Foucault)나 자크 데리다(J. Derrida)와 같은 포스트구조주의자들의 사상과는 차별성을 보인다.

이 외에도 루이스 메난드(Louis Menand)가 한 권의 독본으로 간행한 『실용주의(*Pragmatism*)』(1997)에 따르면, 미국식 실용주의의 제1세대(first generation)로서는 '메타피지컬 클럽'의 주요 멤버였던 찰스 퍼스(Charles S. Peirce), 윌리엄 제임스(William James), 올리버 홈즈(Oliver W. Holmes)와 그 뒤를 이은 존 듀이(John Dewey), 제인 애덤스(Jane Addams), 조지 미드(George H. Mead)를 내세우고 있다.

그리고 현대 실용주의(contemporary pragmatism), 즉 신실용주의자로서는 힐러리 퍼트남(Hilary Putnam), 리처드 로티(Richard Rorty), 스테븐 네프(Steven Knapp), 월터 마이클즈(Walter B. Michaels), 리처드 번스타인(Richard Bernstein), 코넬 웨스트(Cornel West),

리처드 포스너(Richard A. Posner), 리처드 포이리어(Richard Poirier), 조이스 애플비(Joyce Appleby) 등을 들고 있다.

2) 분석철학 및 포스트모더니즘과의 관계

분석철학은 19세기 프랑스의 오귀스트 콩트(Auguste Comte, 1798~1857)가 인간의 사고를 신학적 단계, 형이상학적 단계, 실증적(과학적) 단계로 위계적으로 구분하고, 신학과 형이상학 지식의 근거로써 신뢰할 수 없기 때문에 오직 과학의 발견에 근거한 사고만이 실증적이라고 한 실증주의에 영향을 받아 20세기 현대 철학의 주류를 형성해왔다.

콩트가 제기한 실증주의는 영국의 허버트 스펜서(Herbert Spencer, 1820~1903)나 프랑스의 에밀 뒤르켐(Émile Durkheim, 1858~1917) 등을 통해 사회학이론(사회학주의)으로도 발전해 나갔다. 그리고 두 차례의 세계대전을 겪으면서 오스트리아 비엔나를 중심으로 논리실증적 학파가 형성되어 히틀러 집권 이후에는 해체되어 미국과 영국으로 이주해간 논리실증주의(logical positivism)로도 발전해 나갔던 것이다.

분석철학은 현대의 '과학정신'이라는 시대적 사유방식을 반영하고 있는 대표적인 사상으로서 주로 '언어분석'이라는 철학적 방법론에 의존한다. 분석철학의 직접적인 시작은 영국의 러셀과 무어의 활동에 있다. 이들은 헤겔의 영향을 받은 영국의 프랜시스 허버트 브레들리(Francis Herbert Bradley, 1846~1924)의 신관념론 혹은 영국 관념론(British idealism)을 비판하면서 분석철학을 전개했기 때문이다.

러셀과 무어는 신관념론에 대응하여 독일 예나대학의 프레게가 제시한 수학적 기호논리학적 접근을 기초로 신실재론(new realism)과 논리적 분석(logical analysis)을 제시하였던 것이다. 그리고 분석철학의 구체적 실체화는 프레게로부터 짧은 기간 훈련(영향)을 받은 후에 영국으로 건너가 러셀과 무어에게 상당 기간에 걸쳐 교육을 받은 비트겐슈타인(Wittgenstein, 1889~1951)에 의해서 이루어진다.

그러나 초기 분석철학과는 달리 후기 분석철학은 미국에서 찰스 샌더스 퍼스(Charles Sanders Peirce, 1839~1914)가 정초하고 제임스에 의해 확산된 실용주의(Pragmatism)에서 영향을 받았다고도 볼 수 있다. 왜냐하면 미국에서는 20세기 초에 실용주의를 이미 유용성을 잃은 구시대의 철학사조로 여기고 분석적 논의와 언어적 전회(linguistic turn)가 주도하는 분석철학이 확산되었지만, 20세기 중반에 접어들면서부터는 다시 존 듀이에 의한 도구주의, 로티(R. Rorty) 등에 의한 신실용주의에 주목하게 되었기 때문이다.

이 시기에 활동했던 콰인(W. V. O. Quine), 굿맨(N. Goodman), 데이비슨(D. Davidson), 퍼트남(H. Putnam), 리오타르(J. Lyotard) 등도 직·간접 방식으로 분석철학이 부딪힌 한계에 대한 대안적 사조로 실용주의를 각기 유사하게 언급하고 있음을 보아도 그러하다.

그중에서도 가장 급진적으로 분석철학의 변화를 주도하고 단언한 인물로는 리처드 로티(Richard McKay Rorty)를 들 수 있다. 로티는 영미의 분석철학과 유럽의 대화적 철학의 전통이 서로 교류하고 대화를 나누지 못할 이유가 없다고 주장했다. 특히 영미의 분석철학 전통이 아카데미의 좁은 전문가주의에 매몰되고 있는 한계를 비판했으며, 그 대안으로 신실용주의로 나아가게 된 것이다. 따라서 리처드 로티(Richard Rorty)는 분석철학자로 출발하여 1980년경부터는 분석철학의 논제를 뛰어넘어 실용주의(Pragmatism)를 이어받은 신실용주의(Neo-Pragmatism)를 정립한 철학자로 평가된다.

이처럼 분석철학과 실용주의는 영미철학뿐만 아니라 전체적인 현대 철학사에서 차지하는 비중이 그 어느 철학보다 크다. 그 이유 중의 공통적인 것은 초경험적·사변적 방법에 의지하는 형이상학을 배격하고 과학적인 방법을 채택하고 있다는 점이다. 아울러 서로 비슷한 시대적 배경과 영미와 영어권 지역에서 철학을 주도하고 있다는 점과 과학철학이라는 점을 표방한다는 점도 그러하다. 따라서 이 분야의 철학자 중에는 과학을 전공한 사람들이 많다는 점도 특징적이다. 하지만 분석철학과 실용주의는 기존 철학의 한계극복을 위해 대안으로 채택이 되는 것에서도 알 수 있듯이 차이점도 분명히 있다.

먼저 분석철학은 실용주의와 마찬가지로 공리주의와 실증주의 토양 속에서 생겨났지만, 그 기원은 영국 경험론의 전통을 이어받은 신고전학파의 신실재론(new realism)과 독일 경험론의 흐름을 계승한 비엔나 학파의 논리실증주의와 상관이 있다. 이에 비하여 실용주의나 그 맥락을 잇는 도구주의, 신실용주의는 미국의 풍토와 미국인의 개척정신과 신대륙에서의 생활적응을 위한 절실한 정서에서 재생한 특징이 있다. 이 말은 실용주의적 흐름이 그야말로 여유가 있는 생활 위에서 사색하는 관념적 철학의 한계에 있는 것이 아니라, 생활의 개척에 도움이 될 수 있는 실천적(행동적) 철학으로서 오늘날 미국식 자본주의 정신을 대변하게 된 것으로 해석될 수 있다.

그러나 실용주의는 마치 분석철학이 철학에서 형이상학과 도덕을 배제하기 위해 논리나 분석의 검증원리를 내세우듯이, 실천적이고 상대적인 '신념'과 '행동'의 우위를 내세움으로써 보편적이고 필연적인 진리나 절대적 가치를 부정한다는 특성이 있다. 이것은 현대 자본주의 사회를 대변하는 강력한 유효성도 가지고 있지만 상대적 가치관, 상대주의적 진리관이라는 점에서 한계도 스스로 드러내게 된다.

이러한 한계를 극복하기 위해 듀이는 퍼스나 제임스의 실용주의에 진화론적 사유들을 수용하여 도구주의, 실험주의, 조작주의, 기능주의라는 이름으로 실용주의를 발전시켰다고 볼 수 있다. 그리고 당초에 로티는 분석철학의 진영에 있었지만 이른바 분석철학의 '언어적 전회(linguistic turn)'가 실패했다는 점에 착안하여 듀이의 도구주의에 주목하여 신실용주의(Neopragmatism)를 들고 나왔다고 볼 수 있다. 이는 1960년 이후 분석철학에서 두각을 나타낸 퍼트남(Hilary Putnam)이나 리오타르(Jean-François Lyotard)의 경우도 분석철학에서 다시 '실용주의적 전회(pragmatic turn)'를 하고 있다는 점에서 유사한 경향을 찾을 수 있다.

그런데, 로티의 신실용주의는 같은 미국적인 지역문화배경이 있는 후기구조주의(Post-Structuralism) 혹은 포스트모더니즘(Post-Modernism)과도 연관하여 살펴볼 필요가 있다. 포스트모더니즘은 문학과 예술, 철학, 신학, 사회학 등의 다양한 영역에서 사용되고 있는 용어이자 사상이지만, 철학분야로 한정해본다면 제2차 세계대전 이후 미국을 비롯한 프랑스 등의 서구사회에서 생겨난 가치와 사상을 일컫고 있기 때문이다.

특히 시기적으로 본다면 1960년대가 서구의 지적 논의가 객관주의(objectivism)에서 상대주의적 전환(relativistic turn)이 이루어지는 포스트구조주의 혹은 포스트모더니즘의 기점이 된다는 점에서도 그러하다. 이는 영어권을 중심으로 유지되어 왔던 '논리실증주의'의 지배적 구도가 무너지면서 주류를 잃어버리고 지적인 분화 상태에 접어들게 된 것을 의미하는 것이기도 하다.

로티가 초기에는 분석철학에 뿌리를 두고 출발했지만 서서히 듀이(J. Dewey), 비트겐슈타인(L. Wittgenstein), 쿤(T. S. Kuhn) 등의 많은 철학자들의 주장을 분방하게 흡수하고 인용하여 자신의 주장을 매우 폭넓고 다양한 방식[14]으로 제시하고 있다는 점도 이와 상관이 있다. 즉 로티가 분석철학적 연구에서 벗어나 신실용주의로 돌아선 이후에도 자신의 철학적 입장을 포스트모던 부르주아 자유주의(post-modern bourgeois liberalism)나 포스트모던 문예이론가(post-modern literary theorist)로 지칭하고 있음에도 그러하다.

아울러 로티는 전통적인 종교들이 외쳐온 영원불변한 진리의 로고센트리즘(Logocentrism, 이성중심주의)도 비판하면서 새로운 종교관 및 윤리관도 제창하고 있다. 이러한 점에 기반하여 로티의 제자 코넬 웨스트(Cornel West)가 로티를 가장 현대적인 포스트모더니스트로 언급하면서 그 근거로 세 가지를 들고 있는 것도 같은 맥락에서 이해될 수 있다. 즉 존재론적 측면에서 반실재론(anti-realism), 인식론 상으로 반정초주의(Anti-foundationalism), 주관의 탈초월화(detranscentalization of the subject)의 주창자라는 점을 든 것도 이를 방증하는 것이다.

한편, 같은 신실용주의자인 프랑스의 장-프랑수아 리오타르(Jean-François Lyotard, 1924~1998)는 포스트모더니즘과 포스트모더니티 분석의 토대를 마련한 철학자로서의 명성을 얻게 된다. 그 이유는 리오타르가 제1·2차 세계대전 등 20세기의 주요한 역사적 비극의 원인이 '전체주의(Totalitarianism)'[15]

14) 로티의 입장은 신실용주의뿐만 아니라 반표상주의, 반정초주의, 철학 이후의 철학, 자문화 중심주의, 교화철학 등의 여러 가지 이름으로도 불리게 된 이유이다.

에 있다는 점을 주장하고, 포스트모던 사회에서는 이에 저항할 것을 주장하였기 때문이다.

그중에서도 1979년에 캐나다의 퀘벡주 정부의 요청으로 제출한 『포스트모던의 조건 : 사비에르보고서(*La condition post moderne : Rapport sur le savior*)』에서는 '포스트모던'이라는 철학적 정의를 한 것으로도 유명하다. 즉 영문으로 『포스트모던의 조건 : 지식에 관한 보고서(*The Postmodern Condition: A Report on Knowledge)*』(1979)에서 그는 이른바 종교적이고 정치적인 큰 이야기, 메타담론, 거대 이론에 대한 비판을 급진적으로 전개한다. 다시 말하면 합리성에 기초하여 보편적 이상을 제시하는 모더니즘(계몽주의로부터 마르크스주의에 이르는 사조들)이 총체를 아우르고자 시도하는 전체주의적 폭력성에 사로잡혀 있다고 비판한 것이다.

리오타르는 논문형식의 이 보고서에서 이른바 '포스트모던 극치론' 내지 '포스트모던 숭고론(post-modern sublimity)'에 비판적인 논쟁을 불러일으켰다고 볼 수 있는 것이다. 즉 인간 의식을 통해 세계를 규정하려는 전통의 숭고를 인정하지만, 그것을 변화시키려는 과정에서 발생하는 공포(terror)가 안도감(relief)으로 탈바꿈하는 과정을 반드시 필요로 한다는 점을 말한 것이기 때문이다.

이는 '이성 중심주의'에 대한 비판이자 대안을 제시했던 것이라는 점에서 리오타르가 언급한 포스트모던은 '모더니즘 그 이후'를 지칭하는 일반적인 '포스트모더니즘' 개념과 전혀 다르다고 볼 수 있다. 주어진 기존의 질서를 깨고 초현실주의를 지향하는 아방가르드(avant-garde)와 같은 끊임없이 생성되고 이어지는 '모더니즘'의 개념으로 보아야 하는 것이다. 이러한 포스트모던의 개념은 그가 1982년에 발표한 『질문에 대해 답함: 포스트모더니즘이란?(*Answering the Question: What is Postmodernism?)*』에서도 드러나고 있다.

---

15) 전체주의는 제2차 세계대전이 시작될 즈음에 '일당 정부'라는 의미로 사용되었는데, 1920년대 초반 이탈리아의 독재자 무솔리니가 새로운 파시즘의 국가를 지칭하기 위해 '토탈리타리오(Totalitario)'라는 용어를 사용한 것에 기원하는 용어이다.

2. 리처드 로티의 생애배경과 신실용주의 체계

1) 리처드 로티의 생애배경

리처드 로티(Richard McKay Rorty, 1931~2007)는 1931년 뉴욕에서 태어났는데, 그의 어머니 위니프레드 로티는 사회 민주주의 정치인이었고, 헬스 키친이라는 뉴욕의 할렘가의 침례교 목사이자 신학자였던 워터 라우센부시(Walter Rauschenbusch, 1861~1918)의 딸이었다. 아버지 제임스 로티(James Rorty)는 인문학자이면서 동시에 신문에 칼럼을 쓰는 저널리스트였으며 정치적으로는 공산당원이었다. 그러나 1932년에 미국 공산당이 붕괴된 이후에는 트로츠키주의자[16]가 되었다. 특히 1937년에는 멕시코에서 망명생활 중이었던 트로츠키(Leon Trotsky, 1879~1940)가 소비에트 연방의 지도자들을 공격하고 소비에트연방을 자본주의로 회귀시키려고 했다는 죄목으로 모스코바의 궐석재판에서 유죄를 선고받게 되자, 공정성을 심리하기 위한 위원회의 의장으로 초빙된 78세의 존 듀이를 수행하며 멕시코로 가기도 하였기 때문이다.

아버지의 이러한 정치적 성향으로 로티의 집은 유럽에서 건너온 정치적 망명자들의 도피처가 되었고, 로티는 뉴욕의 지하철을 타고 사상적인 유인물을 배달하는 역할을 맡았다. 이러한 환경에서 로티는 어릴 적부터 민주주의적 행동이 관념적 철학보다 앞선다고 신념을 형성하게 된 것으로 보인다. 그 후에 로티는 조그마한 농촌 마을에 소재한 작은 학교를 거쳐 14세에 시카고대학에 지원하여 15세에 조기입학하게 되었는데, 어머니가 시카고대학 출신이었다는 점이 조기 입학허가의 유리한 조건으로 작용했다고 전해진다.

대학 입학 후 16세까지는 플라톤의 『대화편』 작품 전체를 읽을 정도로 철학공부에 매진하였으며, 18세에 졸업한 후 1952년에 석사과정을 마친 다

16) 트로츠키(Leon Trotsky)는 러시아 혁명가로 1917년 러시아 10월 혁명의 지도자였다. 레닌 사망 후 요시프 스탈린에게 1926년에 정치국에서 추방된 후, 1928년에는 국외로 추방되어 1940년에 멕시코에서 스탈린의 사주를 받은 인물들에게 암살되었다. 그는 다수파(볼셰비키당)의 소비에트 의장으로서 1917년 10월 봉기를 지휘했으나 민주적 방식의 사회주의를 주장한 소수파(멘셰비키당)에 동조하여 레닌에 반대했다.

음에는 미국 북동부인 코네티컷(Connecticut)주 뉴헤이븐(New Haven)에 있는 예일대학으로 가서 1956년(25세)에 〈잠재력의 개념(The Concept of Potentiality)〉이라는 제목의 논문으로 철학박사학위를 받는다. 이후 1년간 예일대학에서 강사생활을 하다가 2년간 육군에서 군복무를 하였다. 그리고 1958년부터는 3년간 매사추세츠주 보스턴시의 외곽에 소재한 여자 리버럴 아츠 칼리지인 웰즐리 칼리지(Wellesley College)에서 강사로 지냈다.

한편, 로티는 1954년(23세)에 애밀리 오크센버그(Amilie Oksenberg Rorty)와 결혼하여 제이 로티라는 아들을 하나 두었다. 애밀리 오크센버그는 이후 하버드대학 교수를 지냈지만 성격상의 차이로 로티와 이혼하게 된다. 이혼 후 심리적 어려움 속에서도 로티는 1961년(31세)부터는 분석철학자로 프린스턴대학 철학과 교수로 취임하였지만 자신이 연구해왔던 분석철학 자체에도 한계를 느끼면서 방황하게 된다. 그러나 1972년에 다시 미국 캘리포니아주 팰로앨토(Palo Alto)에 있는 사립 종합대학인 스탠퍼드대학(Stanford University)의 생명윤리학자인 메리 바니(Mary Varney)와 재혼하게 되면서 안정을 찾고, 케빈과 페트리시아라는 두 자녀를 두었다.

그리고 존 듀이(John Dewey, 1859~1952)의 글을 강독하면서 분석철학에 대한 대안으로 도구주의적 실용주의에 관심을 갖게 되었다. 프린스턴대학에 재직 중이었던 1979년에 『철학과 자연의 거울(*Philosophy and the Mirror of Nature*)』을 출간한 것은 그 결과물이라고 할 수 있다. 이 책에서 로티는 반기초주의(반정초주의)에 입각해서 데카르트의 심신이원론적 관점과 본질주의적인 인식론적 태도를 잇는 분석철학을 비판하였다.

이는 로티가 분석철학에서 실용주의로 전회(turn)한 것을 의미한다고 볼 수 있다. 아울러 시기적으로는 로티가 신실용주의의 체계를 발전시키고 인식론, 분석철학, 형이상학 등의 체계적이고도 사변적인 철학으로부터 벗어나는 시점이라고 볼 수 있다.

그러나 이로 인하여 분석철학을 전공한 동료 교수들과 불화가 지속되자 프린스턴대학을 그만두게 된다. 1982년(51세)에는 버지니아 주 샬러츠빌(Charlottesville)에 있는 주립 종합대학인 버지니아대학[17]의 일반적 학문 경계를 넘어선 교수직인 '유니버시티 교수(University Professor)'로 옮겨서 철학과와 영문과에 동시에 소속이 되었다. 따라서 그의 강의도 철학과 영문학, 사학 등으로 확장이 되었고, 글쓰기 영역도 철학, 문학, 정치학, 종교, 과학 등 다양한 분야로 확장되기에 이른다. 그러나 이러한 그의 행보는 오늘날까지도 미국 지성계에서는 다양한 논쟁을 불러일으킨 요인이 되었다.

이 시기에 로티는 1972년부터 1980년 사이에 쓴 실용사상적인 논문들을 모아 『실용주의의 결과(*Consequences of Pragmatism*)』(1982)라는 저서로 발간하기도 하였다. 그리고 프랑스의 탈구조주의(후기구조주의) 철학과 독일의 철학적 해석학 등을 수용하고 철학자들이 외면하였던 문학의 영역에까지 관심을 가지게 된다. 이를 통하여 포스트모더니즘적인 새로운 실용주의 전통을 세웠다고 볼 수 있으며, 이로 인하여 분석철학자들로부터는 배신주의자나 상대주의자라는 비난을 듣기도 한다. 따라서 로티는 대학교수로서의 다른 철학자들처럼 안정된 길을 걷지 않았다고 볼 수 있으며, 특정한 '로티주의자'가 형성되는 것도 원하지 않았기 때문에 석·박사과정에 지도학생도 두지 않았다고 한다.

로티가 버지니아대학에 재직한 시기에 발간된 『우연성, 아이러니, 연대성(*Contingency, Irony, and Solidarity*)』(1989)에서는 정의와 진리에 대하여 논하고 있는데, 정의는 공적인 사회적 실천의 문제이며, 진리는 사적인 완성과 관련된 문제라고 선언하여 일종의 병행론을 주장하고 있다.

아울러 '자유주의적 아이러니스트(liberal ironist)'를 언급하며, '자신의 사적인 영역에서는 새로운 어휘와 언어를 창안함으로써 자기 창조에 몰두하고, 공적인 영역에서는 이 세계에서 고통과 굴욕이 사라질 날을 희망하며 노력하는 사람'으로 설명하고 있다. 이를 두고 프랑크푸르트 학파의 제2세대 대표 주자이자 그의 오랜 친구였던 독일의 위르겐 하버마스(Jurgen

17) 버지니아대학은 1819년에 토머스 제퍼슨 제3대 미국 대통령에 의해 설립된 주립대학이다. 그런 이유로 종종 'Mr. Jefferson's University'라고도 불린다. 미국 대학 중 유일하게 유네스코 세계유산으로 지정된 대학이며, 서부의 캘리포니아 버클리대학과 더불어 미국 최고의 명문 주립대학으로 꼽힌다.

Habermas)는 그를 '아이러니스트(Ironist)'라고 규정한다. 즉 '창조적 자율성을 가장 중요한 가치로 생각하는 사람'으로 본 것이다.

그리고 로티는 1992년에는 자전적 에세이를 썼는데, 〈트로츠키와 야생란〉이라는 제목이었다. 여기에서 로티는 '야생란'을 보편성이 없는 지극히 개인적인(사적인) 완성을 추구하는 것을 상징하는 것으로 그리고 있다. 물론 '트로츠키'는 사회적 약자를 위한 실천(행동)에 힘써야 한다는 그의 신실용주의 철학을 대변하는 용어이다.

로티는 샌프란시스코의 스탠퍼드대학의 비교문학과 교수로 옮기기 한 해전인 1997년에 쓴 『미국 만들기- 20세기 미국에서의 좌파 사상(*Achieving Our Country: Leftist Thought in Twentieth Century America*)』에서는 미국이 민주주의국가로서 스스로의 과제를 완성하기 위해서는 개혁적 좌파와 포스트모더니즘이라는 문화적 좌파가 연대해야 한다고 강조한다. 이는 미국이 신자유주의적인 제국주의 국가가 되는 것에 대한 그의 포스트모더니즘적인 신실용주의 사상을 대안으로 제시한 것으로 보인다.

1998년에 스탠퍼드대학의 비교문학과 교수로 옮긴 후 2007년 6월 8일에 자택에서 76세로 췌장암으로 사망할 때까지도 로티는 철학과 문학을 비롯한 다양한 인문학의 영역에서 글쓰기 작업을 지속하였다. 따라서 로티를 다른 현대 철학자들로부터 구별을 짓는 가장 큰 요소는 끊임없이 인문학의 경계를 허무는 작업에 매달렸다는 점이다.

이러한 관점에서 로티는 그의 저서 『우연성, 아이러니, 연대성』(1989)에서 언급했듯이 '자유주의적 아이러니스트(Liberal Ironist)'라고 할 수 있다. 아울러 이 책은 소설 작품을 분석하면서 철학 이야기를 하는 방식의 서술을 채택한 것이라는 점에서도 로티가 저술작업에서 인문학적 경계를 허물고자 시도했던 실용적 접근방식이 드러나고 있다고 볼 수 있다.

2) 리처드 로티의 신실용주의 체계

로티가 철학적 사유를 정립하기 시작했던 시기에 미국에서는 찰스 퍼스와 윌리엄 제임스에 의해 시작된 실용주의가 논리실증주의 학파(Wien 학파)

와 러셀의 논리적 원자론이나 비트겐슈타인의 일상언어철학 등과 융합·발전된 분석철학(Analytic Philosophy)에 밀려서 쇠퇴하기에 이른다. 이러한 철학사적 흐름에서 리처드 로티도 교수가 되기 위해 당시 철학의 주류였던 논리실증주의적인 분석철학을 시작하게 된다.

논리실증주의 사상을 계승한 분석철학은 말 그대로 '논리'와 '과학적 합리성'에 기초한 분석적 방법을 통하여 '진리' 등을 탐구하고자 했던 것이다. 따라서 분석철학이 오늘날 영미철학의 주류를 차지하게 된 것은 당연하고, 그 뿌리 또한 튼튼하였다는 점에서는 미국적 문화를 바탕으로 성립된 실용주의도 그 자리가 미미해질 상황이었던 것이다.

그러나 이러한 분석철학의 세력은 1950년대를 거치며 비판을 받게 되면서 변화를 보이기 시작하는데, 그 중심에는 미국의 논리철학자이자 하버드 대학의 교수를 지낸 윌라드 콰인(Willard Van Orman Quine, 1908~2000)과 오스트리아 출신으로 주로 영국에서 활동한 루트비히 비트겐슈타인(Ludwig Josef Johann Wittgenstein, 1889~1951) 등의 저작물이 있다.

먼저 콰인은 1951년에 발표한 논문 〈경험주의의 두 도그마(Two Dogmas of Empiricism)〉에서 논리실증주의적 분석철학이 다루는 핵심논제에 대해 강하게 비판하게 된다. 즉 콰인이 제시한 분석철학의 두 도그마(독단)는 경험주의에 상응하는 논리실증적 분석철학이 취하는 '분석성(analyticity)'은 엄밀하게 정의할 수 없다는 점과 논리실증주의의 검증원리(verification principle)가 그러한 분석성에 대한 만족할만한 설명을 제공하지 못한다는 비판이었다. 이는 '분석적 진리(명제)'와 '종합적 진리(명제)'의 구분이 명확하지 못하는 점에 대한 비판과 함께 칸트가 대륙의 합리주의와 영미의 경험주의를 아울러서 근대철학을 비판철학으로 공고화한 것에 대한 도전이기도 하였다.

이것은 비트겐슈타인이 1930년대의 집필을 거쳐 사후인 1953년에 그의 언어철학적 사상의 대표적으로 발간한 『철학적 탐구(*Philosophische Untersuchungen*)』에서도 드러난다. 즉 그가 1922년에 이미 발간한 『논리철학 논고』에서 주장했던 언어의 논리적 분석, 즉 논리실증주의적 분석철학의 견지에서 벗어나고 있는 것이다. 다시 말하면 비트겐슈타인은 초기 연구에서는 세계의 인식을 바로 언어의 논리적 분석에서 찾았지만, 후기 연구에 와서는 그러한 입장을 스스로 부정하고 거부한 것이다. 이는 마치 중세 초기의 교부철학자 아우구스티누스(성 어거스틴)가 『고백록』에서 자신이 저지른 과거의 잘못을 신 앞에 고백하고 있는 것에도 비유될 수 있는데, 비트겐슈타인은 자신의 초기 연구인 『논리철학 논고』에서 호기롭게 결정했듯이 언어의 본질이 고정된 의미만으로 분석할 수 있는 것이 아니라는 새로운 관점을 보였던 것이다. 다시 말하면, 언어는 고정된 하나의 개념으로 묶을 수 없는 게임(언어 게임)이나 활동(언어활동)이라는 관점을 제시하면서 이른바 '일상언어' 사상으로 전환하고 있는 것이다.

이처럼 주류철학으로서의 분석철학이 변화를 겪으면서도 미국 철학계를 이끌고 있었던 시기에 프린스턴대학과 버지니아대학에서 철학과 인문학 교수직을 보냈던 로티는 분석철학의 탈실증주의적 경향을 간파했다고 볼 수 있다. 그 결과 1960년대까지 후기 분석철학에 관심을 두고 연구했던 경향에서 1970년대부터는 퍼스, 제임스, 듀이 등이 주창한 실용주의에 대한 연구로 전환하게 된다. 그 결과 로티는 신실용주의(네오프래그머티즘) 관점의 저작물들을 출간하게 되는데, 대표적인 것으로는 『철학과 자연의 거울』(1979), 『실용주의의 결과』(1982), 『우연성, 아이러니, 연대성』(1989) 등이 있다.

(1) 『철학과 자연의 거울』에서의 신실용주의 체계

『철학과 자연의 거울(*Philosophy and the Mirror of Nature*)』(1979)은 프린스턴대학 출판부에서 발간이 되었는데, 이 책에서 로티는 인식론, 형이상학, 분석철학 등을 포함한 모든 전통체계적인 철학의 종언을 주장하였다. 즉 분석철학에 이르기까지의 이성중심주의의 핵심으로 간주된 인식론적 정초작업의 기본전제를 비판한 것이다.

이처럼 로티는 철학을 실재의 참모습을 탐구하는 진리추구 활동이라고 보고, 그 근거를 정당화하려 하는 정초주의 인식론을 비판하였다. 이로써 그의 이름을 철학계에 널리 알린 측면이 있는 반면에 분석철학자들로부터는 배반자라는 비판도 받게 된다. 로티는 자신의 철학이 미국의 실용주의를 배경으로 하고 있음도 이 책에서 밝히고 있는데, 퍼스, 제임스, 듀이 등의 실용주의가 형이상학적 관점을 포함하고 있다고 본다면, 로티의 실용주의는 형이상학의 종언을 주장한다는 점에서 고전적 실용주의와는 차이가 있다.

따라서 로티가 밝히고 있는 실용주의는 비트겐슈타인의 후기 분석철학, 듀이의 탈형이상학적 실용주의(도구주의), 하이데거(Heidegger, 1889~1976)와 같은 실존사상 등 다양한 현대 철학을 융합하여 용해한 사상이라고 말할 수 있다. 그러므로 로티의 사상을 고전적 실용주의가 아니라 '신실용주의(Neo-Pragmatism)'라고 칭하는 이유도 20세기의 철학이나 지적 풍토에서는 찾아보기 힘든 융합적인 특성에 기초한 것이라는 점을 강조한 것으로 볼 수 있다.

로티가 『철학과 자연의 거울』(1979)에서 주장하는 주요 맥락을 보면 책의 제목에서도 나타나듯이 "철학은 자연을 비추는 거울이 아니다."라는 관점을 보인다. 따라서 철학을 통해 세계(자연)를 있는 그대로 '표상'하는 언어를 발견(실증)하고자 하는 논리실증주의적 분석철학의 시도는 실패할 수밖에 없다고 비판한 것이다. 이는 인식이 표상에 의해 이루어진다는 발상인 이성중심의 표상주의에 반대하는 반표상주의 관점이기도 하다.

그리고 1951년에 콰인이 〈경험주의의 두 가지 독단들(Two Dogmas of Empiricism)〉이라는 논문에서 논증했던 '분석과 종합'의 이분법이나 '도식과 내용'의 이분법에서도 로티는 자신의 신실용주의 사상의 근거를 찾는다. 즉 이러한 도그마(독단)들의 폭로가 분석철학의 자기논박이었으며, 이 논박이 결국 플라톤, 데카르트, 로크, 칸트로 이어진 '정초주의(foundationalism, 기초주의)적 인식론 중심의 철학에 대한 논박이라고 주장한다. 그러므로 이 책에서의 로티의 사상은 정초주의를 비판하고 그에 대응한 반정초주의(anti-foundationalism)를 정당화하는 것에서 시작된 것으로 볼 수 있다.

정초주의는 인식론의 하나로 어떤 진리를 알기 위하여 그것을 뒷받침하는 지식 가운데 누구나 인정하는 지식을 기반(기초)으로 하면 설명이 가능하다는 사상이다. 그러므로 로티는 합리성이나 인식, 진리 탐구에서 궁극적으로 호소할 수 있는 근본적이고 초역사적인 기초(정초)들이 존재한다는 것과 그것에 의해서 결정할 수 있다는 모든 형태의 인식론인 정초주의를 비판한 것이다.

이러한 관점에서 로티는 플라톤으로부터 시작되어 분석철학에까지 이르는 전통철학이 철학이 가지는 역사성을 간과하고, 마음의 표상들을 간직하고 있는 거울(mirror)로만 철학을 간주하고 있다는 점을 지적하는 것이다.

로티는 기존의 전통철학의 인식론이 목표로 삼아왔던 특권석 표상(privileged representations)에 대해서도 비판하고 있다. 여기에서 사용되는 논박은 표상주의(representationalism)에 대응한 반표상주의(antirepresentationalism)를 주장한 것으로 볼 수 있다. 아울러 '반표상주의'는 로티가 1980년대 초반에 주로 사용했던 '정초주의'라는 개념과 상응하여 1980년대 후반부터 사용하는 개념으로서 "인간은 자신이 가진 특정한 능력을 통해 궁극적 진리를 인식할 수 있다."는 입장의 인식론이다.

따라서 정초주의가 뜻하는 의미와 큰 차이가 없으며, 로티 역시 두 용어를 유사하게 사용하고 있다. 굳이 구별하자면 '정초주의'보다는 '표상주의'가 외연이 넓은 개념으로는 볼 수 있다. 결과적으로 로티는 근대 인식론의 바탕을 이루는 표상주의를 비판하며, 반표상주의적 사상을 통해 그의 신실용주의 사상을 전개하고 있다고 규정할 수 있다.

이러한 로티의 반정초주의 혹은 반표상주의는 기본적으로 서양철학의 태두인 플라톤의 이데아론에 반대하고, 그것을 잇는 데카르트, 로크, 칸트 철학에 이르는 형이상학적 철학은 물론 분석철학에 대해서도 비판하는 인식론이다. 플라톤의 사상은 이데아의 세계가 곧 진리의 세계이며, 인간이 살고 있는 현 세계는 이데아를 모방한 거짓의 세계라고 본 것에 있다.

그러므로 로티는 진리의 세계는 이 세상이 아닌 다른 세상에 존재하며, 인간에게는 진리의 세계를 비출 수 있는 '거울'과 같은 본질적 능력이 있다고 믿는 것이 서양철학의 주류를 형성해왔다는 점을 비판한 것이다. 결국 로티는 그의 신실용주의 사상에서 거울은 '자연'이나 '진리'를 비추는 것이 아니라 '자신의 모습'만 비추기 때문에 인간이 이야기하는 '진리'는 절대적이고 보편적인 것이 아니라 상대적이고 개별적이라고 주장한 것으로 볼 수 있다.

다시 말하면, 인간에게는 거울과 같은 진리를 볼 수 있는 능력이 존재하지 않으며, '거울에 나타나는 이미지(mirror image)'도 우연히 발생한 하나의 비유에 불과한 것이라는 인식을 보였던 것이다. 이러한 인식 관점에서 로티는 철학이 각자의 시각으로 끊임없이 재서술하는 문학적 작업일 수밖에 없다고 정의한다. 그러므로 어차피 인간이 궁극적 진리를 비출 수 있는 능력이 없다면 사회가 더 나은 방향으로 나아가는 것에 대한 소설 쓰기나 시 쓰기와 같은 문학적 작업이 큰 역할을 할 수 있다는 견해를 보였다. 이를 로티는 '문학적 문화(literary culture)'라는 새로운 철학적 방향으로 칭한다.

(2) 『실용주의의 결과』에서의 신실용주의 체계

로티의 초기 저작물 중에서 실용주의 관점을 지향하고 있는 것으로는 미네소타대학에서 출판한 『실용주의의 결과(*Consequences of Pragmatism*)』(1982)도 중요하다. 이 책은 1972년에서 1980년 사이에 쓴 논문 중 12편을 편집한 일종의 논문집이다.

이 책에서는 앞서 발간된 『철학과 자연의 거울(*Philosophy and the Mirror of Nature*)』(1979)에서 제시한 논제들을 더욱 깊이 있게 재서술하고 있는 내용이 많다. 즉 서론에서 '실용주의와 철학'이라는 논제로 개관한 다음 첫 번째 논제인 '잘 잃어버린 세계'에서부터 마지막 논제인 '오늘날 미국에서의 철학'에 이르기까지 자신의 신실용주의적 철학을 피력하고 있는 것이다.

이 책의 주요 구성을 보면, 첫 번째 논제 '잘 잃어버린 세계'는 분석철학을 비판하는 로티의 관점을 극명하게 보여주고 있는데, 로티가 '잃어버린 세계'라고 지칭하는 세계란 '진리'를 결정해 준다고 생각되는 형이상학적인 실재로서의 세계를 말한다.

로티는 이런 세계를 부정함으로써 자신의 자유로운 메타포(은유)를 말할 수 있는 길을 닦고자 한 것으로 볼 수 있다. 그리고 '철학의 순수화: 비트겐슈타인에 관한 에세이', '전통의 극복: 하이데거와 듀이', '듀이의 형이상학' 등의 논제에서는 비트겐슈타인, 하이데거와 듀이를 통하여 형이상학적 전통을 극복하고자 하는 로티의 기본 입장을 나타내고 있다.

아울러 '19세기 관념론과 20세기 정신'이라는 논제에서는 독일의 해석학 및 프랑스의 후기구조주의(포스트구조주의) 입장이 자신의 사상 속에 어떻게 융합되고 용해되어 있는지에 대해서도 밝히고 있다. 이는 로티의 사상이 말 그대로 철학의 종언을 한 것이 아니라 탈분석철학적이고도 반분석철학적 성향에 기초하고 있음을 보여준 것으로 해석된다.

마지막 논제인 '오늘날 미국에서의 철학'에서 로티는 미국 분석철학의 전통을 개관하고 철학과 여타 학문 사이에서 벌어지고 있는 분열상에 대해 실용주의적인 관용의 필요성을 강조하고 있다. 하지만 이 책에서 로티가 강조하고 있는 논제들이 로티의 신실용주의를 전부 보여주는 것은 아니다. 『우연성 아이러니 연대성』(1989) 발간을 전후해서 상당한 변화를 나타내고 있기 때문이다.

(3) 『우연성, 아이러니, 연대성』에서의 신실용주의 체계

로티의 신실용주의(네오프래그머티즘) 철학은 『철학과 자연의 거울(*Philosophy and the Mirror of Nature*)』(1979)과 『실용주의의 결과(*Consequences of Pragmatism*)』(1982)에서 구체화 되었다고 볼 수 있다. 그러나 본질적인 변화는 아니지만 1989년 케임브리지대학에서 출판된 『우연성, 아이러니, 연대성(*Contingency, Irony and Solidarity*)』에서는 '반표상주의'에서 더 나아가 '아이러니스트(ironist)', 자유주의 등에 이르기까지 그의 사상적인 폭을 넓히고 있다. 용어에서도 해석학적인 철학자(edifying philosopher)라는 말 대신 네오프래그머티스트나 아이러니스트라는 말을 사용하고 있는 것이다.

비교적 후기 저작에 속하는 이 책에서는 사회적 책임을 다하는 개인을 '낭만적 자유주의자'로 명명하면서, 사적인 측면에서 자아완성을 추구하면서도 동시에 자신이 속한 공동체의 일원이라는 생각을 가지고 사회적 책임을 다하는 인물상으로 '아이러니스트'를 제시한다. 하지만 또 다른 한편에서는 자유주의를 대변하는 용어로 '자문화중심주의(ethnocentrism)'도 제시함으로써 미국 중심의 힘에 의한 실용주의라든가 '인종차별주의'가 내재된 사상이라는 오해나 비판을 받기도 한다.

일부에서는 미국 실용주의의 정수를 보여주는 것은 찰스 퍼스이며 윌리엄 제임스와 존 듀이는 본래의 실용주의를 왜곡한 것이기 때문에 로티가 보이는 신실용주의도 퍼스보다는 제임스나 듀이의 사상을 계승하는 맥락이라는 점을 들어서 평가절하하기도 한다. 아울러 여전히 분석철학적 흐름이 강성한 미국에서는 그의 탈분석 철학적 내지는 반분석 철학적인 경향 때문에 비난을 받는 경향도 없지 않다.

그러나 이러한 비판의 근본적인 이유 중의 하나는 현대 철학사에서 로티만큼 넓은 영역의 논제를 철학의 영역으로 다룬 철학자도 흔하지 않을 뿐만 아니라 로티의 사상을 엄호할 직접적인 후계철학자도 뚜렷하지 않다는 측면에 있다고 볼 수 있다.

흔히 유럽에서 비슷한 동년배로 태어나 철학자로서만이 아닌 다양한 학문분야에서 활동한 위르겐 하버마스(Jürgen Habermas)나 자크 데리다(Jacques Derrida)에 비유되고 있지만 로티만큼 근거가 없는 소문이나 단편적인 평가로 폄하되고 있는 철학자도 흔하지 않고, 그의 철학에 대한 평가도 충분히 이루어지지 못하고 있는 실정이기 때문이다.

그러나 로티가 이들과 교류하면서 정립한 신실용주의 사상의 핵심은 철학이 이제는 객관성을 빙자한 절대구조 체계를 찾는 노력을 포기하고 다양한 사상의 조화를 통해 인류복지에 기여해야 한다는 것이라고 정리할 수 있다는 점에서 철학사에서 의미가 크다. 즉 그는 '유대성(solidarity)의 철학'을 거론하면서 유대성은 무모한 기획을 버리는 것을 의미하며, 그것은 지금까지 우리에게 익숙해진 진리의 객관성에 대한 욕구 자체에 대한 포기를 전제로 한다는 점을 강조한다. 이것은 바로 객관성의 포기가 곧 상대주의로 떨어지고 만다는 강박 관념에서 벗어나야 한다고 역설한 것이다.

하지만 로티는 이러한 유대성이 미국식 집단 이기주의나 임의적 편견이라는 비판에 대해서도 부정하고 유대성의 정신이야말로 가장 실용적인 정신이라고 주장한다. 이런 관점에서 보면 진리의 가치는 오직 당면한 문제에 얼마나 잘 대처하게 해주는지의 실용적 가치에 의해 판단될 수 있다. 이것은 바로 신실용주의적 관점의 지혜인 것이다. 결국 로티 철학의 기획은 실용주의를 바탕으로 미국식 자유주의의 미덕인 자율적 관용을 문화와 사회의 원리로 극대화하려는 '신실용주의'라고 볼 수 있다.

로티가 그의 출세작인 『철학과 자연의 거울*(Philosophy and the Mirror of Nature)*』(1979)의 첫 페이지에서 철학이 지식의 근거에 대한 판관으로서 누려왔던 지위에 대해 일련의 파산선고를 내리고, 철학이 실재에 대한 특권적 재현 능력에 근거해 과학과 도덕, 예술, 종교의 진리 주장의 진위를 판결해왔다는 점과 그러한 권위를 확보하기 위해 이데아의 세계나 신의 뜻에 대한 특별한 접근방식의 지위를 주장해 왔다는 점을 비판한 것도 같은 맥락에서 이해할 수 있다.

특히 근대 이래로 데카르트의 방법론으로부터 현대의 현상학과 언어분석철학에 이르기까지 철학은 언제나 지식에 관한 특권적 파악 능력과 판단자의 위치를 자임하고 또 이를 입증하고자 부단히 애써왔지만 당면한 문제에 대해서는 소홀했다고 주장한 것은 현대사적 의미도 크다. 아울러 리처드 로티는 기존의 종교에 대해서도 비판을 금치 않는데, 이미 오래전에 없어졌어야 할 구시대의 유물이 종교라고 단언하고, 종교도 과학기술처럼 인간의 필요를 채우기 위한 실용적 도구로 간주하였다.

아울러 로티는 그의 저서 『미국 만들기 : 20세기 미국에서의 좌파사상*(Achieving Our Country: Leftist Thought in Twentieth Century America)*』(1998) 등의 저서에서 미셸 푸코(Michel Foucault, 1926~1984)와 같은 포스트구조주의자들은 신실용주의(Neo-Pragmatism)의 경향이 있지만, 장 프랑수아 리오타르(Jean-François Lyotard, 1924~1998)와 같은 포스트모더니스트들을 '해체'에만 몰두하는 강단 좌파 혹은 문화적 좌파(Cultural Left)라고도 칭하고 있다. 이에 비하여 존 듀이(John Dewey, 1859~1952)와 자신은 실용주의적 사회민주주의자로서 개혁 좌파(Progressive Left)로 구분을 짓고 있다. 이는 그가 칭하는 문화 좌파들과 마르크스주의적인 구좌파들이 사회병패에 대해 통찰적인 주장을 하고 있지만 대안을 제시하지 못하고 있다는 점과 심지어 진보(희망)의 가능성까지도 부정한다는 점을 비판하는 관점이다.

상대적으로 자신과 같은 실용주의적 개혁 좌파들은 더 나은 미래에 대한 진보(희망)를 제시하고 있기 때문에 다소 그것이 불완전하더라도 포스트구조주의자들이나 포스트모더니스트들과는 차별성이 있다는 점을 강조하고 있는 것이다. 하지만 로티의 이러한 주장도 절대적 진리는 없다는 상대주의(relativism) 입장이라는 비판을 받기는 한다. 물론 이러한 비판에 로티 스스로는 상대주의가 아니라 자문화의 가치와 습관에 기준하여 다른 문화를 바라보고 평가하는 자문화중심주의(ethnocentrism)로 불려야 한다고 주장한다. 즉 로티의 신실용주의는 현재 우리가 향유하고 있는 문화를 전면적으로 개혁하려는 시각으로 바라보려 하기보다는 우리가 현재 가지고 있는 언어와 사회적 실행, 우리의 현재 문화를 준거점으로 하여 나아가면서 자문화에 문제점이 발견되면 부분적으로 이를 수정해 나가는 것이 옳다고 보는 입장인 것이다.

아울러 로티는 분석철학의 주요 대상인 '언어'에 대해서도 어떤 고정적 의미나 초월적 진리가 담겨 있을 수 없다는 다원주의적 관점을 보인다. 이는 로티가 영화와 드라마, 대중가요 등의 다양한 문화 이야기가 그 어떤 사상보다 사람들의 연대를 이끌어내는 힘이 있다는 주장을 하고 있다는 점과도 상통한다. 이러한 로티의 다원주의적인 네오프래그머티즘은 한국의 대중가요인 케이 팝(K-Pop)이나 영화와 드라마가 21세기 초엽부터 세계적인 인기를 얻고 있고, 그동안 주류적인 세계문화 흐름에서 서양문화에 비하여 주변부 문화로 인식되어 왔던 한국문화(K-Culture)가 세계적으로 새롭게 인식되는 현상과도 관련되어 설명될 수 있다고 본다.

에필로그

이 책은 100세 시대를 살아가고 있는 21세기의 호모 헌드레드(Homo-Hundred)가 생애의 종결시점까지 신체건강과 정신건강을 아우르는 전인건강적인 삶을 살아갈 수 있는 사유체계를 제시하기 위해 설계되었다. 왜냐하면 철학사는 원칙적으로 문학 · 역사 · 철학으로 구성되는 인문학 중에서도 역사와 철학을 동시에 다루는 특징이 있기 때문에 혼란한 시대적 상황에서 살아가는 현대인들에게는 인생의 지침서가 될 수 있기 때문이다.

특히 21세기 이후의 현대인들은 지난 세기의 인생주기보다는 거의 30년 정도가 늘어난 기간을 어떻게 살 것인가에 대한 삶의 목적 설정이 무엇보다 중요한 인생과제가 된다는 점에서도 그러하다.

그러나 이러한 인생과제는 현대인 누구에게나 확증할 수 있는 경험이 없다는 점에서는 과학적으로 검증한 후에 생활에 옮기는 방법은 선택이 될 수가 없는 한계가 있다. 따라서 고대에서부터 현대까지의 역사 속에서 살아간 현인들의 사유방식이나 삶의 태도를 탐색하는 학습을 통하여 자신의 삶으로 실천하는 통찰이 요구된다.

하지만 상당수의 현대인들은 자신의 고착화된 생활양식 속에서 진지한 사유과정 없이 일상을 살아가는 데 익숙하다. 다시 말하면 범인들이 합리적인 사유방식을 얻기 위해서는 무엇보다 훌륭한 삶에 대한 태도와 사유체계를 학습하는 것이 관건이 되지만 물질문명에 익숙한 현대인들은 여전히 물질문명에서 비롯되는 욕망(desire)과 정치적 혼란(chaos) 속에서 벗어나지 못하고 살아가는 것에 익숙한 것이다.

21세기는 20세기의 양차에 걸친 세계대전과는 달리 국제정치적인 평화상태는 유지하고 있지만 여전히 혼란하고 위험한 사회에 살고 있다는 점에서도 개인들의 세계관이나 철학적 가치관 정립은 중요하다. 특히 21세기가 2001년 9월 11일에 이슬람 근본주의 세력이 주동이 되어 미국의 뉴욕 맨해튼의 세계무역센터와 워싱턴 근교에 있는 국방부 청사건물(Pentagon)이 공격받고, 3천여 명에 달하는 사망자와 6천여 명 이상의 부상자가 발생하는 동시다발적 항공기 납치(hijacking)와 자폭 테러로 인류 역사상 최대 규모의 테러 사건으로 시작이 되었다는 점에서도 그러하다.

아울러 구 소련이 주도했던 사회주의 체제는 20세기 말에 붕괴되어 소위 이데올로기의 종언을 가져왔지만 중국의 패권주의가 가시화되고 있는 국제적 상황 등도 20세기와 같은 세계대전의 혼란상황과는 차이가 있으나 이 시대의 위험과 불안을 상징하고 있다. 뿐만 아니라 2020년 1월 31일에는 독일, 프랑스와 함께 유럽연합 최대 최강 국가들 중의 하나인 영국이 그룹에서 탈퇴한 이른바 브렉시트(Brexit) 사태가 유럽연합(EU)을 넘어서서 전 세계적인 이슈로 발전할 수 있다는 점도 경제 산업적 위험요인이 되고 있다.

그 외에도 지금 인류는 포스트휴먼(Post human) 시대의 인공지능(Artificial Intelligence, AI)이 선도하는 새로운 산업혁명의 시작점에 서 있다는 점도 21세기를 살아가는 현대인들의 철학하기의 과제라고 볼 수 있다. 2016년 봄 구글 딥마인드(DeepMind)가 개발한 인공지능 바둑 프로그램인 알파고(AlphaGo)의 등장은 현대사회에 커다란 충격을 안겨주었다. 인간에게 유용하고 똑똑한 도구 정도로 인식되던 인공지능이 인간지능을 훨씬 뛰어넘어 자율적 행위자로서 인간을 위협할 수도 있다는 공포심을 낳게 된 것이다.

인공지능 시대는 사람들이 예상했던 것보다 훨씬 앞당겨졌고, 인공지능의 개발 속도는 무서울 정도로 빨라지고 있다. 인공지능 시대의 거대한 변화와 혼란 앞에서 현대인들은 무엇을 알아야 하고, 어떻게 준비하고 대비해야 하는가에 대한 올바른 이해와 통찰은 현대인들의 올바른 사유에 영향을 미치는 요인들임은 부정할 수 없는 사실이다.

근대의 데카르트(René Descartes, 1596~1650)가 『방법서설』에서 "나는 생각한다, 고로 존재한다(Cogito, ergo sum)."라고 선언한 이후 철학은 '생각하는 방법'이라는 것이 현대 철학에까지 이어졌지만 인공지능시대가 갑자기 열리면서 인간지능은 과거와는 다른 생각을 해야 하는 시대에 도달했기 때문이다. 다시 말해서 기계가 인간이 가질 수 있는 같은 방법으로 마음, 심적 상태, 의식을 가질 수 있을까? 등의 인공지능 철학(philosophy of artificial intelligence)이 대두하고 있는 것도 같은 맥락에서 '철학하기'의 과제라고 할 수 있는 것이다.

어떻게 보면 삶의 태도나 사유방식을 학습한다는 것은 도덕적 행위나 윤리적 행동에만 한정된 부분으로만 인식될 우려가 있고, 타인과 경쟁이 치열한 상황에 있는 현대인들의 입장에서 본다면 가치 있는 것이 아닌 것으로 받아들일 개연성도 있다. 그러나 고대에서부터 현대에 이르기까지의 모든 인간은 수많은 위험과 불안, 그리고 타인과의 경쟁관계 속에서 삶을 유지해야 했던 인생과제가 있었음은 사실이다. 이러한 관점에서 인문학의 학습은 바로 현대인들이 가지고 있는 인생과제를 해결해 줄 수 있는 도구가 될 수 있다는 점도 분명하다.

하지만 모든 일에 성급한 현대인들은 학습에서도 복잡하거나 시간을 소요하는 방식을 선택하는 데는 주저한다. 따라서 체계적인 학습서를 바탕으로 독서를 해야 한다는 점에는 동의하지만, 상당수 독자들은 재미가 있으면서도 짧은 분량으로 학습하기를 원하는 경향이 있다는 점이 문제가 된다. 그러나 쉽게 읽어서 체득될 수 있는 수준이라면 자기개발서 종류에 한정이 되며, 철학사를 비롯한 인문학의 경우에는 재미 위주의 학습으로는 통찰이나 자기성찰에 이르기에는 한계가 있음을 인지할 필요가 있다.

이러한 문제점은 출판시장에도 그대로 적용이 되는데, 저자 역시 이 책을 처음 설계할 때는 이러한 경향에 맞추어 한 권 정도의 분량으로 쉽게 독자들에게 다가설 수 있는 저술방식을 택하고자 시도하였음을 밝힌다. 그러나 한 권 정도의 짧은 용량으로 올바른 철학의 지식체계를 갖추도록 하겠다는 저자의 의도는 저술과정에서 전면적으로 수정이 될 수밖에 없었다.

왜냐하면 국내에 소개되고 있는 다양한 서양철학 서적들을 검토하면서 크게 두 가지의 한계가 있음을 발견하게 되었기 때문이다. 그중의 하나는 순수철학의 입장에서 철학자들의 사상사 중심으로 썼지만, 너무 어렵고 전개방식이 난삽하여 중간에 다 읽지 못하고 포기할 개연성이 많았다. 그리고 다른 하나는 알기 쉽게 쓴다고 간추린 방식으로 쓴 것이지만 철학의 이름을 빌었을 뿐이지 너무 깊이가 없는 생애사 위주로 정리한 수준에 불과하다는 점이 그것이다.

하지만 이러한 한계와 문제점은 순전히 저자들의 지식적 한계에서 오는 책임만은 아니다. 철학의 접근방법이 사회과학이나 자연과학에서처럼 경험적이고 인과관계가 명한 분석적인 방법을 주로 사용하는 것이 아니라 일관된 접근방법이 적용되지 않는다는 근본적 한계를 가지고 있기 때문인 것이다. 따라서 이 책은 서양철학사를 철학자들의 생애사와 사상사를 균형적으로 다루는 방향으로 재설정되었고, 그에 따라 책의 권수나 분량도 대폭 늘어나게 되었다.

이처럼 저자가 철학사를 생애사와 사상사를 동시에 다루는 저술방법은 마치 음악에서 대중음악인 팝(Pop)과 관현악단의 반주를 중심으로 이루어지는 오페라(Opera) 방식을 조화롭게 취하는 팝페라(Popera) 방식에 비유될 수 있다. 음악에서 정통 클래식음악과 대중음악이 분명 다른 영역을 차지하고 있기는 하지만 어느 한편에서만 존재성을 주장하기는 어렵듯이 철학 역시도 사상사 중심의 정통성과 생애사 중심의 대중성이냐를 두고 논쟁하는 것은 '올바른 철학하기'에는 어긋나기 때문이다. 이러한 이유로 저자는 서양철학사를 전체적으로 일곱 권(고대 · 중세 철학사, 근세 철학사Ⅰ, 근세 철학사Ⅱ, 근대 철학사, 현대 철학사Ⅰ, 현대 철학사Ⅱ, 현대 철학사Ⅲ)으로 설계하여 저술하게 되었다.

그중에서 제1권(고대 · 중세 철학사)은 총 일곱 권의 분량 중에서 고대에서 중세까지의 철학사상사를 다루었다. 목차의 구성 체계를 보면 고대와 중세의 시작 부분에서는 전체적인 사상 흐름을 다룬 프롤로그 부문을 배치한 다음에 본론으로 진입하는 방식으로 저술하였다. 그리고 맨 마지막 장에서는 요약정리부문을 두어 이해를 용이하게 하였다. 아울러 철학연구의 근본적 한계와 철학학습의 난해성에서 벗어나기 위해서 철학이 추구하는 공통적 맥락을 찾고자 고심하였다. 그 결과 '사랑'과 '고백'이라는 두 가지의 주제어로서 철학의 목적을 설정하게 되었다. 책의 이름을 『플라톤처럼 사랑하고 어거스틴처럼 고백하기』로 정한 것도 하나의 접근방법이 없는 철학의 근본적인 특성을 극복하고 누구나 쉽게 철학 속으로 들어갈 수 있는 통로를 제시한 것이다.

제2권(근세 철학사 I)에서는 근세 전기의 르네상스 사상을 인문주의, 예술사상, 과학사상이라는 삼각구도 속에서 다루게 된다. 왜냐하면 근세 전기의 철학은 14세기의 인문주의에서부터 시작되어 예술사상과 과학사상 영역으로 확산이 된 특징이 있기 때문이다. 제2권에서도 제1권에서와 마찬가지로 철학자들의 사상사와 생애사를 균형적으로 다루면서도 하나의 공통된 접근방법을 유지하기 위해 '통찰'과 '상상'이라는 두 가지의 키워드를 중심으로 전개를 하게 된다. 따라서 책 이름도 『마키아벨리처럼 통찰하고 뉴턴처럼 상상하기』로 정하였다.

제3권(근세 철학사 II)에서는 근세 후기의 종교개혁사상과 절대왕정 사상에 이은 계몽절대주의를 다루게 되는데, '개혁'과 '깨어나기'라는 두 가지의 키워드를 중심으로 전개를 하게 된다. 왜냐하면 근세 전기가 중세의 로마가톨릭적인 신 중심 사회에서 벗어나기 위한 소극적 사상이 전개되었던 것에 비하여 근세 후기는 루터와 같은 신학자들이 복음주의에 따른 개혁을 하고 그 과정에서 구축된 절대왕정 사상에서도 깨어나기 위하여 로크와 같은 계몽주의자들의 활동이 적극적으로 전개되었던 시대였기 때문이다. 이에 따라 책 이름은 『루터처럼 개혁하고 로크처럼 깨어나기』로 정하였다.

제4권(근대 철학사)에서는 근세 후기와 연접되기도 하는 근대의 계몽사상을 영국의 경험론적 계몽주의와 대륙의 합리론적 계몽주의로 나누어 전개한 후, 이 두 가지의 사상적 흐름을 비판적으로 수용한 독일관념론과 함께 현대와 연접되는 공리주의까지를 다루었다. 마찬가지로 철학연구의 근본적 한계와 철학학습의 난해성에서 벗어나기 위해서 철학이 추구하는 공통적 맥락을 찾고자 고심한 결과, '생각'과 '비판'이라는 두 가지의 주제어로서 철학의 목적을 설정하게 되었다. 이에 따라 책 이름은 『데카르트처럼 생각하고 칸트처럼 비판하기』로 정하였다.

제5권(현대 철학사 I)에서는 근대철학을 완성한 것으로 평가되는 19세기 중반의 헤겔의 '절대적 관념론' 이후 헤겔이 사망한 이후에 헤겔좌파로부터 비롯된 현대 철학인 독일유물론의 흐름을 포이어바흐의 인간학적 유물론과 마르크스의 변증법적이고 역사적인 유물론으로 다루는 것으로부터 시작하여 프랑스와 영국 지역 중심으로 전개된 실증주의 흐름을 먼저 분석하였다. 그리고 20세기 전환점에서 니체와 베르그송에 의해서 전개된 생의 철학(삶의 철학)을 다룬 후에 제1차 세계대전을 전후하여 20세기 초반 이후부터 나타난 후설과 셸러 등의 현상학과 제2차 세계대전 전후까지 확산된 하이데거나 사르트르, 카뮈 등의 실존주의 사상을 다루었다. 이러한 저술과정에서도 철학자들의 사상사와 생애사를 균형적으로 다루면서도 하나의 공통된 접근방법을 유지하기 위해 '긍정'과 '반항'이라는 두 가지의 주제어를 설정하여 독자들의 철학하기를 안내하고자 시도하였다. 이 책의 이름을 『니체처럼 긍정하고 카뮈처럼 반항하기』로 정한 것도 독자들이 쉽게 '철학하기'에 다가설 수 있도록 안내하기 위한 하나의 방편이라고 할 수 있다.

이번에 출간한 제6권(현대 철학사 II)은 미국에서 영국의 경험론적 공리주의에 기초하여 찰스 퍼스에 의해서 창시가 되어 윌리엄 제임스와 존 듀이를 거치며 20세기 전반에 철학적 위치를 잡게 된 실용주의(實用主義, Pragmatism)를 비롯하여 비슷한 시기에 영국에서 무어와 러셀이 헤겔의 영향을 받은 브래들리의 신관념론을 비판하면서 창시하고 비트겐슈타인에 의해 완성된 분석철학을 다루었다. 두 사상은 유럽대륙 중심의 실존주의가 철학계에서 그 세력이 약화되면서 20세기 중반 이후의 세계관을 주도하는 흐름을 보인다. 아울러 그 과정에서 분석철학이 한때는 실용주의를 통합하는 시기를 겪기도 하지만 리처드 로티 등에 의해 실용주의는 신실용주의로 나아가게 되는 또 다른 맥락이 나타난다.

이러한 제6권의 저술과정에서 저자는 철학자들의 사상사와 생애사를 균형적으로 다루면서도 하나의 공통된 접근방법을 유지하기 위해 '행복'과 '침묵'이라는 두 가지의 본체(本體)적인 주제어를 설정하여 독자들의 철학하기를 안내하고자 시도하였다. '행복'과 '침묵'은 이 시대뿐만 아니라 인류가 존재하는 한 언제나 있으며 없어지지 않는 실체(實體)이며 본체이기 때문이다. 이 책의 이름을 『러셀처럼 행복하고 비트겐슈타인처럼 침묵하기』로 정한 것도 이 시대를 살아가는 우리 모두에게 요구되는 '철학하기'의 불변의 실체(實體), 즉 실재(實在, reality)가 될 수 있음을 강조하는 의미가 있다.

참고문헌

강대석, 니체평전: 죽음 앞에서 노래한 삶의 찬가, 니체의 삶과 사상, 광주 한얼미디어, 2005.

고수현, 사회복지윤리와 철학, 양지, 2002.

고수현, 사회복지윤리와 철학, 양서원, 2015.

고수현, 플라톤처럼 사랑하고 어거스틴처럼 고백하기(고대·중세 철학사), 양서원, 2019.

고수현, 마키아벨리처럼 통찰하고 뉴턴처럼 상상하기(근세 철학사 I), 양서원, 2016.

고수현, 루터처럼 개혁하고 로크처럼 깨어나기(근세 철학사II), 양서원, 2017.

고수현, 데카르트처럼 생각하고 칸트처럼 비판하기(근대 철학사), 양서원, 2018.

고수현, 니체처럼 긍정하고 카뮈처럼 반항하기(현대 철학사 I), 양서원, 2021.

곽강제 옮김, 비트겐슈타인의『논리철학론』이렇게 읽어야 한다, 서광사, 2011(원제목은 Roger M. White(2006), Wittgenstein's Tractatus Logico-Philosophicus, The Continuum International Publishing Group), 2011.

김동식 편, 로티와 철학과 과학, 철학과 현실사, 1997.

김동식, 프래그머티즘, 대우학술총서 545, 아카넷, 2003.

김동식, 로티의 신실용주의, 철학과 현실사, 1996.

김영건, 로티와 비트겐슈타인-소여와 한계, 철학논집, 서강대철학연구소, 18집, 2009.

김학근, 비트겐슈타인의 의미론, 분석철학연구회 편 비트겐슈타인의 이해, 서광사 85~128, 1983.

노양진, 퍼트남의 내재적 실재론과 상대주의의 문제, 철학, 한국철학회, 1993.

두산백과사전, 2016.

곽덕주, 로티의 포스트모던적 교육이상인 자유주의적 아이러니스트(the liberal ironist) 개념에 대한 재고찰, 교육철학 25, 1~15, 2001.

노양진, 로티의 듀이 해석, 철학연구 54, 205~229, 1995.

러셀, 박영태 옮김, 철학의 문제들, 서광사, 1989.

로티, 리처드, 철학 그리고 자연의 거울, 박지수 역, 까치, 1998.

로티, 리처드. 실용주의의 결과, 김동식 역. 민음사, 1996.

로티, 리처즈, 우연성, 아이러니, 연대성, 김동식·이유선 역, 민음사, 1996.

루돌프 카르납, 과학 철학 입문, 윤용택 옮김, 서광사, 1993.

미셸 푸코, 이정우 옮김, 지식의 고고학, 민음사, 2001.

민석홍, 서양사 개론, 삼영사, 1985.

박봉목, 듀이 교육사상에 대한 비판과 재평가: 사회철학적 측면에서 프래그머티즘을 중심으로, 교육철학 27, 1-14, 2005.
박영식, 서양철학사의 이해 : 탈레스의 아르케에서 비트겐슈타인의 언어까지, 철학과 현실사, 2008.
박영식, 비트겐슈타인 연구, 서광사, 1998.
버트런드 러셀, 러셀 서양철학사, 서상복 옮김, 을유문화사, 2009.
브린튼, 크레인(Brinton, C), 서양사상의 역사, 최명관 · 박은구 옮김, 을유문화사, 1984.
비트겐슈타인 L., 논리 철학 논고, 이영철 옮김, 책세상, 2006(논고).
비트겐슈타인 L., 윤리학 강의, 소품집, 이영철 편역, 책세상, 2006(윤리학).
비트겐슈타인 L., 철학, 소품집 이영철 편역, 책세상, 2006(철학).
비트겐슈타인 L., 철학적 탐구, 이영철 옮김, 책세상, 2006(탐구).
안재훈, 지혜를 얻는 철학여행, 새날, 1998, 2001.
앤서니 케니, 현대 철학, 이재훈 옮김, 서광사, 2013.
앤서니 케니, 프레게 : 현대 분석철학의 창시자에 대한 소개, 최원배 옮김, 서광사, 2002.
엄정식 편역, 비트겐슈타인과 분석철학, 서광사, 2001.
엄정식 편역, 비트겐슈타인과 사상, 서강대학교 출판부, 2003.
엄태동, 로티의 네오 프래그머티즘과 교육, 원미사, 1999.
웨슬리 샤록, 루퍼트 리드, 과학혁명의 사상가 토머스 쿤, 사이언스북스, 2005.
이광세, 로티의 철학, 철학과 현실, 49-70, 1996.
이영철, 비트겐슈타인의 철학: 언어에 대한 하나의 투쟁, 책세상, 2016.
임한영, 죤 듀이의 생애와 사상, 배영사, 1977.
임한영, 듀이철학-고송 임한영 박사 유고집, 법문사, 1987.
전동열, 생각의 방식으로서의 아이콘-퍼어스의 기호학을 중심으로, 독일언어문학 65, 259~283, 2014.
정해창 편, 현대 영미철학, 대한교과서주식회사, 1987.
퍼트남, 힐러리, 과학주의 철학을 넘어서, 원만희 역, 철학과 현실사, 1998.
퍼트남, 힐러리, 이성 · 진리 · 역사, 김효명 역, 민음사, 2002.
퍼트남, 힐러리, 존재론 없는 윤리학, 홍경남 역, 철학과 현실사, 2006.
쿠르트 프리틀라인, 서양철학사, 강영계 옮김, 서광사, 1985.
쿤, T. S., 과학혁명의 구조, 조형 역. 제2판, 이화여자대학교 출판부, 1994.
한국브리테니커, 브리테니커 세계대백과사전 1, 한국브리테니커 회사, 1992.
한국철학사상연구회, 철학대사전, 동녘, 1989, 1997.
학원사 편집부, 세계철학대사전, 학원출판공사, 1983.
한스 요아킴 슈퇴릭히, 세계철학사(하), 임석진 옮김, 분도출판사, 2006.

Anderson, Victor, *Pragmatic Theology*, State University of New York Press, Albany, 1998.

Apel, Karl-Otto, Charles S. Peirce : *From Pragmatism to Pragmaticism*, University of Massachusetts Press, Amherst, 1981.

Apostolos Doxiadis and Papadimitriou Christos, logicomix: an epic search for truth, Bloomsbury Publishing PLC, 2009.

Ashley Montagu, ed., *Science and Creationism*, Oxford University Press, Oxford, 1984.

Aune, Bruce A., *Rationalism, Empiricism, and Pragmatism*, Random House, New York 1970, 서상복 역, 합리주의, 경험주의, 실용주의, 서광사, 1997.

Benjamin, Andrew, ed. *Judging Lyotard*. London: Routledge, 1992.

Bernstein, Richard. *Beyond Objectivism and Relativism: Science, Hermeneutics, and Praxis*. Philadelphia: University of Pennsylvania Press, 1983.

Brandom, R., *Between Saying and Doing: Towards an Analytic Pragmatism*(Cambridge: Cambridge University Press, 2008); *Perspectives on Pragmatism: Classical, Recent, and Contemporary*, Cambridge, MA: Harvard University Press, 2011.

Buchler, Justus, *Philosophical Writings of Peirce*, Dover Publications, New York 1995.

Dewey, John, Education as a university study, *The Middle Works, vol. 4*, 158~164. ed. Jo Ann Boydston, Carbondale and Edwardswille: Southern Illinois University Press, 1907.

Dewey, John, Philosophy of Education, Contributions to A Cyclopedia of Education, *The Middle Works, 7,* 297~312, 1913.

Dewey, John, *Theory of Valuation*, The University of Chicago Press, 1958.

Dewey, John, *A Common Faith*, Yale University Press, New Haven, 1934.

Dewey, John, *Reconstruction in Philosophy*, The New American Library, New York 1954.

Dewey, John, Democracy and Education, J. A. Boydston(ed.), 1916. John Dewey: *The Middle Works*, 1899~1924. Vol. 9: 1916. Carbondale and Edwardsville: Southern Illinois University Press, 1980.

Dewey, John, Experience and Nature, J. A. Boydston(ed.), 1925. John Dewey: *The Later Works*, 1925~1953. Vol. 1: 1925. Carbondale and Edwardsville: Southern Illinois University Press, 1981.

Dewey, John, Qualitative Thought, J. A. Boydston(ed.), 1930. John Dewey: *The Later Works*, 1925~1953. Vol. 5: 1929~1930. Carbondale and Edwardsville: Southern Illinois University Press. 1984.

Dewey, John. The Meaning of Value, *The Middle Works*, 1899~1924, Vol. 2, Ed, Jo Ann Boydston, Carbondale, Ill : Southern Illinois University Press, 2008.

Dewey, John, The Logic of Judgments of Practice, *The Middle Works*, 1899~1924, Vol. 8, Ed, Jo Ann Boydston, Carbondale, Ill.: Southern Illinois University Press, 2008.

Dewey, John, Human Nature and Conduct: *The Middle Works*, 1899~1924, Vol. 14, Ed, Jo Ann Boydston, Carbondale, Ill.: Southern Illinois University Press, 2008.

Dewey, John, Values, Liking, and Thought, *The Middle Works*, 1899~1924, Vol 15, Ed, Jo Ann Boydston, Carbondale, Ill.: Southern Illinois University Press, 2008.

Frege, Gottlob, *Die Grundlagen der Arithmetik, Breslau,* 1884, J. L. Austin의 영역본, The Foundations of Arithmetic, Oxford, 1950.

Frege, Gottlob, *The Frege Reader*, edited by Michael Beaney, Blackwell Publishing, 1997.

Frege, Gottlob, *On Sinn and Bedeutung*, in Martinich, A. P., (ed.) Philosophy of Language Vol. I, Routledge: London and New York, 2009.

Habermas, Jürgen. "Coping with Contingencies: The Return of Historicism." In Jozef Niznik and John T. Sanders, eds, 1996.

Hickman L, Inquiry: A Core Concept of John Dewey's Philosophy, *Free Inquiry 17*, 1997.

James, William, *Pragmatism: A New Name for Some Old Ways of Thinking*, 1907(Cambridge, MA: Harvard University Press, 1975).

James, William, *Pragmatism,* The World Publishing Company, Cleveland and New York, 1968.

James, William, *The Varieties of Religious Experience*, Macmillan Publishing Company, New York, 1961.

James, William, *The Will to Believe, Human Immortality*, Dover Publications, New York, 1956.

Kuhn, Thomas, The Structure of Scientific Revolutions, The University of Chicago Press, 2000.

Kuhn, Thomas, The Essential Tension: Selected Studies in Scientific Tradition and Change, University of Chicago Press. 1977.

Kuhn, Thomas, The Structure of Scientific Revolutions, Chicago and London: University of Chicago Press, 1970(2nd ed.)

Louis, Menand, *The Metaphysical Club: A Story of Ideas in America*, New York: Farrar, Straus and Giroux, 2002.

Lyotard, Jean-François. *The Postmodern Condition: A Report on Knowledge*. Trans. Geoff Bennington and Brian Massumi. Minneapolis: University of Minnesota Press, 1984.

Moore, George Edward, *The Refutation of Idealism Mind, New Series, 12*(48), 1903.

Moore, George Edward, *The Nature of Judgement, in Mind, New Series, 8*(30), 1899.

Pappas, Gregory, *Dewey's Ethics: Morality as Experience*, Ed, Larry A, Hickman,

Reading Dewey, Bloomington, Ind.: Indiana University Press, 1998.

Pappas, Gregory, *John Dewey's Ethics: Democracy as Experience,* Bloomington, Ind.: Indiana University Press, 2008.

Peirce, Charles Sanders, *Collected Papers*, Bde 1~6(1974), ed. von Charles Hartshorne/Paul Weiss, und 7~8(1966) ed. von Arthur W. Burks. Cambridge MA: Harvard University Press (zitiert als CP mit Band und Paragraph)(Original 1931~1958).

Peirce, Charles Sanders, *Philosophy of Mathematics*, Selected Writings, ed. by Matthew E. Moore. Bloomington/Indianapolis: Indiana University Press, 2010.

Putnam, Hilary, Pragmatism: *An Open Question*, Oxford: Blackwell, 1995.

Putnam, Hilary, Reason, *Truth and History*, Cambridge University Press, 1981.

Putnam, Hilary, *The Many Faces of Realism*, Open Court, 1987.

Putnam, Hilary, *Realism with a Human Face*, Harvard University Press, 1990.

Putnam, Hilary, *Ethics without Ontology*, Harvard University Press, 2004.

Rockefeller, Steven C., *John Dewey : religious faith and democratic humanism,* New York: Columbia University Press, 1991.

Rorty, Richard, *Consequences of Pragmatism,* University of Minnesota Press, 1982.

Rorty, Richard, Comments on Sleeper and Edel, Transactions of the Charles S. *Peirce Society, 21*(1), 39~48, 1985.

Rorty, Richard, *Philosophy and the Mirror of Nature*, Princeton University Press, 1979; 박지수(역), 철학 그리고 자연의 거울. 까치글방, 1998.

Rorty, Richard, *Consequences of Pragmatism*(Essays: 1972~1980). Minnesota University Press, 1982; 김동식(역), 실용주의의 결과. 민음사, 1996.

Rorty, Richard, *Contingency, Irony, and Solidarity*, Cambridge University Press, 1989; 김동식, 이유선(역), 우연성 아이러니 연대성. 민음사, 1996.

Rorty, Richard, *Introduction, Metaphilosophical Difficulties of Linguistic Philosophy in: Ders.*(Hg.), The Linguistic Turn, Chicago/London, 1992(Original: 1967).

Rorty, Richard. *Objectivity, Relativism, and Truth*: Philosophical Papers 1. Cambridge: Cambridge University Press, 1991.

Rudolf, Carnap., *Logical Syntax of Language*, London: Kegan Paul, 1934/1937.

Rudolf, Carnap., Testability and Meaning-Continued, *Philosophy of Science*, 4-1, 1~40, 1937.

Rudolf, Carnap., Foundations of Logic and Mathematics, *International Encyclopedia of Unified Science*, vol. I, number 3, Chicago: The University of Chicago Press, 1939.

Rudolf, Carnap., *Logical Foundations of Probability*, Chicago: The University of Chicago

Press, 1950a.

Rudolf, Carnap., Empiricism, Semantics, and Ontology, reprinted in his Meaning and Necessity: *A Study in Semantics and Modal Logic*, Chicago: The University of Chicago Press, 1950b.

Rudolf, Carnap., Philosophical Foundations of Physics: *An Introduction to the Philosophy of Science*, New York: Basic Books, 1966.

Russell, Bertrand, O*n the Relations of Universals and Particulars,* in Russell (1956), 105~124, 1911.

Russell, Bertrand, *The Philosophy of Logical Atomism,* 1918, in Russell, 177~281, 1956.

Russell, Bertrand, *Logic and Knowledge*, The Macmillan Company, New York, 1956.

Russell, Bertrand, *Our Knowledge of the External World as a Field for Scientific Method in Philosophy*, New York, 2009.

Russell, Bertrand & Whitehead, A. N., *Principia Mathematica*, volume 1, Merchant Books, 1910.

Sechehaye(eds.), 최승언 번역, 일반언어학 강의, 민음사, 1990.

Wittgenstein Ludwig, *Philosophische Untersuchungen/Philosophical Investigations,* 1969.

Wittgenstein, Ludwig, *Tractatus Logico Philosophicus*, translated by Ogden and Richards, London: Routledge and Kegan Paul, 1922, 이영철(역), 논리-철학 논고, 천지, 〔TLP〕 2000.

Wittgenstein, Ludwig, *Philosophical Investigations,* translated by G. E. M. Anscombe, Oxford : Basil Blackwell,, 1953, 이영철(역), 철학적 탐구, 서광사, 〔PI〕 2003.

Wittgenstein, Ludwig, (OC), *On Certainty*, Harper & Row, 1969.

Wittgenstein, Ludwig, On Certainty, translated by G. E. M. Anscombe and G. H. von Wrights, Oxford : Basil Blackwell. 1969, 이영철(역), 확실성에 대하여, 서광사, 〔OC〕 1990.

Wittgenstein, Ludwig, *Wittgenstein's Lectures*, Cambridge, 1930~1932, Edited by Desmond Lee, The University of Chicago Press, 1980.

Wittgenstein, Ludwig, (TLP), *Tractatus Logico-Philosophicus*, German-English, English trans. by C. K. Ogden and F. P. Ramsey, London: Routledge & Kegan Paul, 1922; corrected reprint, 1933; reprint (with index) by Max Black, 1955. 논리철학 논고, 이영철 옮김 천지, 1991.

https://www.google.co.kr.

http://100.daum.net.

찾아보기

인명

용어

ㄱ

ㄴ

ㄷ

ㄹ

ㅁ

ㅂ

ㅅ

저자 소개

고 수 현(高洙玹)

◈ 주요약력

영남대에서 ROTC 과정을 이수한 후 보병 제1사단의 최전방 대대에서 소대장, 중대장, 교육장교로 근무하였다. 그리고 대구대(문학석사), 연세대(교육학석사), 경북대(문학박사)에 이르기까지 인문학과 사회과학을 융복합적으로 연구하였으며, 1999년부터는 성덕대학교, 한국사이버대학교(현, 숭실사이버대학교)를 거쳐 금강대학교 대학원장 및 평생교육원장직을 수행하고 있다.

◈ 학술연구

〈인문학 부문〉에서 『사회복지윤리와 철학』, 『생명윤리학』과 서양철학사 시리즈(전 7권)인 『플라톤처럼 사랑하고 어거스틴처럼 고백하기(고대 & 중세 철학사)』, 『마키아벨리처럼 통찰하고 뉴턴처럼 상상하기(근세 철학사 Ⅰ)』, 『루터처럼 개혁하고 로크처럼 깨어나기(근세 철학사 Ⅱ)』, 『데카르트처럼 생각하고 칸트처럼 비판하기(근대 철학사)』, 『니체처럼 긍정하고 카뮈처럼 반항하기(현대 철학사 Ⅰ)』, 『러셀처럼 행복하고 비트겐슈타인처럼 침묵하기(현대 철학사 Ⅱ)』, 『라캉처럼 욕망하고 들뢰즈처럼 유목하기(현대 철학사 Ⅲ)』 등의 7권의 철학사 시리즈 저서가 있다. 〈사회과학 부문〉에서는 『사회복지조사론』, 『지역사회복지론』, 『100세 시대 노인복지론』, 『사회복지법제와 실천』, 『사회복지정책 이행과정』, 『청소년유해환경론』, 『사회복지상담론』, 『정신건강상담론』, 『가족상담 및 가족치료』 등의 저서가 있다.

◈ 사회봉사

〈정부 부문〉에서 국무조정실 정부업무평가위원, 교육부 대학평가인증위원, 보건복지부 보건복지통계위원, 사회보장실무위원, 자체평가위원(사회복지정책위원장)을 비롯하여 충청남도 복지환경정책자문위원장, 충청남도 자체평가위원장, 충청남도 사회서비스지원단 운영위원장 등을 역임하였다. 〈민간 부문〉에서는 사회복지공동모금회 충청남도 부회장, 대한노인회 충청남도 노인지도자대학장 등을 역임하였다. 〈학회 부문〉에서는 한국사회복지학회 학술이사(복지개혁위원), 한국노인복지학회 학술이사, 한국가족복지학회 학술이사(편집위원장), 한국복지행정학회장 등을 거쳐 한국복지상담교육학회장, 한국상담교육아카데미 학장으로 활동하고 있다.

러셀처럼 행복하고
비트겐슈타인처럼 침묵하기
현대 철학사(Ⅱ)

초판 1쇄 인쇄 / 2021년 12월 20일
초판 1쇄 발행 / 2021년 12월 27일

저 자 / 고 수 현
발행인 / 이 중 수
발행처 / **동 문 사**

서울특별시 서대문구 홍제원 1길 12
(홍제동 137-8)
Tel: 02)736-3718(대), 736-3710, 3720
Fax: 02)736-3719
등록번호: 1974.04.27. 제9-17호
가격: 14,000원

ISBN: 979-11-6328-352-2 (03370)
E-mail: dong736@naver.com
www.dongmunsa.com